통합학교 교사를 위한 입문

For information:

Corwin Press
A SAGE Company
2455 Teller Road,
Thousand Oaks, California 91320
www.corwinpress.com

SAGE Ltd.
1 Oliver's Yard
55 City Road
London EC1Y 1SP
United Kingdom

SAGE India Pvt. Ltd.
B 1/I-1 Mohan Cooperative Industrial Area
Mathura Road, New Delhi 110 044
India

통합학교 교사를 위한
통합교육 입문

통 합 교 육 성 공 전 략 7 5 0

Peggy A. Hammeken 지음

김희규 옮김

Σ시그마프레스

통합학교 교사를 위한 통합교육 입문

통합교육 성공전략 750

발행일 | 2014년 9월 20일 1쇄 발행

저자 | Peggy A. Hammeken
역자 | 김희규
발행인 | 강학경
발행처 | (주)시그마프레스
디자인 | 이미수
편집 | 남혜주

등록번호 | 제10-2642호
주소 | 서울특별시 영등포구 양평로 22길 21 선유도코오롱디지털타워 A401~403호
전자우편 | sigma@spress.co.kr
홈페이지 | http://www.sigmapress.co.kr
전화 | (02)323-4845, (02)2062-5184~8
팩스 | (02)323-4197

ISBN | 978-89-6866-185-3

THE TEACHER'S GUIDE TO INCLUSIVE EDUCATION
: 750 Strategies for Success!

＊ 책값은 뒤표지에 있습니다.

이 도서의 국립중앙도서관 출판시도서목록(CIP)은 서지정보유통지원시스템 홈페이지 (http://seoji.nl.go.kr)와 국가자료공동목록시스템(http://www.nl.go.kr/kolisnet)에서 이용하실 수 있습니다.(CIP제어번호: CIP2014026132)

역자 서문

오늘날 특수교육은 일반학교, 특수학교, 의료기관, 가정, 복지시설 등 다양한 장면에서 실시되고 있습니다. 일반적으로 특수교육 대상자가 비장애아동과 분리된 환경에서 교육을 받는 경우를 분리교육이라 하고, 일반학교에서 비장애아동과 함께 교육을 받는 것을 통합교육이라 합니다. 오늘날 통합교육의 강조로 말미암아 일반교육 현장에서 비장애아동과 함께 교육을 받고 있는 장애아동의 수가 날로 증가하고 있으며, 양적인 성장과 아울러 통합교육의 질적 성장을 위하여 다양한 노력들이 이루어지고 있습니다. 현재에도 통합교육을 적극적으로 옹호하는 사람으로부터 통합교육에 대하여 상당한 의문을 제기하는 사람에 이르기까지 통합교육에 대한 견해의 차이가 있습니다. 그럼에도 불구하고 통합교육은 현재 특수교육계의 추세이며 앞으로도 확대 시행될 것입니다. 즉 특수교육에서 빼놓을 수 없는 당면과제의 하나가 통합교육이라고 해도 과언이 아닙니다. 따라서 통합교육에 대한 이론적 이해뿐 아니라 통합교육의 실행을 위하여 요구되는 현실적인 과제를 파악하지 않고서는 교육현장에서 성공적인 통합교육을 기대하기는 어렵다고 할 수 있습니다.

이 책은 통합학교를 운영하고자 하는 통합학급 및 특수학급 교사들뿐만 아니라 전체 통합학교 관계자들에게 통합교육 프로그램의 실행 과정에 도움을 줄 수 있을 것입니다. 이 책에서 제시하고 있는 통합교육 프로그램의 개발과 실행 과정은 통합학교 모든 학생들에게 유익한 일이 될 것입니다. 그리고 이 책에서 제시하고 있는 특수교육 서비스를 받고 있는 학생들을 위한 교육과정의 수정은 장애인 등에 관한 특수교육법의 서비스 대상 학생들뿐만 아니라 다문화가정 학생들, 그리고 대상자로 선정되지는 않았지만 학교 적응을 위한 추가적인 지원이 필요한 학생들에게도 도움이 될 수 있습니다.

이 책의 제1장부터 제3장까지는 통합학교 관계자와 전문가들에게 통합교육 프로그램을 개발하고 실행하는 단계에서 도움이 될 수 있는 통합학교 운영 방향과 계획, 지침 등을 제시하고 있습니다. 제1장에서는 통합학교 체제 개발을 위한 구체적인 계획과 실행 과정에서의 지침에 대해 제시하고 있습니다. 그리고 제2장과 제3장에서는 통합교육 대상자에 대한 이해와 성공적인 통합교육 실행과제인 통합학급 교사와 특수교사, 전문가들 간의 협력 체제, 교육과정의 수정, 차별화 교수에 대해 소개하고 있습니다.

그리고 나머지 장에서는 통합학교 서비스 대상자들을 위한 교육과정 수정과 관련된 많은 아이디어와 전략들을 제시하고 있으며, 교사들에게 학급의 학생들을 지도하기 위한 구체적인 정보를 제공하고 있습니다. 제4장부터 제11장까지는 읽기와 쓰기, 수학 등 기초학습뿐만 아니라 학급의 과제 및 가정 학습 과제, 그리고 교수 전략 및 평가와 관련된 교육과정 수정 및 지도 전략에 대해 제시하고 있습니다. 마지막 제12장에서는 통합학급 운영을 위한 학생의 주의 집중 및 과잉행동에 대한 행동 관리 전략에 대해 제시하고 있습니다. 이러한 정보들은 특별한 요구가 있는 장애학생뿐만 아니라 학급에 있는 모든 학생들을 위해서도 유익한 정보가 될 것입니다.

그리고 부록에서는 통합학교 운영의 각 영역에서 활용할 수 있는 양식들을 제시하여 통합학교 운영을 위한 교사와 관계들에게 도움을 줄 수 있도록 하였습니다. 이 양식들은 제시한 그대로 바로 사용할 수도 있으며, 학교의 요구 및 학생들의 개별적인 요구 혹은 프로그램에 맞도록 수정하여 사용할 수 있을 것입니다.

이 책의 마지막 부분에 있는 참고 자료 영역은 참고 서적과 웹사이트, 그리고 특별한 영역에서 도움을 줄 수 있는 기관들의 목록을 제시하였습니다. 대부분 이 기관에서는 자료들을 매우 저렴하게(혹은 무료로) 제공하고 있습니다.

학생들은 자신의 학습 속도와 학습 양식으로 동료들과 함께 참여하고 학습할 수 있도록 해야 합니다. 다양한 요구를 가진 학생들에게는 요구를 충족시키고 최적의 학습을 위해서 다양한 교수적인 접근이 필요합니다. 만약 학생이 특별한 요구를 가진 것으로 판별될 경우, 개별화 교육 계획은 관련 서비스의 제공과 학습에 대한 조절, 교수 적합화, 그리고 교육과정과 결과에 대한 수정 사항이 반드시 고려되어야 합니다. 오늘날의 교사는 융통성이 있어야 하며 차별화 교수를 사용해서 다양한 학습 양식과 다중 지능, 그리고 학습 영역(인지적, 정서적, 심리 운동적)을 적용해야 합니다.

통합교육은 체제의 변화를 요구합니다. 통합교육을 실행하기 위한 통합학교는 학교 체제를 통합교육 실행을 위한 체제로 변화하고 이를 위한 준비를 해야 합니다. 이러한 변화와 준비는 교사들뿐만 통합학교 운영 관계자 모두에게 해당하는 것입니다. 이 책이 통합학교 운영을 위한 통합교육 체제로의 변화를 위한 준비를 위해서 통합교육 관계자들과 통합학급 및 특수학급 교사들에게 도움이 되길 바랍니다.

끝으로 이 책이 나오기까지 도와주신 (주)시그마프레스 강학경 사장님과 책의 편집과 교정 작업을 위해 수고해주신 출판사 담당자분들께 고마운 마음을 전합니다.

2014년
역자 김희규

저자 서문

세상이 크고 복잡하게 보일 때, 세상의 위대한 생각들은 모두 우리의 어느 이웃에게서 시작되었다는 것을 기억해야 한다.

– Konrad Adenauer

1975년의 전장애아법(All Handicapped Children Act)(공법 94-142)은 모든 장애아동을 위한 무상교육과 적절한 공교육 승인을 요구하였다. 이 법은 또한 합리적 절차를 보장하였고 개별화 교육 프로그램을 요구하였으며, 특수교육의 핵심적인 재원이 되었다. 공법 94-142에 의해서 모든 장애아동을 일반교육 환경에 통합시켜야 한다는 과제를 갖게 되었다. 또한 이 법은 모든 학생은 최소제한 환경에서 교육받을 것을 공표하였다.

법이 시행됨에도 불구하고 두 가지 교육 체제가 진행되었다. 하나는 '일반교육 체제(regular)', 또 하나는 '특수교육 체제(special)'라고 불렸다. 학생들이 그들의 지역 학교로 되돌아 감에 따라 특수학급(혹은 학습도움실)은 가장 광범위하게 사용되는 배치의 대안이 되었다. 그러나 학생들이 같은 건물 안에 배치되어 있지만 실제로는 프로그램 대부분이 여전히 분리되어 있었다. 일과 중 많은 학생들은 가사 실습이나 체육, 미술과 같은 수업과 점심시간, 쉬는 시간 동안, 또는 특정 교육 기준을 통과했을 때 일반학급에 통합되었다.

1975년 이후 교육 체제는 장애인들을 위한 적절한 교육을 제공하는 것을 크게 강조하게 되었다. 법은 오랜 시간에 걸쳐 여러 차례 개정되었으며, 현재 미국의 특수교육법은 장애인 교육법(IDEA)이라고 불리게 되었다. 그럼에도 불구하고 많은 부분에 대한 요구가 여전히 남아있다.

오늘날 학교에서는 장애의 유무에 상관없이 모든 학생들이 함께 포함된 학급 안에서의 교육적 노력을 흔히 통합교육(inclusive education) 또는 간단하게 통합(inclusive)이라는 용어를 사용하고 있다. 통합(inclusion), 완전 통합(full inclusion), 주류화(mainstreaming) 등과 같은 용어는 종종 서로 중복되어 사용되고 있지만, 이 용어들이 같은 의미는 아니다. 최초의 배치는 일반학급이다. 주류화(mainstreaming)는 사실 반대의 개념이다. 학생들은 서비스를 특수교육 '공간'에서 받게 되며, 단지 비교과 과목을 학습하기 위해 일반학급으로 돌아가는 것이다. 통합교육은 학생들이 최소제한환경에서 교육받을 기본적 권리를 보장하기 위해서 부여된 명칭이다. 특수교육은 장소가 중요한 것이 아니라 모든 학생들이 일반교육 환경에서 최대한의 성공과 참여를 경험할 수 있도록 하는 서비스이다. 개별 학생을 위한 서비스는 '하나의 사이즈로 모든 것을 맞출 수는 없다.'라는 의미로 이해되어야 된다. 서비스의 연속체(continuum) 선택은 유효하지만, 심지어 학생이 속한 집단의 목표와 다르다고 하더라도 가장 최초의 배치는 일반학급이라는 것이다. 만일 학생이 일반학급의 환경에 참여하지 못한다면, 학교 당국은 학생이 그 환경에 참여할 수 없었던 이유를 밝혀야 한다.

우리 사회는 점점 더 다양해지고 있다. 이러한 사회적인 변화는 학교에서 잘 반영해주고 있다. 일반교육 환경에 있는 학생들이 점점 다양해지고 있는 만큼 현행 교육과정과 교재들을 반드시 모든 학생들에게 맞게 수정하여야 한다.

전체적으로 통합교육의 실행 과정은 각 학교에 따라서 수용 및 인정 그리고 실행의 내용이 서로 다르다. 학교에서는 통합교육에 대한 철학을 규정해야 한다. 일반교사와 특수교사들은 장애학생의 참여와 사회적 통합을 함께 계획해야 한다. 이제 더 이상 학생의 통합교육에 대해 선택의 여지는 없다. 이것은 법이다!

이 책은 저자의 다음과 같은 신념을 기초로 한다.

● **통합교육은 현행 교육 체제를 개선할 수 있다.**

통학교육에서 장애아동을 위한 교육과정의 수정은 일반학급의 다른 학생들에게도 유익하다. 이 전략들은 교육과정을 모든 학생들의 요구를 충족시킬 수 있도록 개선하고 개별화할 수 있다. 교육 체제의 초점은 교육과정이 아닌 학생에게 맞춰야 하는 것이다.

● **통합교육은 학생을 다른 사람들에 대해서 좀 더 수용적으로 변화시킨다.**

특별한 요구를 가진 학생들이 일반학급에 통합되었을 경우에는 모든 학생들에게 유익하다. 학생들은 능력과 제한에 관계없이 사회의 구성원으로 기여할 수 있도록 다른 사람을 수용하는 것을 학습하게 된다.

● **통합교육은 협력을 장려한다.**

일반교사와 특수교사 모두 그들의 교육과 경험에 따른 정보의 가치를 소유하고 있다. 하지만 과거에는 이러한 지식을 공유할 수 있는 기회가 많지 않았다. 통합교육 체제는 이제 통합된 교육과정과 목표를 가진 연계 체제인 것이다. 통합교육에서 교육팀 구성원은 공동의 목표를 향해 함께 교육하고 지식을 나누며 노력해야 한다.

통합교육은 지나가는 유행이 아니다. 통합교육은 법이다! 장애인들은 우리 사회에서 일반적으로 과소평가 되고 있다. 상당한 시간과 에너지가 평가하고 분류하고 명명하는 데 소비되고 있다. 우리는 종종 평가하는 것과 분류하는 것, 그리고 배제하는 것을 정당화할 수 있게 된다. 우리는 다른 사람에게서 많은 것을 배울 수 있다. 지식과 전문성을 결합하고 가족과 학교 구성원들 간의 협력은 모두를 위해서 교육 체제를 개선할 것이다.

만일 우리가 충분히 노력한다면 우리는 우리가 원하는 모든 것을 할 수 있다.

– Helen Keller

차례

서론 _ 1

┃ 제01장 ┃ **통합교육**   5

통합교육을 위한 계획 7 ┃ 통합교육 담당 부서의 재구성 8
보조교사 일정 관리 19 ┃ 특수교사의 일정 관리 22
통합교육 계획 24 ┃ 현직 연수와 훈련 25
프로그램에 대한 평가 28 ┃ 결론 29 ┃ 부록 서식 30

┃ 제02장 ┃ **통합학급에서의 협력**   31

두 교사와 한 교실 32 ┃ 협력 35 ┃ 통합학급의 구성 38
전문성 41 ┃ 결론 43 ┃ 부록 서식 43

┃ 제03장 ┃ **특수교육의 이해**   45

특수교육 배치 45 ┃ 장애 범주 47 ┃ 조절, 적합화 그리고 수정 53
교육과정 수정 56 ┃ 차별화 교수 58
결론 62 ┃ 부록 서식 63

┃ 제04장 ┃ **읽기**   65

교과서 수정 66 ┃ 문서 읽기 프로그램 69

읽기장애 학생들을 위한 전략 70 | 읽기 보충 활동 71
사전 점검 및 사전 지도 전략 73 | 녹음 도서(오디오북) 74
녹음자료 만들기 77 | 독해 79 | 읽기 해독 82 | 어휘 지도 84
기타 읽기 지도 전략 89 | 결론 93 | 부록 서식 94

제05장 │ 일일 과제   95

학급에서의 지원 96 | 조직화를 위한 지원 99
과제를 완성하지 못하는 학생들을 위한 전략 100
교수자료의 수정 102 | 결론 103 | 부록 서식 104

제06장 │ 쓰기   105

쓰기 지도 105 | 쓰기 전 단계 109 | 쓰기 시작 단계 113
쓰기 과정 115 | 철자 문제 121 | 필기와 소근육 운동 문제 122
결론 124 | 부록 서식 124

제07장 │ 철자   125

철자 연습 전략 126 | 단어 목록 만들기 130
기타 철자 학습 활동 130 | 연습 활동 133 | 철자 학습 방법 139
철자 평가 141 | 결론 142 | 부록 서식 143

제08장 │ 수학   145

일반적 교수 전략 146 | 학생을 위한 보조 도구 160
연습 게임들 161 | 가정학습 과제 166 | 평가 전략 167
결론 168 | 부록 서식 169

제09장 │ 조직화 기술   171

학급환경의 조직화 171 | 학생 조직화 175
결론 181 | 부록 서식 181

제10장 │ 교수-학습 방법   183

수업 방식에 관한 자기 평가 183 | 말로 지시하기 187
글로 지시하기 189 | 노트 필기 기술 189
결론 197 | 부록 서식 197

| 제11장 | 학급 평가 | 199 |

논술형 시험 전략 200 | 선다형 시험 전략 201
연결형 시험 전략 202 | 진위형 시험 전략 202
단답형 시험 전략 203 | 일반적인 시험 전략 203
교사 자작 평가 204 | 대안 평가 방법 208
결론 210 | 부록 서식 211

| 제12장 | 학생 행동 관리 | 213 |

학생 행동 관리를 위한 일반적인 전략 214
위기 상황에 대한 대처 방법 215 | 학급환경의 구성 216
행동과 주의집중 문제 218 | 충동성과 주의 산만 220
공격 행동 혹은 부적응 행동 222 | 낮은 사회적 기술 223
강화와 벌 224 | 결론 228 | 부록 서식 228

| 부 록 |

서식 001	통합교육을 위한 계획 : 통합교육 운영위원회	230
서식 002	운영위원회 목표	233
서식 003	효과와 제한 요인의 예	234
서식 004	효과와 제한 요인	235
서식 005	장기목표와 단기목표 예시	236
서식 006	장기목표와 단기목표	237
서식 007	학습 양식 점검표(10세 이상 학생용)	238
서식 008	학생 정보 자료 예시	241
서식 009	학생 정보 자료	242
서식 010	학생 집단 편성 예시	243
서식 011	학생 집단 편성	245
서식 012	보조교사 시간	248
서식 013	특수교사 일정표 예시	249
서식 014	현직 연수에 대한 교직원 설문지	252
서식 015	특수교사 일정표	253
서식 016	학생 설문지	254
서식 017	학교 제반 사항 설문지	256
서식 018	학부모 설문지	258
서식 019	보조교사 설문지	259

서식 020	교직원 설문지	260
서식 021	일일 수업 활동 및 목표	262
서식 022	논의 문제 : 계획과 교수	263
서식 023	논의 문제 : 학생 지도	265
서식 024	논의 문제 : 평가	266
서식 025	논의 문제 : 학급 환경	267
서식 026	논의 문제 : 학부모와의 협력	268
서식 027	통합교육 특수교사 자기 보고서	269
서식 028	보조교사 자기 보고서	271
서식 029	비상시 활동 계획	273
서식 030	교육과정 수정	274
서식 031	교과서 수정	276
서식 032	교과서 수정-2	278
서식 033	일일 과제	279
서식 034	평가의 수정	281
서식 035	교육과정 수정-실습 양식	283
서식 036	교육과정 수정-기록지	284
서식 037	기초 단어 50	285
서식 038	개인 독서 목록-유형과 주제	287
서식 039	개인 독서 목록	289
서식 040	추천 도서 목록	290
서식 041	비교 · 대조표-도서/비디오	291
서식 042	학생과 함께 독서하는 방법	292
서식 043	일반 접두사	293
서식 044	일반 접미사	294
서식 045	단원 정리	295
서식 046	사건의 연결 조직자	296
서식 047	비교와 대조 조직자	297
서식 048	사실과 의견	298
서식 049	이야기 지도	299
서식 050	이야기 지도 2	300
서식 051	나의 읽기 단어 목록	301
서식 052	단어 분석표	302
서식 053	어휘	303
서식 054	학습 도우미	304
서식 055	학급 준비물	305

서식 056	협동학습 집단	306
서식 057	제2차 세계대전 보충 과제 학습지	307
서식 058	미완성 과제	310
서식 059	과제 기록장	311
서식 060	일일 과제	312
서식 061	일일 가정학습 일지	313
서식 062	과제 우선순위 점검표	314
서식 063	주간 계획표	315
서식 064	교육과정 수정	316
서식 065	알파벳표	317
서식 066	선이 있는 쓰기 학습지	318
서식 067	이야기 틀	319
서식 068	이야기 시작하기	320
서식 069	이야기 지도	321
서식 070	이야기 지도-2	322
서식 071	비교와 대조-특징	323
서식 072	전치사와 전치사 구문	324
서식 073	교정 체크리스트	325
서식 074	교정 체크리스트-2	326
서식 075	단어 목록표	327
서식 076	음운표	328
서식 077	알파벳 표-모음/자음	329
서식 078	철자 쓰기 카드	331
서식 079	철자 학습 방법	332
서식 080	철자 학습 계약서 예시	333
서식 081	수학 오류 분석표	334
서식 082	덧셈·뺄셈 표	336
서식 083	곱셈표	337
서식 084	메뉴 카드	338
서식 085	숫자와 수학 기호	339
서식 086	일대일 대응	340
서식 087	2개 집기 놀이 카드	342
서식 088	학급 관리자	343
서식 089	학급 가정학습 과제 일지	344
서식 090	그림 일정표	345
서식 091	당신의 조직화 수준은?	347

서식 092	나의 목표!	349
서식 093	자기 평가 기록지	350
서식 094	개요	351
서식 095	연표	352
서식 096	비교와 대조−두 가지 항목	353
서식 097	평가자료 평가	354
서식 098	자신의 평가 유형 선택하기	355
서식 099	가장 잘 하는 것은?	356
서식 100	강화 카드	357
서식 101	학생 목표	358
서식 102	등하교 일과 점검 카드	359
서식 103	행동 계약	360
서식 104	나의 행동 변화	361
서식 105	교과 보상표	362
서식 106	퍼즐 보상표	363
서식 107	눈금 보상표	364
서식 108	오전/오후 보상표	365

서론

통합교육 : 성공을 위한 450가지 전략이 처음 출간되었던 1995년은 통합교육의 초기 단계라고 할 수 있었다. 장애학생들은 주로 음악, 미술, 체육 시간과 사회적 기술을 익히기 위해서 일반학급에 통합되었다. 그리고 나머지 시간에는 대부분 분리된 특수학급에서 보내야 했다.

수년 뒤, 통합교육은 끊임없이 발전하였다. 어떤 지역은 시작 단계인데 반하여 어떤 지역은 많은 경험을 쌓고 있었다. 통합교육 환경에서 학생들을 가르친 경험이 있는 교사들에게는 통합교육은 최고의 방법이다. 하지만 통합교육 시작 단계에 있는 학교의 경우, '통합교육'이라는 용어는 여러 가지 느낌을 받게 될 것이다. 어떤 교사에게는 통합교육으로의 변화가 체제의 많은 변화를 초래하게 되고, 새롭고 생소한 영역으로 이동하는 것에 대한 두려운 감정을 갖게 할 것이다. 그렇지만 변화를 수용하는 교사들은 과감하게 환경을 변화시킬 준비가 되어있을 것이다. 그들의 감정과 관계없이, 확실한 것은 모든 교사들은 이러한 변화 과정에서 여러 가지 감정을 경험하게 될 것이다.

통합교육의 개념과 연관된 감정은 일반교육 환경으로의 학생들의 통합(integration)과 직접 관련이 되어있는 것은 아니다. 대부분의 교사들은 장애학생들이 학급에 속해있다는 것과 동료들과 함께 무상의 적절한 공교육을 받을 자격이 있다는 것을 이해하고 있다. 일반적으로 통합교육 운동과 관련된 강한 감정은 전환 과정과 전환을 효율적으로 관리하는 노력과 관련되어 있다. 수년 동안 존재해왔던 두 가지 교육 체제는 통합되었지만 매우 느리게 진행되었으며, 자연스럽게 이루어진 것도 아니었다. 통합교육은 많은 시간과 열정, 변화에 대한 의지, 그리고 무엇보다도 통합교육은 모든 학생들에게 최선의 방법이라는 본질적인 믿음이 필요한 과정이다.

그러면 통합교육 프로그램은 어떻게 개발되는가? 연방법에서는 지침을 제공하고 있지만, 개별 학교에게 학생들의 개별적인 요구를 충족시킬 수 있도록 프로그램 개발에 대한 자율권을 인정하고 있다. 프로그램의 적절한 시행을 위해서는 시간, 준비, 그리고 포괄적인 계획이 필요하다.

이 책은 교사들에게 일반교육 환경 학생들을 위한 통합교육 프로그램의 실행 과정에 도움을 줄 수 있을 것이다. 통합교육 프로그램의 실행과 교육과정 수정의 개발은 모든 학생들에게 유익한 일이다. 특수교육 서비스를 받고 있는 학생들을 위한 교육과정의 수정은 법 제1조 504항의 서비스 대상 학생들과 비영어권 학생들, 그리고 대상자로 '선정'되지는 않았지만 성공을 위해서는 추가적인 지원이 필요한 학생들에게도 도움이 될 수 있다.

이 책의 제1장부터 제3장까지는 전문가들이 통합교육 프로그램을 개발하고 실행하는 데 도움을 줄 수 있는 아이디어와 지침을 제시하고 있다. 실행 단계는 프로그램의 성공에 매우 중요한 단계이다. 하지만 이 단계는 자주 간과되고 있다. 그리고 현재 통합교육 프로그램을 진행하고 있는 교사들을 위해서 현행 통합교육 프로그램의 개선과 확대에 도움이 될 수 있는 많은 아이디어를 제시하였다.

나머지 장에서는 교육과정 수정과 관련된 많은 아이디어와 전략들을 포함하고 있으며, 교사들에게 학급의 학생들을 지도하기 위한 구체적인 정보를 제공하고 있다. 이러한 아이디어들은 특별한 요구가 있는 학생뿐만 아니라 학급에 있는 모든 학생들에게도 유익할 것이다. 이와 같은 아이디어들은 모든 교육과정과 교과에 적용할 수 있을 것이다.

부록에서는 통합교육의 각 영역에서 활용할 수 있는 양식들을 제시하여 교사들에게 도움을 줄 수 있도록 하였다. 이 양식들은 제시한 그대로 바로 사용할 수도 있으며, 학생들의 개별적인 요구 혹은 프로그램에 맞도록 수정하여 사용할 수 있다.

책의 마지막 부분에 있는 참고 자료 영역은 참고 서적과 웹사이트, 그리고 특별한 영역에서 도움을 줄 수 있는 기관들의 목록을 제시하였다. 이 기관들의 홈페이지를 참고하기 바란다. 대부분 이 기관에서는 자료들을 매우 저렴하게(혹은 무료로) 제공하고 있다.

통합교육 : 성공을 위한 450가지 전략과 같이 아이디어와 전략들을 번호화하여 편리하게 제시하였다. 그리고 이 책은 많은 부분을 개정하고 내용을 추가하여 이전의 책과 차별화하였기 때문에 제목을 수정하고 완전히 재집필했다고 볼 수 있다. 이처럼 각 항목에 번호를 붙임

으로써 개별 학생을 위해 프로그램을 계획하는 단계에서 교사들이 전략을 빠르게 참조하고, 전략들의 실행 과정과 그 결과를 정확하게 기록할 수 있도록 하였다. 교육과정을 수정하고 학생의 프로그램을 변경하고자 할 때에는 모든 학생들은 독특하다는 점과 한 학생에게 유리했던 전략이 다른 학생들에게도 유리할 것이라고 생각해서는 안된다는 점을 명심해야 한다. 새로운 전략을 실행할 때 혹은 학생들의 프로그램을 변경하고자 할 때에는 그 전략의 효과를 점검하기 전에 적응을 위한 추가 시간이 필요하다는 점을 기억해야 한다. 종종 너무나 많은 변화가 동시에 진행될 때, 전략 혹은 전략들의 조합이 학생에게 가장 유익한지 결정하기 어려운 경우가 있다. 어떤 학생은 즉시 변화를 받아들이는 반면에 다른 학생들은 추가 시간을 필요할 수도 있다.

교육과정이 적합화되거나 수정될 때마다 새로운 파일을 구성하고 미래를 위해서 자료를 보관해두어야 한다. 종종 학교에서는 자료들을 목록화하고 저장하기 위해서 학교의 중앙 지역에 자료실을 배치하기도 한다. 학교 차원에서는 이 중앙 지역은 일반교사와 특수교사를 위한 자료실이 될 수 있을 것이다. 일부 지역에서는 교육청 관내에의 교사들이 접근할 수 있는 중앙 자료실을 두고 있다. 필요하다면 출판사에 연락하거나 현행 교육과정의 교사용 지침서도 찾아보아야 한다. 자료실에는 특수교육 요구 아동과 제2 영어권(English as a Second Language, ESL) 학생에게 적합한 보충자료들이 있으며, 이와 같은 자료들은 종종 다른 학생들에게도 활용할 수 있을 것이다.

통합교육 프로그램의 성공을 빈다. 생활의 많은 부분에서 변화가 일어날 것이다.

제 1 장

통합교육

특수교육은 특수교육 대상 학생들을 위한 지원 서비스이다. 법에서는 정당한 이유가
없고, 그 이유가 학생들의 개별화 교육 프로그램(Individual Education Program,
IEP)상에 기재되어 있지 않는 한 특수교육 서비스 대상 학생들이 그들의 또래들과 함께 학
업적, 비학업적 활동에 참여하도록 요구하고 있다. IEP에는 학생의 학업 및 사회적, 정서
적 문제들, 그리고 통학과 외부활동들에 이르기까지 학생 생
활의 모든 내용이 포함되어야 한다. 학생들이 학급의 학업 활
동에서 배제되어야 하는 경우에 IEP팀은 관련 서비스 지원과
교육과정의 수정과 조정, 그리고 부가적인 학교 지원 등 학생
을 위한 최대한의 지원을 고려해야 한다. 학생들을 위한 지원
과 서비스들은 교육과정과 환경의 수정, 팀티칭, 공학 및 대안
적 교수 전략 사용 등이 포함된다. 모든 학생들이 일반학급 수

이 장의 메모_
이 장에서 소개한 활용
가능한 양식의 목록이
30쪽에 제시되어 있다.
그 양식들은 부록에 첨부
되어 있다.

업에 참여하는 것은 아니지만 부가적인 지원과 서비스는 더 많은 학생들을 일반학급에 참
여할 수 있도록 할 것이다. 우리는 항상 특수교육 서비스 연계 체제(continuum of service)
에 대해 고려해야 하며, 학생들이 특수교육 서비스 대상자로 선정되었을 때 자동적으로 특
수학급이나 학습도움실로 분리되는 일은 없어야 할 것이다.

통합교육 프로그램은 어떻게 개발되는가? 연방법에서 이에 대한 지침을 제시하고 있으
나, 학교에서는 개별 환경에 적합한 프로그램을 개발할 자율권을 가지고 있다. 프로그램은

학생들의 요구에 따른 서비스를 바탕으로 하기 때문에 통합교육 프로그램에 대해 정해진 청사진이 있는 것은 아니다. 그러므로 프로그램을 구성하는 것은 개별 학생들이 가지고 있는 특정 요구에 따라서 서비스의 유형과 정도(직접 혹은 간접 서비스), 추가적인 지원(특수교육 보조교사) 등의 문제들에 의해 결정될 것이다. 프로그램의 성공적인 실행을 위해서는 시간과 준비 과정 그리고 광범위한 계획이 필요하다. 이 장에서는 예비 계획 단계 혹은 통합교육 프로그램 시행 단계 등 프로그램 개발과 관련된 모든 단계에 도움을 줄 수 있는 정보들을 제시하고 있다.

가장 이상적인 상황은 통합교육 프로그램을 봄 학기(2학기) 초*에 개발하는 것이다. 봄 학기 초에 프로그램을 계획할 때 학교에서는 주로 개발 운영팀에서 주도적으로 진행한다. 이 팀은 대개 관리자와 교사 그리고 행정지원팀들로 구성된다. 이 팀의 역할은 초기 계획 단계를 지도 · 감독하고 행정지원팀의 보고서를 제공한다. 이 계획 단계에서 일반교사와 특수교사는 대상 학생 집단을 선정하고, 학급에 대상 학생들을 배정하며, 새로운 학기가 시작될 때에는 모든 시스템이 갖춰질 수 있도록 준비해야 한다. 이것이 가장 이상적인 상황이지만 현실적으로는 그렇지 않은 경우가 많다. 현실적으로는 가을 학기(1학기)가 시작되면 학생들에게 통합교육 프로그램과 지원 서비스를 받도록 하는 것이다. 학생들은 보통 여러 교실에 배정되어 있다. 학생들이 여러 교실에 배정되어 있기 때문에 특수교사들이 학생들의 IEP에 제시된 직접 서비스를 제공하는 것이 물리적으로 불가능하다. IEP에 제시된 대로 직접 서비스를 제공하기 위해서는 학생들에게 특수학급이나 학습지원센터(학습도움실)로 오도록 하는데, 현실적으로는 이 방법이 IEP에 제시된 요구를 충족시키는 유일한 방법이라 할 수 있다. 교사들은 이와 같은 상황에서 IEP를 준수하기 위해서 최선의 노력을 기울이지만 결코 쉬운 일이 아니다.

학교에서 통합교육 프로그램을 시행하게 된다면, 먼저 프로그램의 기초를 개발하기 위한 운영팀을 구성하게 된다. 이 과정에서는 특수교사가 학생들에 대한 정보와 그들의 요구, 그리고 프로그램의 세부적인 진행에 도움이 되는 지원 등에 대해서 분명하고 현실적인 안을 갖고 있는 것이 매우 중요한 일이다. 그리고 프로그램은 학생들의 요구를 고려하는 것뿐만 아니라, 필요한 교사와 특수교육 보조원의 수까지도 계획되어야 한다는 것이다. 이상적으로는 학교가 필요한 예산이나 인원, 지원 서비스에 제한을 받지 않아야 한다. 그러나 현실적으로는 그러한 경우는 거의 없다. 그러므로 초기 '예비' 대상 학생은 특수학급 교사와 행정지

* 미국은 가을 학기제이다. 미국의 봄 학기는 우리나라의 2학기에 해당한다.

원팀에서 결정한다. 그 이유는 간단하다. 일반교사들은 그들 각자의 교실에서 직·간접 서비스를 제공하는 것에 익숙하지만, 대부분 전체 프로그램에 대한 전체적인 관점을 갖기는 어려운 일이다. 그리고 일반교사들에게 그것을 기대하기는 매우 어렵다. 그러므로 초기의 학생 관련 자료는 특수학급 교사들이 수집하고 정리한다. 일단 정보가 정리되면, 특수교육 담당 부서에서는 학생들에게 특별한 서비스를 제공하는 데 필요한 일반학급 교사들의 수와 같은 특정한 자료들을 얻게 될 것이다.

앞서 언급한 바와 같이, 프로그램 개발에 대해 정해진 청사진이 있는 것은 아니다. 그렇지만 이 장에서는 프로그램 개발에 필요한 기본적인 개요를 제시하고 있다. 일부 학교에서는 이 장에서 제시한 계획안을 채택할 수도 있을 것이고, 혹은 단계적으로 실행해 나갈 것이다. 그리고 또 다른 학교에서는 전체 계획안을 수정해서 사용하게 될 것이다. 일부 학교에서는 운영팀을 구성하겠지만, 다른 학교에서는 교사들이 직접 대상 학생을 구성하고, 실행 가능한 계획안을 개발하게 될 것이다. 이 장에서 제시하고 있는 아이디어들은 단순히 한 가지 예에 불과하며 각 학교의 상황에 맞게 수정하고 조정해야 할 것이다.

통합교육을 위한 계획

모든 학교는 각각 독특한 특성이 있다. 규모나 위치에 상관없이 모든 학교는 프로그램 실행을 위한 계획이 반드시 필요하다. 가장 일반적인 실행 과정은 다음과 같을 것이다. 특수학급의 수가 많은 대형학교에서는 일부 특수교사들은 일반적으로 첫해부터 통합교육 시행(transition)에 자원한다. 반면에 다른 특수교사들은 특수학급에서 계속 수업하고 다음 해에 통합교육을 받게 될 학생들에 대한 서비스를 제공하고자 한다. 일부 학교에서는 같은 시기에 모든 학생들을 통합학급에 입급시키려고 한다. 그리고 대부분의 학교에서는 학교 일정상 방학 기간 동안 통합학급 입급 계획을 세우게 된다. 일반적인 통합학급 입급 시기는 초등학교 3학년 때(많은 학생들은 2학년 때 통합학급에 배치되기를 선호하지만), 중학교 1학년, 혹은 고등학교의 1학년 때이다. 프로그램은 학생들이 초등학교 4학년, 중학교나 고등학교 2학년 때까지 지속된다. 학생들이 학교급 간 진급하는 시기에는 이들의 전환을 위한 IEP를 새로 구성하고 새 학기를 준비시켜야 한다. 관리자들은 종종 특수교육 담당팀과 함께 가장 적절한 전환 시기를 결정하게 된다.

작은 규모에서부터 실행하든 전체 특수교육 대상 학생들에게 실행하든 통합교육은 이제 시작되었다. 다음 절에서는 통합교육 프로그램 실행과 관련된 기본적인 개요를 제시하고 있다. 앞서 언급한 바와 같이, 일부 학교들은 이 계획을 단계적으로 실행하려 할 것이고, 또 다른 학교에서는 적절한 요소만을 선택적으로 적용하게 될 것이다. 또 일부 학교에서는 이 계획을 단순히 참고자료로 사용하고 모든 내용을 학교에서 자체적으로 계획하려 할 것이다.

통합교육 담당 부서의 재구성

통합교육에서 가장 특별한 변화 중 하나는 통합교육 담당 부서(예 : 특수학급)의 재구성이다. 그러므로 통합교육 운영위원회는 통합교육에 대한 구성원들의 관점에 대해 함께 논의하는 과정이 반드시 필요하다. 이 운영위원회에서는 통합교육에 대한 실행 과정에서의 유의 사항들을 규정하고 이에 대해서 회의를 하기 전에 각 구성원들이 생각할 수 있는 시간을 갖도록 한다. 또 다른 경우는 운영위원회 구성원들이 함께 모여서 그 유의 사항들에 대해 생각하고 이 문제점들을 함께 해결해 나가기도 한다. 다음은 프로그램을 실행하기 위해 고려해야 할 유의 사항에 대한 내용이다. 이 장의 다른 서식들과 함께 부록에 제시된 **서식 1. 통합교육을 위한 계획 : 통합교육 운영위원회**는 유의 사항에 대한 목록을 제시하고 있으며, 이 서식은 재구성하여 활용할 수 있다.

통합교육 운영위원회에서는 다음과 같은 통합교육과 관련된 다양한 관점에 대해서 논의하도록 한다.

- 최근 통합교육 프로그램에 참여하고 있는 특수교육 대상 학생들은 몇 명인가? 학년별, 과목별로는 어느 정도인가?
- 통합교육 운영위원으로서 원하는 것은 무엇인가? 프로그램은 선정된 학생들을 소집단으로 운영해야 하는가? 아니면 학년별로 운영해야 하는가? 전체 특수교육 대상자에게 동시에 실행해야 하는가? 먼저 실행하기를 원하는 학생들이 있는가? 위원회에 선택권이 있는가?

  기존의 통합교육 실행 방법을 선택하는 원칙은 무엇인가?

- 특수교육 보조교사 등과 같은 지원 인원이 충분한가? 그리고 다음 학기에는 특수교육 보조교사의 지원이 증가 혹은 감소하는가?
- 현재 지원을 받고 있는 보조교사의 수를 고려할 때, 이 구성원들을 최대한 잘 활용하

고 있는가? 보조교사의 시간 운영은 효율적으로 되고 있는가? 학생을 최대한 잘 지원해야 하는 보조교사가 너무 일찍 오거나 너무 늦게 오지는 않는가? 시간 운영에 융통성을 두어서 일부 보조교사는 일찍 와서 학생을 지원하고 다른 보조교사는 조금 늦게 도착해서 학생들을 지원하도록 할 수 있는가?

- 운영팀으로서 학생들을 위한 서비스의 연속 체제에 배치하는 방법은 무엇인가? 그리고 필요한 경우 특수학급에서 혹은 일반학급에서 학생들에게 서비스를 제공할 수 있는 충분한 특수교사와 보조교사로 구성되어 있는가?
- 만일 일부 학생들이 통합교육 대상자로 선정될 경우 어떤 특수교사를 다음 학기에 통합교육을 지원하도록 하겠는가? 위원회에게 선택권이 있는가?
- 기존의 문제에 대해 논의한 결과 해결해야 할 가장 큰 장애물은 무엇인가?
- 추가적인 제안과 논의 사항이 있는가?

이때 기존의 질문에 모두 답을 하는 것은 어렵겠지만, 그 문제들에 대해 논의하는 것은 매우 중요한 일이다. 만약 운영위원회를 구성하도록 결정된다면, 한두 명의 특수교사가 특수학급을 대표하게 될 수 있을 것이다. 그래서 모든 사람들에게 조언을 받는 것이 중요하다.

그리고 지역교육청에서는 각 학교의 프로그램 개발에 도움을 줄 수 있는 컨설턴트 지원 예산을 배정할 것이다. 먼저 이 컨설턴트는 유사한 학교에서 개발된 다양한 사례들을 제공할 수 있다. 컨설턴트가 학교 체제에 직접 참여하는 것은 아니기 때문에 프로그램 개발 관련 문제들을 객관적으로 다룰 수 있다. 하지만 컨설턴트와 함께 지역 학교를 방문하고, 프로그램 개발 문제에 대해 고민하고 자료들을 수집하여 정리한 이후에는 결국 적절한 프로그램을 개발하는 주체는 각 학교가 되는 것이다. 진정한 통합교육 '전문가'는 해당 학교에서 학생들과 일상생활을 함께하는 해당 학교의 관계자들이다. 이 프로그램의 성공 요인은 단순하다. 관리자나 교사, 보조교사와 학부모들은 프로그램에 영향을 주는 요구와 학교의 분위기를 이해하고 있다. 그러므로 교사가 개인적으로 참여하든지 혹은 위원회의 일원으로 참여하든지 이제 '전문가'라 할 수 있다. 해당 학교의 관계자들보다 학교 분위기나 학생들, 특수교육 보조원들에 대해서 더 잘 알거나 이해할 수 있는 사람은 아무도 없다.

운영위원회의 구성

각 학교에서는 다양한 방법으로 통합교육을 실행하고 있다. 대부분의 학교에서는 프로그램을 시행하기 전에 운영위원회를 먼저 구성할 것이다. 이 위원회는 일반교사와 특수교사, 관리자와 학부모들이 구성원이 될 수 있다. 일부 학교에서는 특수교육 대상 학생들에 대한 개방적인 시각을 갖도록 하기 위해 전문상담가(혹은 상담교사)와 심리학자 또는 다른 보조 인원들 같은 전문가들이 참여하기도 한다. 예를 들어 음악교사와 체육교사들은 항상 통합교육 환경에서 교육하기 때문에 장애학생들을 지속적으로 가르치게 될 것이다. 이 교사들은 장애학생들을 대집단 속에서 일반학생들과 함께 수업하는 방법이나 특별한 상황에 대해 이해하게 될 것이다.

운영위원회(Leadership Team)가 구성되면, 위원회에서는 통합교육 프로그램을 개발한다. 만일 학교에서 위원회 구성을 결정하게 되면, 위원회의 구성원들(일반교사, 특수교사, 특수교육 보조원과 관리자 등)은 지역 학교 또는 이웃 학교에 방문해서 그 학교의 통합교육 프로그램에 관해서 상대 학교의 구성원들과 논의할 수 있도록 해야 한다. 관리자들은 다른 학교의 관리자들에게 직접 질문하며, 교사와 보조원들은 상대 학교의 교사와 보조원들에게 의견을 들을 수 있게 된다. 이와 같이 광범위하게 수집된 정보는 프로그램의 완성도를 높여줄 것이다. 이와 같은 정보는 특히 통합교육에 대한 의미를 잘 모르거나 참여하지 않는 사람들에게 많은 도움이 될 것이다. 위원회에서는 긍정적이든 부정적이든 다양한 정보를 수집하게 될 것이다. 부정적인 의견은 다른 사람의 경험에서 더 많은 것을 배울 수 있고, 같은 실수를 피할 수 있다는 점에서 매우 중요하다.

운영위원회의 역할. 위원회의 역할은 다음과 같다. 즉 위원회에서는 통합교육 방향 설정, 예상되는 문제점과 이에 대한 해결책 논의, 그리고 프로그램의 장기 목표와 단기 목표 개발, 그리고 전체 구성원들의 의견을 수렴하고 제시하는 역할을 하게 된다. 다음은 운영위원회에서 진행하게 될 단계이다.

1단계 – 통합교육 방향 설정

운영위원회의 첫 번째 역할은 통합교육의 방향을 설정하는 일이다. 위원회는 '이상적인 프로그램'에 초점을 맞추게 될 것이다. 항상 이상적인 프로그램에 관한 의견이 논의되는 것은 아니지만, 종종 브레인스토밍을 통해서 논의된 많은 제안들은 더 실제적인 논의가 이루어지는 시발점이 될 것이다. 화이트보드나 큰 종이를 준비해서 구성원들의 의견을 기록한다. 모든 구성원들이 참여할 수 있도록 하며, 모든 의견을 기록한다. 논의의 주제가 될 수 있는 질문들은 다음과 같을 것이다.

- 이상적인 프로그램이란 무엇인가?
- 모든 학생들의 성공을 위해서 환경을 어떻게 구성할 것인가?
- 현재 학교와 지역교육청, 그리고 지역사회에서 사용할 수 있는 자원들은 무엇인가?
- 이와 같은 유형의 프로그램을 개발하기 위해 필요한 단계는 무엇인가?
- 위원회의 목적은 무엇인가? 1개월, 3개월, 6개월 그리고 다음 해의 목표는 무엇인가? 이와 같은 목적을 달성하는 데 필요한 단기 목표는 무엇인가?

운영위원회의 장기 목표를 결정하는 것은 매우 중요한 일이다. **서식 2. 운영위원회 목표**는 이와 관련된 정보를 정리하는 데 활용할 수 있는 양식이다. 이 위원회의 목표에는 구성원들과의 회의 마감 일정과 다음 회의 일정도 포함될 것이다.

2단계 – 통합교육의 효과와 제한 요인에 대한 결정

교내 통합교육 실행 과정에서 얻게 되는 통합교육의 효과와 제한 요인들의 목록을 작성한다. **서식 3. 효과와 제한 요인의 예**에는 일반적인 통합교육의 효과와 제한 요인들의 예를 제시하고 있다. **서식 4. 효과와 제한 요인**은 구성원 개인 혹은 단체로 작성할 수 있으며, 위원회에서 논의하기 전 구성원들의 의견을 작성하도록 한다. 많은 의견이 나올 수 있으므로 서식을 넉넉하게 준비하는 것이 좋다.

3단계 – 통합교육 프로그램 목표 개발

위원회에서는 프로그램의 장 · 단기 목표를 개발한다. 예를 들어 장기목표는 다음 가을 학기에 통합학급에 배정될 학생 선정에 관한 것이며, 단기목표에는 다음과 같은 내용이 포함될 것이다. 즉 '학생들은 다음 학기 5월에 구성될 것이다.', '학급 교사들은 학년 말이 되기 전에 선정될 것이다.', 그리고 '참여 교사들을 위한 현직 연수는 가을에 시행될 것이다.' **서식 5. 장기목표와 단기목표 예시**는 장기목표와 단기목표의 예가 제시되어 있다. 그리고 **서식 6. 장기목표와 단기목표**는 위원회에서 특정 목표를 기록할 수 있도록 공란으로 제시하였다.

4단계 – 전체 교직원들과 정보 공유하기

일단 초기 운영위원회의 회의가 마무리되면, 학교 전체 교직원들과 정보를 공유해야 한다. 운영위원회의 구성원들은 현재까지 수집한 정보를 제공한다. 만일 시간적인 여유가 있으면,

이전 단계(1~3단계)에서부터 모든 활동을 교직원들과 함께 진행할 수 있을 것이다. 일단 3단계까지 모든 활동을 마치면 위원회와 교직원들의 의견과 정보를 서로 비교할 수 있을 것이다. 대체로 두 집단의 반응, 관심, 목표 등이 매우 유사할 것이다.

- 교직원 회의를 통해서 시행 목표와 예상 일정이 결정될 것이다. 교직원들은 추가해서 필요한 제안을 할 수 있다.
- 회의가 끝나면 회의 결과를 정리해서 모든 교직원들에게 제공한다.

5단계 – 후속 회의

후속 회의는 최초 교직원 회의 결과가 안내된 이후에 일정을 정한다. 교직원들은 새로운 변화에 대해서도 생각을 해야 하며, 발생할 수 있는 여러 가지 문제에 대해서도 생각할 시간이 필요하다. 가능한 2주 이내에 후속 회의 일정을 잡아야 하며, 통합교육 프로그램에 대한 일반적인 문제에 대한 논의가 이루어져야 한다. 만일, 학년이나 교과 영역이 결정되지 않았다면 일반적인 문제에 대한 논의를 계속해야 할 것이다. 만일 통합교육 담당 교사와 대상 학생이 결정되었다면 교사의 학년과 담당 교과가 결정되어야 한다. 학급 담당 교사가 결정되지 않았다면 일반적인 안내만 가능할 것이다. 예를 들면 위원회에서는 3, 4학년 전체 학생들과 수학과 수업을 받는 모든 학생들이 다음 학기에 통합학급에 입급될 것이라는 안내하게 될 것이다.

6단계 – 추가 준비하기

모든 담당 교사들에게 통합교육 프로그램을 시행하고 있는 지역 학교를 방문해서 실제 프로그램 운영 내용에 대해 살펴볼 수 있도록 해야 한다. 아마 운영위원들은 이미 방문하였을 것이다. 하지만 관심 있는 모든 교직원들에게도 그렇게 할 수 있도록 해야 한다. 이 프로그램에 참여하고 있는 동료 교직원들, 서비스 제공자, 보조교사들과의 대화를 통해서 프로그램과 관련된 좋은 방법을 배울 수 있을 것이다. 동료 교직원들은 그들의 경험을 통해서 얻은 것을 공유할 것이다. 약간의 변화로 부정적인 경험을 긍정적인 것으로 바꿀 수 있다는 것을 명심해야 한다. 다른 동료들의 경험을 통해서 학습해야 하며, 그들의 의견은 각 학교의 상황에 맞추어 수정해야 한다. 현장 방문을 통해서 통합교육과 관련된 여러 가지 어려운 점에 대한 우려를 덜 수 있게 될 수 있다. 왜냐하면 때로는 가장 큰 두려움은 알지 못하는 것에 대한 두려움이기 때문이다.

지역 교육청에서는 활용이 가능한 중요한 자료들을 가지고 있다. 일부 교육청에서는 예비 프로그램에 대한 재정 지원을 하고, 프로그램의 훈련과 실행을 위한 보조금을 지급하기도 한다. 주 교육청 관내 학교들은 지역 방문을 수시로 할 수 있다. 훈련 프로그램을 개발하는 데 재정 지원을 받고 있는 지역 대학들은 재정 지원 조건에 대한 부분적인 실천의 일환으로 학교에 무료로 정보를 제공하고 있다.

최근에는 통합교육과 관련된 연구와 기사들, 책들이 많이 나오고 있다. 또는 인터넷을 통해서 정보를 얻을 수도 있다. 정보 검색에 필요한 핵심어는 **특수교육, ERIC, 또는 통합교육,** 또는 특정 장애 영역 등과 같은 것이 포함될 것이다. 특정 장애 영역을 검색할 때에는 해당 장애 영역 관련 국가기관에 자주 접속하게 될 것이다. 이 기관들은 막대한 양의 정보를 가지고 있으며, 관련된 웹사이트와 링크되어 있다. 기타 여러 가지 정보들은 미국 교육부 혹은 지역 교육청에서도 추가 정보를 얻을 수 있다.

학생 집단 편성(grouping student)

지금까지 프로그램 초안이 개발되었고, 효과와 제한점에 대한 논의 하였으며, 장단기 목표가 설정되었다. 그리고 이와 같은 정보들을 모든 교직원들과 공유하여 앞으로 일어날 변화에 대해 인식하도록 해야 한다. 그리고 위원회의 위원들은 다른 교직원보다 그 변화에 더 많은 영향을 줄 수 있다는 사실을 인식해야 한다. 통합교육 대상 학생들의 집단 편성이 완료되었지만 모든 일반교사들이 통합학급을 맡게 되는 것은 아니다. 이제 대상 학년(들)과 교과목(들)을 결정해야 한다. 통합학급 교사들이 결정된 것은 아니지만, 일단 2학년 1반, 2반, 3반처럼 단순하게 학급을 정한다. 중학교에서는 10학년 수학 1반, 2반, 10학년 영어 1반, 2반, 3반 등 교과명으로 정한다.

특수교육 학생들의 증가와 한정된 자원, 인력 및 재정 등을 고려하여 학생들을 집단으로 편성하는 것은 가장 적절한 방법이라 할 수 있다. 학생들을 집단으로 편성하게 되면 직접 서비스를 더 많이 제공할 수 있다. 그리고 특수교사 한 명이 여러 학년의 다양한 학생 집단을 가르치는 것보다는 인원이 많더라도 한 학년으로 구성된 학생들을 지도하는 것이 더 효과적이다.

- 모든 학생들을 학년별로 나눈 후 통합학급 배정가 필요한 학생들을 정한다.
- 전체 특수교사들이 통합학급을 지원하게 된다면, 특수교육 대상 학생들을 어떻게 담당할지 결정한다. 만일 학년별로 나누어 담당하게 된다면, 학생들의 수는 동일하지는

않을 것이다. 그렇지만 한 학년에 배치된 15명의 학생에 대한 교육과정 수정을 지원하는 것이 세 개 학년 혹은 다른 교과 영역으로 배치된 10명의 학생보다 덜 어려울 것이다. 또한 특수교사들은 지원할 학년이나 교과가 많을수록 더 어려워질 것이다.

통합교육 프로그램은 학생들이 교실에 각각 나뉘어 배치되는 경우 관리하기가 더 어려워진다. 학급당 한 학생이 배치되었을 때에는 자문이나 교육과정 수정, IEP에서 결정한 서비스 제공 등의 시간이 부족해질 수 있다. 이와 같은 학생들의 집단 편성이 반드시 교사들의 편의만을 고려한 것이 아니다. 교육청에서 학생들을 일대일로 지원할 수 있는 직원을 고용할 정도의 재원이 마련되어 있지 않을 뿐만 아니라 학생들의 전체 일과 시간 동안 특수교사와 보조교사가 내내 돌보는 것이 바람직하지도 않기 때문에 학생들을 집단 편성하는 것은 바람직하다고 할 수 있다. 또한 학생들을 집단 편성할 경우, 학생들이 가진 장애의 유형에 따라 편성하지 않도록 해야 한다. 학생들은 IEP에서 결정된 그들의 개인적인 요구에 따라 학급에 배치되어야 한다.

학생들의 집단 편성 과정을 용이하게 하기 위해서 각 학생들의 이름을 스티커 메모지에 적어 놓는다. 다양한 색의 메모지를 사용해서 노란색은 학습장애, 파란색은 행동장애 등과 같이 장애의 유형을 표시할 수 있으며, 이 색으로 보조교사를 지정하는 데에도 활용할 수 있을 것이다. 각 학생들의 개별 메모지를 사용하게 되면 화이트보드에 이름들을 쉽게 재배열할 수 있다. 먼저 학생들을 여러 집단으로 편성해본다. 분명한 것은 특수교사든 일반교사든 누구도 완벽하게 학생들을 편성할 수 없으며, 관리하기 쉬운 집단 편성도 어려운 일이다. 집단을 편성할 때에는 먼저 통합학급 교사의 입장에서 하도록 한다. 만일 학생들의 조합이 특수학급에서도 관리하기 어렵다면, 통합학급에서는 더 어렵다고 생각해야 한다.

학생들의 집단 배치는 매우 어려운 과제이다. 특히 첫 번째 해의 집단 배치가 가장 어려운 일이다. 두 번째 해가 되면, 추가 지원이 필요한 학생들도 있지만 지원을 축소해야 하는 학생들도 생길 것이다. 그러므로 집단 배치는 그에 따라서 적절하게 조정하고 재배치되어야 한다.

다음은 학생 집단 편성에 관한 고려 사항이다. 학생의 학습 양식 등에 따라서 교차영역 방식과 학문영역(academically) 방식으로 학생 집단을 편성하는 전략으로 소개하고 있다.

교차영역 집단 편성

교차영역 집단(Cross-categorical Group) 편성은 학생 집단 편성 방법 중 한 가지이다. 학생들은 장애의 조건에 따라 편성되는 것이 아니며, 이 방식의 목표는 통합학급 내 학습도움실(resource room)을 만드는 것이 아니다. 교차영역 배치는 각 학생들의 서비스 수준과 강점, 그리고 서비스 영역을 분석해서 다양한 방식으로 다음과 같이 할 수 있다.

- 인지적 발달지체나 행동장애 학생과 같은 특수교육 보조교사의 지원을 받아야 하는 중증 장애(high needs)학생은 교육과정 수정과 최소한의 지원이 필요한 학생들과 함께 배치할 수 있다. 특수교육 보조교사는 학급에서 다른 학생들을 관찰하면서 중증 장애 학생들을 지원하고, 추가적인 지원을 제공할 수 있다.

- 대안(alternative) 교육과정 혹은 평행(parallel) 교육과정이 필요한 인지적 발달지체 학생들은 최소한의 학습 지원이 필요한 학생들과 함께 편성할 수 있다. 학습의 편차가 클수록 인지적 발달지체 학생들을 위한 보조교사의 시간도 증가한다. 그러므로 최소 지원 요구 학생도 특수교사 혹은 보조교사의 지원을 받을 수 있다. 행동장애 학생들의 경우 다른 사람에게 도움을 줄 수 있는 상황에서 바람직한 반응을 보이기 때문에 이 방식은 또 다른 가능성을 보여주는 선택이 될 수 있다.

- 청각적 정보처리에 어려움이 있는 학습장애 학생은 주의집중 혹은 지시 따르기에 어려움이 있는 학생과 함께 편성될 수 있다. 이 두 유형의 학생들은 간단한 언어 지시와 쓰기 보조 자료와 시각적 자료의 지원이 필요하다. 이 학생들 모두 조용하고 구조화된 환경이 필요한 학생들이다.

- IEP상의 서비스 대상인 표현 언어 혹은 수용 언어에 장애를 가진 학생들도 통합학급 편성 대상이다. 수용 언어장애 학생들은 다의어와 언어적 지시에 대한 이해력이 부족하고, 학급의 수업을 잘 이해하지 못한다. 수용 언어장애 학생들은 자신의 생각을 조직하거나 순서를 배열하는 것이 어렵지만, 표현 언어장애 학생들은 문제 해결 과정을 설명하기 어렵다. 말/언어치료사는 학급 교사와 함께 직접 치료하거나 학급 내에서 이 학생들을 지원할 수 있다.

- 수학과 같은 특정영역에서의 학습 지원이 필요한 학생들도 통합학급 편성 대상이다.

- 학습 지원과 함께 구두 언어 과정 지원 서비스를 받는 이중 서비스 대상 학생들도 통합학급 편성 대상이다. 말/언어치료사 지원 학급에서 학생들을 지도하며, 학급 교사는 치료사에게 보충 어휘 목록과 자료를 제공할 수 있다.

- 작업치료사의 서비스를 받는 학생들도 통합학급에서 추가 지원이 필요한 학생으로 편성될 수 있다. 작업치료 서비스 대상 학생들은 글을 쓰는 속도가 느리고 정확하지 못

하며, 그들의 글씨는 가독성이 떨어지기 때문에 과제를 완성하기 위해서는 추가 시간이 필요하다. 그러므로 이 학생들은 과제 완성에 추가 지원이 필요한 학생들과 함께 편성한다. 이들은 문제를 옮겨 쓰거나 작은 공간에 글을 쓰거나 학습지를 완성하거나 자르거나 붙이는 작업이 어려운 학생들이다. 작업치료사는 학생들과 함께 학급에 있으면서 교육과정을 수정 및 조정하며, 특별한 자료를 제공할 수 있을 것이다.

- 적응치료(adaptive therapy)가 필요한 학생들도 통합학급 편성 대상자이다. 그리고 치료 전문가는 체육 수업과 같이 한 학급에서 팀으로 지도할 수 있다. 이 학생들의 IEP 목표는 체육 수업 상황에서 맞추어질 수 있다.

- 중증의 기억장애 학생들은 학습장애 학생들과 함께 배치하는 것이 적절한 선택이 될 것이다. 단기기억이나 장기기억에 대한 어려움이 있는 학생들이 단일 장애 조건으로 규정되지는 않지만, 기억장애 학생들은 종종 학습장애 학생들과 비슷한 요구를 가지고 있다. 이 학생들은 시험 전에 많은 반복 학습이 필요하며, 특별한 조직화 전략이 필요하다. 그리고 그들은 과제 노트와 사전-사후 점검표가 필요하다.

학문 집단(academic group) 편성

학생들을 학문 형태에 따라서 집단 편성을 할 수 있다. 아래 목록을 읽고 현재 학급에 있는 학생을 생각해보라. 특히 어떤 학생과 함께 수업이 잘 되는가? 통합학급 환경에서 수용되기 용이한 학생들이 있는가? 행동문제가 없다면 이와 같은 학생의 수가 학급당 4~5명까지 증대시킬 수 있는가? 다음은 학생들의 집단 편성 시 고려해야 할 조건이다.

- 학문적 요구
- 읽기 수준
- 학습 습관
- 수학 배치
- 조직화 기술
- 교과 영역
- 문제해결 기술

학습 양식

학생들의 학습 양식은 집단 편성의 적절한 기준이 될 수 있다. 많은 교사들은 Anthony Gregorc의 학습 양식 이론에 익숙하다. Gregorc은 순차적 혹은 변칙적인 추상적 사고와 구체적 사고를 결합하여 네 가지의 학습 양식으로 분류하였다. 즉 추상적-순차적(abstract-sequential, AS), 구체적-순차적(concrete-sequential, CS), 추상적-변칙적(abstractrandom, AR) 그리고 구체적-변칙적(concrete-random, CR) 학습자로 분류한다. 학생들 중에는 어떠한 학급환경에서도 유연하게 조절을 잘하는 학생들도 있지만 일부 학생들은 그들의 개인적인 학습 양식에 잘 맞는 환경에서 더 효율적으로 학습할 수 있는 학생들도 있다. 학급의 교사들도 그들의 고유한 수업 방식에 따라 학생들을 지도한다. 예를 들면 어떤 교사들은 조용하고, 잘 정돈된 학급환경을 조성한다. 구체적-순차적(CS) 학습자들에게는 이와 같은 환경이 가장 바람직하다. 그러나 추상적-변칙적(AR) 학습자가 이와 같이 조용하고 잘 정돈된 학습 환경에 배치된다면 이 학생은 효율적으로 학습하지 못할 것이다. 왜냐하면 추상적-변칙적(AR) 학습자는 주변을 돌아다니거나 다른 방식으로 학습하기 때문이다.

다음은 네 가지의 학습 양식에 대한 설명이다. 만일 더 많은 정보나 좀 더 자세한 내용이 필요하다면 Anthony Gregorc의 웹사이트의 자료를 참조하기 바란다.

추상적-순차적(AS). 학습자는 잘 정돈되고 정신적으로 자극적인 환경에서 학습하려는 경향이 있다. 이 학생은 혼란스럽지 않고 조용한 환경에서 독립적으로 학습하는 것을 선호한다. 이 학생은 결과를 도출하기 위해서 '사고(thinking)'에 의존하며, 보통 독립적으로 학습하는 것을 선호한다.

구체적-순차적(CS). 학습자는 기대와 규칙이 분명하고 조용한 환경을 선호한다. 환경은 정돈되고 조용한 환경이어야 한다. 이 학생은 학습에서 '수동적'인 접근을 선호한다. 그들은 그들이 과제를 완성했을 때의 보상과 긍정적인 감정을 좋아한다. 그들은 한 과제를 끝내고 나서 다른 과제를 시작하려고 한다.

추상적-변칙적(AR). 학습자는 감정과 느낌에 더 많은 초점을 맞춘다. 이 학생은 환경에 많이 의존하며, 시간이 문제가 된다. 이 학생은 엄격한 규칙과 규정이 있는 환경보다 유연하고 학생이 주변을 돌아다니는 것을 허용할 수 있는 환경에서 학습을 가장 잘한다.

구체적-변칙적(CR). 학습자는 유연하고 창의적이며, 위험을 즐기고 새로운 것들을 시도해보려는 경향이 있다. 이 학생은 창의적이며, 일종의 학습 방법으로 환경을 탐색하는 것을 좋아하는 경향이 있다. 그들은 활동적인 환경을 좋아한다. 이 학생은 한 번에 여러 과제를 처리할 수 있다.

서식 7. 학습 양식 점검표는 참고문헌에 제시된 Lorraine O. Moore의 **통합교육 : 부모를 위한 실제**(*Inclusion: A Practical Guide For Parents*)에서 발췌하여 수정한 점검표이다.

이 간단한 점검표는 10세 이상의 학생을 대상으로 하며, 그들의 요구에 가장 적합한 학습 양식을 점검하는 데 사용할 수 있다. 일단 이 정보가 수집되면, 특정 학급 교사들에게 학생들을 배치하는 데 도움이 될 것이다.

기타 집단 편성 전략

다음은 학생 집단 편성 시 고려해볼 수 있는 전략들이다.

- 적절한 시기에 응용 체육교육, 말/언어치료, 작업치료, 물리치료 또는 다른 관련 서비스 대상 학생들을 집단 편성한다. 이와 같은 서비스들은 보통 독립적으로 분리된 장소에서 제공된다. 학생들의 집단 편성 시 통합학급 교사들은 관련 지원 서비스에 맞춰 수업 계획을 할 수 있기 때문에 관련 서비스의 협력이 매우 쉽다. 가능하면 관련 서비스들은 통합교육 상황에 포함되어야 한다. 예를 들어 작업치료 서비스는 영어 시간에, 초등학교의 경우 작문이나 필기 시간, 또는 미술 시간에 포함될 수 있을 것이다. 응용 체육교육 교사가 일반 체육교육 교사에게 도움을 주는 것이 가능할까? 아마도 이 두 교사는 팀티칭을 하게 될 것이다. 말/언어치료사는 학생들이 생각을 정리하거나 특정 어휘 훈련을 지원함으로써 언어 시간에 학생들을 지원할 수 있을 것이다.
- 조직화 기술이나 사전-사후 점검 지원 서비스가 필요한 학생들을 집단 편성한다. 일부 학생들은 상담자, 사회복지사나 심리치료사에게 일과 중 혹은 일과 후에 지원을 받아야 한다. 이 학생들을 집단 편성하게 된다면, 그 전문가들이 교실로 와서 유사한 요구가 있는 학생들을 소집단으로 상담해줄 수 있을 것이다.
- 일부 교육청에서는 한 학급에 많은 학생들이 집단 편성되는 경우도 있다. 특수학급 교사는 일과 중 대부분의 시간을 팀티칭을 하게 된다. 모든 학급에서는 협력 교수가 실시된다. 학부모들은 1년 전 봄 학기에 협력 교수 계획에 대해 안내받는다.
- 선정 절차 과정(의뢰 단계 혹은 사정 단계)에 있는 학생들도 학생의 예비 자료가 특수교육 대상으로 적합하다고 제안한다면 통합학급으로 편성되어야 한다.

학생 정보 정리하기

이제 학생들의 정보를 정리할 시기이다. **서식 8. 학생 정보 자료 예시**는 1학년 14명의 학생들의 자료이다. 이 표에 있는 자료는 학생들의 IEP를 근거로 정리한 것이다. 직접 서비스 제공 시간은 교육 프로그램에서는 각 학생들마다 다양한 영역으로 나누어진다. 그리고 그 직접 서비스 시간은 매주 제공된 서비스의 전체 시간과 동일하다는 점에 주의해야 한다. 부가 지원 서비스도 물론 포함되어 있다. **서식 9. 학생 정보 자료**는 해당 학교에 대상 학생들의 정보를 정리할 수 있도록 빈칸으로 제시되었다. 학생 자료는 학년별로 분리해서 정리하고, IEP에 제시된 것처럼 과목별로 정리한다.

가능하면 각 학년당 학급 수를 최소화하여 학생들을 편성한다. 읽기 수준에 따라서 집단을 편성할 때에는 수정의 요구가 적은 학생들을 보조교사가 지원할 수 있음을 고려해야 한다. 학생들의 집단 편성이 되면, 의사소통의 증가는 직접 서비스의 양과 비례할 것이다. 한 학급에서 1명의 학생과의 15분은 4명의 학생과의 1시간보다 더 효율적이지 않다. 더 많은 시간은 일반교사와 특수교사에게 더 많은 융통성을 갖게 할 것이다. **서식 10. 학생 집단 편성 예시**는 학생들을 4개의 학급으로 분리하는 방법을 제시하며, 학생들을 이와 같은 방법으로 편성하는 이유에 대해 설명할 것이다. **서식 11. 학생 집단 편성**은 학교에서 학생 집단을 편성할 때 활용할 수 있도록 빈칸으로 제시하였다. 서식 11은 학습 양식과 수학, 문제해결 기술, 그리고 관련 서비스에 따라서 학생들을 집단 편성하는 다양한 방법을 제공한다.

- 새로 전학 온 학생들의 파일을 검토한다. 만약 파일 내용과 관련하여 의문 사항이 생기면, 학생을 학급에 배치하기 전에 먼저 이전 학교에 전화해야 한다. 도착한 모든 파일을 점검하고, 그 학생에게 고려해야 할 특별한 요구가 있는지 검토해야 한다.

보조교사 일정 관리

이 시점에서는 학생들은 임시로 집단 편성이 이루어진다. 통합학급 교사가 결정된 것은 아니지만 학년별 혹은 과목별 일반교사의 수가 이제 정해질 것이다. 보조교사의 지원 시간 또한 학생의 IEP에 기록되기 때문에 어떤 교실에서 추가 지원과 서비스를 받을 것인지, 보조교사뿐만 아니라 다른 전문가의 지원에 대해서도 알 수 있다.

"우리는 학생에게 필요한 적절한 지원을 제공할 보조교사가 충분치 않다."는 이야기를 많이 한다. 만일 학생들이 집단 편성되어 있지 않다면, 보조교사는 짧은 시간 동안 여러 학급에 배치된다. 그래서 어떤 경우에는 보조교사에게 배당된 시간이 채 20분이 되지 않는 경우도 발생한다. 이와 같은 상황에서는 보조교사가 학급에 도착하면 아마도 일반교사는 수업을 하고, 소집단 지도를 하고, 질문에 답을 하고 있을 것이다. 그러므로 보조교사가 중간에 개입할 수도 없고, 학생들을 지원할 수도 없으며, 일반교사의 수업이 끝나기만을 기다리다 시간을 다 보내게 된다. 그러므로 보조교사의 일정을 융통성 있게 어느 정도 여유 시간을 두어야 한다.

학생들의 학급이 편성되고 보조교사가 전략적으로 학급에 배치되면 직접 서비스가 더 많이 제공될 수 있으며, 결과적으로 학생들에 대한 지원이 증가하게 된다. 또한 특수교사와 보조교사, 일반교사가 함께 협력할 수 있는 시간 계획이 반드시 필요하다. 프로그램 각각의 요소에 참여하는 인원이 적을수록 프로그램의 효과는 더 커지게 된다. 의사소통은 성공적인 통합의 열쇠라고 할 수 있다.

보조교사들은 통합교육에 있어서 매우 중요한 존재이다. 많은 지역에서 보조교사들의 수는 교사들의 수를 초과한다. 이 보조교사들은 학교에서 가장 복잡하고 문제가 많은 학생들에게 서비스를 제공하지만, 종종 그들은 관리가 제대로 되지 않거나 훈련을 제대로 받지 못하고 있다. 보조교사들의 역할은 교사의 직접적인 감독하에 개별 학생들이나 학생 집단에게 지원과 서비스를 제공하는 일이다. 이들의 역할은 이전에 학습한 기술을 재교육하거나, 학업적·사회적·정서적인 지원을 제공하거나 학생들을 개인적으로 도와주는 역할이다. 보조교사들의 역할은 교사의 역할을 대신하는 것이 아니다.

어떤 지역에서는 종종 여러 유형의 보조교사가 배치되어 있다. 이들 중 일부는 '프로그램 지원'을 담당한다. 이들은 장애 유형에 상관없이 다양한 학생들을 지원하고, 데이터베이스를 유지하는 등 행정적인 업무를 맡는 것과 같이 여러 상황에서 활용된다. 그리고 또 다른 유형은 '학생 지원' 담당으로 특정 학생들에게 배치된다.

보조교사의 서비스 정도를 결정할 때 유의해야 할 점은 다음과 같다.

- 보조교사에게 할당된 시간을 매우 신중하게 결정한다. 학급 내 다른 학생들에게도 도움이 될 수 있도록 중도 장애학생들에게 보조교사를 배정한다. 만약 특수교육 보조교사가 최중도 장애학생에게 배정된다면, 일대일 상황에서는 이 특수교육 보조교사가 선택할 대안이 없을 것이다.
- 일일 과제를 조정하거나 교육과정을 지원하거나 재교육을 해야 하는 학생의 경우에는 특수교육 보조교사와 함께 편성해야 한다. 특수교육 보조교사는 처음부터 직접 학생을 지도할 수는 없지만, 학생 재교육이나 기존에 학습한 기술에 대한 강화, 교육과정 수정(일반교사 혹은 특수교사의 지시에 따라서) 그리고 일일 과제 지원 등은 가능

하다.

- 만약 특수교육 보조교사의 일정 중 쉬는 시간이 있다면, 이 시간을 융통성 있게 활용한다. 일단 프로그램이 시행되면, 일반학급 교사는 이 시간을 필요한 학생들에게 부가적인 지원을 제공할 수 있는 시간으로 활용할 것이다. 비록 이 시간이 많지는 않지만 다른 교과 영역으로도 지원을 확장할 수 있을 것이다. 예를 들면 학생들은 읽기가 모든 과목에서 필요한 것이지만 대부분 읽기 시간이나 언어 시간만 읽기를 위한 서비스 지원을 받게 된다.

- 일부 학교에서는 추가적인 지원이 필요한 학생들이 갈 수 있는 특별 교실을 마련하기도 한다. 이 특별 교실에서의 근무는 자원하여 맡게 된다. 일부 학교는 교사와 보조교사 간의 업무를 교대로 한다. 또 다른 학교에서는 이 특별 교실 근무를 학부모 봉사자에게 맡기기도 한다. 추가적인 학업 지원이나 소리 내어 읽기 시험 준비가 필요한 학생은 이 특별 교실을 사용할 수 있다. 이 교실은 특수교육 서비스 대상 학생뿐만 아니라 모든 학생들이 도움을 받을 수 있다.

- 일부 교육청에서는 보조교사들의 근무 시간에 융통성을 주기도 한다. 보조교사는 주당 시간제로 고용된다. 이 시간은 필요에 따라 사용하고 일과에 따라 변경할 수도 있다. 이러한 규정으로 인해서 프로그램의 융통성이 증가한다. 일일 2~3시간제로 고용된 보조교사들에 비해 좋은 근무환경이라 할 수 있다. 일부 학교에서는 특별 프로젝트나 현장학습과 같은 일이 있을 경우 보조교사에게 '대휴(comp)'* 시간을 제공하기도 한다. 좀 더 여건이 좋은 교육청에서는 필요한 경우 연장 시간을 위한 재정을 지원받기도 한다. 해당 지역 교육청에서 보조교사의 일정 관리와 관련해서 필요한 조건을 알아보는 것도 필요하다.

- 통합학급 교사와 보조교사가 회의하고 계획을 세울 수 있도록 매일 최소 10분 이상의 시간을 마련해야 한다. 보조교사는 운영위원회의 중요한 구성원임에도 그들의 훈련에 대해서는 종종 간과된다. **통합교육 : 보조교사를 위한 주요 지침**은 이 시리즈의 보조교사에 관한 내용이다(참고문헌 참조).

- 보조교사를 위한 임시 일정을 계획해야 한다. 이 일정에는 프로그램에 필요한 전체 시간이 포함되어야 한다. 이 시간은 학생의 IEP에 직접 연계되어야 한다. 만일 시간의 여유가 있다면 서비스가 더 필요한 집단을 결정한다. 이 일정에는 자문 시간이 포

* 휴일에 일한 대신 얻는 휴가

함되어야 한다. **서식 12. 보조교사 시간**은 보조교사의 시간을 계산하는 데 도움을 줄 것이다.

특수교사의 일정 관리

이제 프로그램 일정의 구성을 살펴보고자 한다. 먼저 대상 학년의 주요 일정을 파악한다. 그리고 프로그램 시작 전에 일정 관리에 대해 다음과 같은 점에 대해서 주의해서 살펴본다. 한 팀으로서 교사의 개인적인 환경을 고려하여 일정에 대해 논의한다. **서식 13. 특수교사 일정표 예시**를 참조해서 교사의 일정을 결정한다. **서식 14. 특수교사 일정표**는 정해진 일정을 작성할 수 있는 빈 일정표이다. 이것은 일정 관리에 참고할 수 있는 기초적인 자료를 제공할 것이다.

- 많은 학생들이 특수교육 대상자로 선정되고 읽기와 쓰기 지원 서비스를 받는다. 특수교사가 통합학급 학생들에게 직접 서비스를 제공할 수 있도록 일정표상에 수업 시간을 시차를 두어 배치하는 것이 중요하다. 이와 관련된 유의 사항은 다음과 같다.

  만일 2명의 일반교사가 읽기와 언어 기술 수업을 한다면, 그 수업 중 한 시간은 보조교사를 배치하고 다른 시간에는 특수교사가 지원할 수 있도록 학생들을 편성한다. 만일 보조교사 시간이 어렵다면 2명의 일반교사와 특수교사가 시차를 두어 수업 시간을 편성해서 특수교사가 모든 수업에 참여할 수 있도록 한다. 예를 들면 **서식 13. 특수교사 일정표 예시**에서는 4개의 학급 모두 아침 1교시를 읽기와 언어 기술 수업으로 배치하였다. 특수교사가 모든 학생들을 지원하기 위해서는 2명의 일반교사가 언어 기술 수업을 오전 중간 수업 시간으로 이동해서 교사와 보조교사가 전체 학생들에게 지원할 수 있도록 해야 한다.

- 중학교에서 읽기와 쓰기 기술은 많은 교과 영역에 영향을 준다. 그러므로 이와 같은 수업 시간은 시차를 두고 편성하는 것이 좋다. 만일 그것이 불가능하다면, 일반교사들 중 1명은 먼저 소집단 수업을 하고 다음 시간에 개별 학습을 한다면, 다른 교사 1명은 먼저 개별 학습 수업을 하고 다음 시간에 소집단 수업을 하도록 한다. 그러면 특수교사는 같은 유형의 수업 시간에 두 학급에서 서비스를 제공할 수 있을 것이다.

- 첫 수업에 특수교사나 보조교사가 참석하는 것은 매우 중요하다. 종종 교직원들은

이것이 필요 없다고 생각하지만, 이 시간은 여러 가지 이유에서 효율적이다. 이 시간은 일반교사에게 과제를 점검하고 조정할 수 있도록 최대한 융통성을 주게 된다. 수업변경 사항이 발생했을 때, 일반교사들은 나중에 특수교육 담당자에게 설명하지 않아도 된다. 또한 특수교사는 수업의 형식을 파악하고 재교육 방법을 고안하거나 명확한 지침을 제안할 수 있다. 또한 이 시간은 학생들을 직접 관찰할 수 있는 최적의 시간이다.

- 수학 학습 지원을 받는 학생의 수를 결정한다. 수학 학습 지원 학생을 편성하는 경우, 한 학급으로 배치해서 수업을 하는 것이 필요할 것이다. 수학 학습 지원 학생들을 편성하지 않는 경우에는 다른 방법이 있다. 예를 들면 두 학급의 특수교육 지원 시간을 분리한다. 수학 개별화 교육 대상 학생들을 같은 담임교사에 편성한다. 또는 여러 집단을 지원하기 위해 보조교사를 활용한다. 중학교 과정에서는 개별화 교육 대상 학생들은 대개 기초 수학 과정에서 수업을 받는다. 이 과정에서는 팀티칭이 이루어질 것이다.

- 전체 학교 일정에 대한 학생들의 요구를 파악한다. 그동안 학생들은 주로 읽기, 쓰기, 수학 및 말/언어로 국한된 분야에서 서비스를 받아 왔다. 이 네 영역은 학교의 전 일정에 영향을 준다. 수업 시간에 적절한 지원 서비스를 통합하여 제공해야 한다.

- 매일 방과 후 혹은 수업 전에 특수교사와 일반교사가 회의할 수 있도록 시간을 정해야 한다. 이것은 비공식적인 일정일 수도 있다. 수업 계획의 변화가 이 시간에 정해질 수도 있다. 특수교육 회의는 일과 시작 전에 이루어져 왔는데, 종료 시간을 확실하게 해서 일반교사와의 회의 시간과 겹쳐지지 않도록 해야 한다. 의사소통의 부재는 프로그램의 진행을 방해하는 원인이 된다.

- 통합교육에서 교사들은 기존에는 기대하지 않았던 새로운 방식으로 협력하기를 기대하고 있다. 서로 이야기할 시간을 마련하는 것이 중요할 뿐만 아니라 아이디어와 요구에 대해서 서로 간에 의사소통하는 것이 매우 중요하다. 대부분의 교사들은 다른 성인을 관리·감독하는 훈련을 받지 않았다. 그렇지만 통합교육에서는 교사들이 보조교사들을 관리·감독하고 평가해야 하는 책임이 있다. 이것은 교원 양성 과정의 교육과정에 필요한 영역이 될 것이다.

- 교직원으로 참여하는 것은 매우 중요하다. 특수교사가 일반학급에서 협력할 수 있는 또 다른 방법을 찾아보아야 한다. 한 주에 여러 차례에 걸쳐서 그 학급에서 큰 소리로 책을 읽거나, 특별 프로그램에 참여하거나 보충수업이나 견학에 참가하는 것 등 간단

한 방법들이 있을 것이다. 이와 같이 참여가 증가함에 따라서 학생들은 점점 특수교육을 학급의 필수적인 영역으로 보게 될 것이다.

- 매일 준비 시간을 위한 일정을 잡는다. 중학교에서는 수업이 특정 시간에 겹치기 때문에 준비 시간을 확보하기가 더 쉽다. 그렇지만 초등학교에서는 학교 일과 중 공강 시간이 없기 때문에 이 시간을 배정하기가 더 어렵다. 만일 특수교사가 준비 시간이나 시험 시간을 정하기가 어렵다면 일정에 이 시간을 정하기에 앞서서 일반교사와 상의할 수 있도록 한다. 종종 계획되지 않은 일정이 발생하면 특수교육 서비스가 필요하지 않은 경우도 있다. 사전에 통보되었다면 특수교사들은 이 시간을 준비 시간이나 시험 시간으로 배정할 수 있다. 준비 시간과 시험 시간은 집단 활동이나 영화 관람, 초청 연사 강연, 현장 학습, 예술 활동이나 특별한 프로그램 시간을 통해서 더 확보할 수 있다.

통합교육 계획

이제 모든 계획이 완성되었다. 그리고 많은 정보가 확보되었다. 그리고 이제는 적절한 정보를 공유해야 할 시간이다. 수집된 정보들은 다음과 같다.

- 학교의 통합교육 방향
- 통합교육의 효과와 저해 요인
- 장·단기 목표와 목표 달성 일정
- 대상 학생 집단의 학년별 명단. 예를 들면

    2학년 1반 - 4명

    3학년 1반 - 6명, 보조교사 지원 대상
        2반 - 4명
        3반 - 5명, 최소한의 서비스 지원 대상

- 선정된 학년 또는 과목별 학급 일정표
- 기타 추가 정보 및 특별한 상황

이제 중요한 질문을 해야 할 때이다. 자원봉사자나 일반교사들을 선정하는 것은 관리자의 몫인가? 두 가지 측면에서 생각해볼 수 있으나, 태도는 프로그램의 성공에 중요한 역할을 하게 된다. 긍정적인 태도는 체계적 변화의 성공에서 매우 중요한 역할을 한다. 때때로 통합 교육에 대한 부정적인 태도를 보이는 경우도 있는데, 이러한 태도는 학생들에 대해 서비스를 제공하는 것과 관련이 있는 것이 아니라 변화에 대한 개인적인 반응 혹은 수용과 관련이 있는 것이다. 변화로 인해 성장하고 새로운 프로그램을 시행하면서 변화를 수용하는 사람들도 있다. 이들은 새로운 일에 대한 도전을 즐기고 흥미를 느낀다. 또 다른 사람들은 '기다려 보자'라는 태도를 보인다. 이 사람들은 일단 먼저 관찰하면서 그들의 시간과 노력을 기울이기 전에 그 프로그램이 효과적이며, 학생들이 큰 관심과 흥미를 보이는지 확인한다. 그들은 일단 기존에 해왔던 프로그램을 실행하기를 원한다. 또는 은퇴 시기가 가까워졌거나 경력의 변화, 혹은 기타 개인적인 이유로 변화를 싫어한다.

이러한 점에서 프로그램에 직접 참여하고 있는 직원들은 프로그램의 특징을 밝히기 위해서 함께 회의하고 프로그램을 함께 운영할 것이다. 프로그램의 형태는 전적으로 교사 개개인의 독자적인 성향에 의존한다.

통합교육은 한때 지나가는 유행 같은 것이 아니다. 이것은 일종의 법이다! 검사하고, 분류하고, 명명하는 데 매우 많은 시간과 노력을 들였다. 그렇게 해서 우리는 학급에서 학생들을 배정하고, 분리하고, 제외하는 것을 정당화해왔다. 다른 사람들을 통해서 배우는 것은 매우 많다. 교사들이 그들의 지식과 전문성을 공유하고 가족, 학교 직원 간의 협력 관계를 이루게 된다면 결과는 전체적으로 향상된 교육 시스템이 될 수 있을 것이다.

현직 연수와 훈련

태도는 프로그램의 성공에 중요한 역할로 작용한다. 프로그램의 성공을 위해서는 모든 교사가 열의를 가지고 참여해야 하며, 그러한 변화를 실행할 수 있는 준비를 하고 있어야 한다. 어떤 변화에 관련된 두려움은 모르는 것에 대한 두려움이라고 할 수 있다. 그러므로 어떤 체제의 변화에 관한 훈련은 중요한 구성 요소이다.

현직 연수와 훈련은 여러 가지 방법으로 실행될 수 있다. 현재 많은 대학이 일반교사와 특수교사 혹은 보조교사들을 대상으로 특별한 과정을 개설하고 있다. 부진아방지법(No Child Left Behind, NCLB)의 시행 결과, 보조교사와 관련 서비스 관계자들을 대상으로 하는 수많은 훈련 과정들이 지역 대학과 원격 연수 과정에 개설되고 있다. 뿐만 아니라 많은 인사 개발 영상물들이 활용되고 있다. 비록 영상물들은 초기 투자비용이 들어가기는 하지만, 크고 작은 집단 연수 자료나 신입 직원들을 위한 연수 자료로 여러 번 사용할 수 있다.

다음은 현직 연수 및 훈련과 관련된 유의 사항이다.

- 지역 교육청에 특수교육 자료실 영역을 개설한다. 이 영역에는 다음의 내용이 포함되어야 한다.

  ✓ 해당 지역 교육청을 통해서 학교에서 사용할 수 있도록 하거나 웹사이트에서 검색한 개별 훈련 자료 복사물

  ✓ 특정 주제에 대해 관심이 있는 개별 학교나 개인들이 검토할 수 있는 인력 개발 동영상 자료

  ✓ 개인용이 아닌 모든 학생들에게 활용 가능한 자료 : 컴퓨터 프로그램, 노트북, 보조 공학 장치, 특별 기구 등

- 적절한 훈련을 위해서, 학교 교직원들을 대상으로 필요한 훈련에 대해서 조사한다. **서식 15. 현직 연수에 대한 교직원 설문지**는 이때 간단하게 사용할 수 있는 양식이다. 학교 차원에서의 훈련 과정은 두 가지 주제로 실행될 수 있다. 즉 교사들의 요구와 '장애 이해'와 같은 전체 교직원들의 요구에 필요한 주제가 있을 것이다. 만일 어떤 교사가 시각장애 학생을 지도하게 되었다면 그 학생을 함께 지도해야 하는 교직원들은 그에 적절한 훈련을 받아야 하지만, 학교 전체 교직원들의 현직 연수 과정에서 이 주제를 다룰 필요는 없을 것이다.

- 교직원 개발 프로그램의 관심은 전체 학교에 영향을 주기도 하지만 단지 특정 학급에 영향을 주기도 한다. 다음은 현직 연수 과정에서 자주 질문하는 내용 중 참고할만한 것들이다.

통합교육

통합교육이란 무엇인가? 통합교육과 주류화의 차이는 무엇인가?

통합교육이 중요한 이유는 무엇인가?

통합교육과 관련된 연방 정부 또는 주 정부의 지침은 무엇인가?

통합교육에 대한 지역 교육청의 철학은 무엇인가?

우리가 일반교육 환경에 특수교육 대상 학생을 통합시키는 방법과 그들의 모든 요구를 충족시키는 방법은 무엇인가?

특수교육

어떤 학생들이 특수교육의 대상자인가?

특수교육 과정에서 일반교사의 역할은 무엇인가?

학생들의 IEP에 대한 일반교사들의 책임은 무엇인가?

504 계획이 무엇이고 IEP와 어떻게 다른가?

협력

효과적인 팀이란 무엇인가?

효과적인 팀으로서 우리는 어떻게 협력해야 하는가?

효과적인 통합교육 환경에서 개인들의 책임과 역할은 무엇인가?

협력 교수 상황에서 사용될 수 있는 다양한 교수 모형은 무엇인가?

프로그램을 함께 계획하기 위한 추가 시간을 확보하는 방법은 무엇인가?

협력 교수 상황에서 의사소통을 증가시키는 방법은 무엇인가?

교육과정 수정과 적합화

교육과정 조절이란 무엇인가?

교육과정을 수정하고 적합화하는 방법은 무엇인가?

조절과 적합화의 차이는 무엇인가?

학급의 교육과정과 학생들의 현재 수행 수준과의 차이가 클 때 교육과정은 어떻게 적합화할 수 있는가?

교육과정을 조절하고 수정하는 것에 대한 책임은 누구에게 있는가?

학급 보조교사

학급에서 보조교사의 역할과 책임은 무엇인가?

보조교사를 지도할 책임은 누구에게 있는가?

보조교사가 참석해 있을 때 일반학급에서의 학생 규율의 책임은 누구에게 있는가?

만일 보조교사 담당 학생이 결석했다면 보조교사의 책임은 무엇인가?

보조교사 추가 시간은 어떻게 계획할 수 있는가?

보조교사는 학생의 평가에 참여해야 하는가?

보조교사의 직무에 대한 평가 책임은 누구에게 있는가?

현직 연수는 통합교육 프로그램에서 중요한 부분이다. 그리고 필요하면 언제든지 시행되어야 한다. 모든 현직 연수가 전체 교직원을 대상으로 할 필요는 없다. 연수의 필요성이 대두될 때 소집단으로 진행할 수도 있을 것이다.

프로그램에 대한 평가

프로그램이 시행되면 교사와 보조교사, 학부모와 학생들에게 피드백을 받는 것이 필요하다. 설문 조사는 프로그램을 평가하는 간단한 방법이다. 설문 조사를 자주 하게 되면 문제가 심각해지기 전에 해결할 수 있을 것이다. 이러한 설문 조사는 직원 개발 요구 사항을 확인할 수 있다. 이 장의 끝에는 편리하게 사용할 수 있도록 다음과 같은 설문 조사지 양식을 제시하였다.

> 서식 16. 학생 설문지
> 서식 17. 학교 제반 사항 설문지
> 서식 18. 학부모 설문지
> 서식 19. 보조교사 설문지
> 서식 20. 교직원 설문지

설문 조사가 완료되면, 다음과 같은 후속조치를 반드시 해야 한다.

- 설문 조사에서 얻은 정보를 정리한다. 중요한 부분은 표시해둔다.
- 학생 설문지를 분석하고, 그들의 관심사에 대해 학생과 개별적으로 상담을 해야 한다.
- 만일 학부모가 우려를 나타내는 경우, 학급 교사와 그 문제를 상담한다. 상담이 끝나면 논의한 내용에 대해서 부모와 함께 추가 논의한다. 만약 문제가 개별 학생과 연관되어 있다면, 관련 당사자를 통해 해결할 수 있다. 만약 이것이 프로그램 자체의 문제일 경우 팀 차원에서 논의해야 한다.
- 보조교사의 요구가 결정되면 각각의 문제가 개별적인지 아니면 전체 보조교사들의 문

제인지 파악한다. 그리고 앞으로 현직 연수가 필요한지 여부도 조사한다.

결론

제1장은 통합교육 프로그램의 실행과 관련된 몇 가지 제안을 제시하였다. 이 제안들은 각 학교의 사정에 따라 적절하게 적용할 수 있을 것이다. 특별히 정해진 틀이 있는 것은 아니지만, 이 방법은 효과가 입증된 것이다. 먼저 교직원은 통합교육에 포함되는 것이 무엇인지 확실히 알게 된다. 때때로 운영위원회에서는 세부 내용을 결정하게 된다. 그리고 참여한 교직원은 통합교육과 관련된 아이디어를 얻고, 효과의 여부를 알기 위해서 통합교육 프로그램을 실행하고 있는 다른 학교를 방문하기도 한다. 통합교육 프로그램의 효과와 제한 요인들의 목록을 작성하고 이 제한 요인들을 해결해야 한다. 운영위원회 혹은 참여 교직원은 통합교육 프로그램의 방향을 개발해야 한다. 프로그램의 장·단기 목표를 결정하고, 특정 목표를 개발한다. 학생들은 선택된 기준에 따라서 편성되고, 보조교사 시간이 정해지며, 일반교사와 특수교사, 그리고 보조교사는 학생의 요구를 충족시키기 위한 최선의 방법을 결정해야 한다.

설문 조사는 교직원과 학생, 부모들의 피드백을 바탕으로 교직원들의 현직 연수와 훈련을 결정하고, 프로그램 시행 후 필요한 부분을 결정하는 데 많은 도움이 된다.

다음은 이 장에서 참조할 수 있는 모든 서식 목록이다. 20개의 서식은 모두 활용이 가능하도록 부록에 제시되어 있다. 이 양식은 학교에서 통합교육 프로그램을 계획하고 조직하고 세부 내용을 결정할 때 유용하게 활용할 수 있을 것이다.

부록 서식

서식 1	통합교육을 위한 계획 : 통합교육 운영위원회
서식 2	운영위원회 목표
서식 3	효과와 제한 요인의 예
서식 4	효과와 제한 요인
서식 5	장기목표와 단기목표 예시
서식 6	장기목표와 단기목표
서식 7	학습 양식 점검표
서식 8	학생 정보 자료 예시
서식 9	학생 정보 자료
서식 10	학생 집단 편성 예시
서식 11	학생 집단 편성
서식 12	보조교사 시간
서식 13	특수교사 일정표 예시
서식 14	특수교사 일정표
서식 15	현직 연수에 대한 교직원 설문지
서식 16	학생 설문지
서식 17	학교 제반 사항 설문지
서식 18	학부모 설문지
서식 19	보조교사 설문지
서식 20	교직원 설문지

우리는 삶을 통해서 두 가지 중요한 결정을 해야 한다. 하나는 주어진 삶을 그대로 수용하는 것이고,
다른 하나는 그것을 변화시키고 그에 따른 책임을 수용하는 것이다.

– Michele Walker

제 2 장

통합학급에서의 협력

팀이 성공적으로 운영되기 위해서는 팀 구성원들이 팀티칭에 대해 매우 효과적인 교수 환경이며, 장애학생뿐만 아니라 모든 학생들에게 이익이 될 것이라는 확신을 가지고 있어야 한다. 팀 구성원들, 즉 관련 전문가들의 특성은 이들의 협력 작업에 도움을 줄 것이다. 즉 융통성과 전문성, 다른 사람과 함께 일하는 것에 대한 선호도, 서로에 대한 배려, 유머 감각 등이 중요한 특성이라 할 수 있다. 팀 내에서 교사는 서로의 의견을 들을 수 있어야 하고 효과적으로 의사소통해야 하며, 학생에 대한 공통된 목표와 기대가 있어야 한다.

> **이 장의 메모_**
> 43쪽에 이 장에서 소개한 활용 가능한 서식 목록이 제시되어 있다. 그 양식들은 부록에 첨부되어 있다.

협력은 협력교수에 있어 매우 중요하다. 협력은 상호적인 과정이며, 교사와 여러 영역의 전문가들이 다양한 요구가 있는 학생들에게 서비스를 제공하는 것을 가능하게 한다. 바람직한 협력교사들은 융통성과 인내심으로 학급에 있는 모든 학생들에 대한 책임감을 느끼고, 긍정적인 관계를 유지하고 대화의 창을 열어둔다.

협력교수의 중요한 역할은 학급의 수업 상황에서 일반교사와 특수교사 양쪽의 관점을 통합시키는 것이다. 특수교사는 개개인의 요구에 초점을 맞춘 교수와 관리, 그 수업에 대한 조정과 분석에 집중하는 경향이 있는 반면, 일반교사는 학급에 있는 학생들의 다양한 요구를 고려해서 중립적인 수준에서 지도하게 된다. 교사들이 협력교수를 시행할 때, 각 전문가들은 학급에 대해 서로 다른 관점을 가진다. 그러므로 전문가들은 서로를 통해 배울 수 있다.

두 교사와 한 교실

통합교육 환경에서는 팀티칭, 지원교수, 보조교수와 평행교수 등 다양한 교수법이 활용될 수 있다. 이 모형들은 다양하게 변형될 수 있으며, 여러 가지 명칭으로 불린다. 이 장에서는 '팀티칭, 지원교수, 보충교수, 평행교수'라는 용어를 사용할 것이다. 이 용어들은 단순하고 이해하기 쉽다. 전문가들은 한 가지 교수 양식을 선택하거나, 목표 혹은 단원의 특성에 따라서 다양한 모델을 변형하여 적용할 수 있다. 모든 형태의 협력교수에서는 교사들이 함께 수업을 계획하고, 결과에 대한 개인적인 역할과 평가를 결정하게 된다.

- **팀티칭** : 팀티칭(team teaching)은 2명 혹은 그 이상의 교사(혹은 전문가)들이 함께 수업을 계획하고 개발하며 함께 지도하는 협력교수 방법이다. 역할과 책임은 그들의 참여를 통해 결정된다. 일반교사들이 학급이나 수업 시간에 협력수업을 하게 될 때 일반교사와 특수교사가 함께 수업을 진행하게 된다. 수업에 대한 책임은 사전에 논의해서 결정한다.

- **지원교수** : 지원교수(supportive teaching)는 한 교사가 수업을 주로 진행하고 다른 한 교사는 이를 지원하는 역할을 한다. 학생들의 기본적인 수업은 주교사가 담당한다. 수업에 따라서 일반교사 혹은 특수교사가 주교사의 역할을 바꾸어 할 수도 있다. 지원교사는 학급 내 학생들을 위해서 교육과정을 수정하고 수업을 지원한다. 만일 보조교사가 지원교사의 역할을 하게 된다면, 일반교사 또는 특수교사의 지시에 따라 학생을 지원한다.

- **보충교수** : 보충교수(supplemental teaching)는 집단의 크기에 달라질 수 있다. 보충교수에서는 수업이 먼저 전체 학생들을 대상으로 진행되고, 그다음 학급을 소집단으로 나누어 강화와 재교육, 보충수업을 한다. 교사에게 전체 학생을 대상으로 수업하기 전에 특정 주제에 대해서 사전 지도를 할 수 있도록 시간을 주어서 수업 전에 보충교수를 할 수도 있다. 일부 학생들에게는 이 시간을 이용해서 별도 교육과정을 진행할 수도 있다.

- **평행교수** : 평행교수(parallel teaching)에서는 일반교사와 특수교사가 두 집단 간 수업의 일관성을 유지할 수 있도록 함께 계획한다. 각 교사는 담당 학생들에게 수업을 진행한다. 각 교사들은 서로 다른 교육과정으로 수업을 진행할 수는 있으나 최종 목표는 동일하다. 예를 들면 두 집단은 같은 주제와 내용으로 수업하지만 읽기 교육과정의 수준은 차이가 날 수도 있다.

대부분의 수업 계획 안내서에는 팀티칭에 대해 소개하고 있지 않다. **서식 21. 일일 수업 활동 및 목표**는 일일 수업 계획을 세우고 작성하는 데 필요한 수업 계획 양식이다. 이 양식은 수업 목표를 작성하고 수업에 가장 적절한 수업 양식(팀티칭, 지원교수, 보충교수, 평행교수)을 선택하고 학생에게 적절한 교육과정 수정에 대해 기록하도록 되어 있다. 또한 두 교사들에 필요한 추가 내용도 기록하도록 되어 있다. 만일 이 수업계획서를 사용한다면 필요한 만큼 복사한 후 바인더에 철해서 사용하는 것이 좋다.

팀이 구성되면, 팀원들 간에 통합학급 내에서의 협력에 대한 논의가 이루어져야 한다. 부록에 제시된 **서식 22.~서식 26.**은 계획 단계에서부터 논의할 필요가 있는 여러 가지 문제를 제시하고 있는데, 팀원들은 이 문제에 대한 답을 생각해보는 것이 필요하다. 이 양식들에는 계획과 수업, 학생 지도와 평가, 학급환경과 학부모와의 협력 등의 영역들에 대해 논의할 문제들이 제시되어 있다.

계획과 교수 – 서식 22.

- 계획 시기와 필요한 시간은? 매일? 매주?
- 공식적 회의 혹은 비공식적 회의 중 어느 것을 더 선호하는가?
- 현재 일정 중 이 단계의 가장 좋은 회의 일정은 언제인가?
- 수업을 계획할 때 각자의 역할은 무엇인가?
- 학급 내에서 수업은 어떻게 구조화되는가? 팀티칭을 할 것인가? 지원교수, 보충교수, 또는 평행교수는 학급 내에서 학생들에게 더욱 많은 지원을 하는가?
- 만일 수업의 대부분을 협력교수로 지도할 경우, 학부모들과 어떻게 의사소통할 것인가?
- 문제가 발생하면 어떻게 해결할 것인가?
- 학급의 수업 구조를 위해서 필요한 각자의 장점을 알고 있는가? 상대방의 장점에 대해 알고 있는가?

학생 지도 – 서식 23.

- 학생 지도 계획은 무엇인가?
- 모든 학생들에게 같은 계획을 적용할 것인가?
- 학생 지도 계획에 보상과 책임에 대한 내용이 있는가?
- 학생 지도에 대한 책임은 누구에게 있는가? 특정 행동 관리 계획과 역할은 무엇인가?

- 모든 학생들에게 같은 규칙을 적용할 것인가?
- 만일 학생들에게 다른 규칙을 적용한다면, 학급 내 특정 사안에 대해서 어떻게 공정하게 처리할 것인가? 그리고 다른 기준에 대해 어떻게 설명할 것인가?

평가 - 서식 24.

- 평가의 책임은 누구에게 있는가?
- 평가 체제의 유형은 무엇인가?
- 학생들을 위해서 평가의 수정이 필요한가?
- 평가의 수정이 필요하다면, 기준은 무엇인가?
- 지필평가뿐만 아니라 다양한 방법으로 학생들을 평가할 것인가?
- 학생들에게 참여 점수도 부여하는가?

학급환경 - 서식 25.

- 학급의 일과는 어떻게 진행되는가? 연필 깎기, 화장실 가기, 학급 주변 이동하기 등은 어떠한가?
- 학급 내에 과제를 제출하거나 집이나 학교에서 사용하는 공책과 교재, 교육 자료 등을 보관할 수 있는 지정된 장소가 있는가?
- 교수 공간을 공유할 수 있는가? 만일 그렇다면, 모두의 요구를 충족시킬 수 있는 최선의 물리적인 교실 구조는 무엇인가?
- 개별화 교육 프로그램들이나 행동 관리 계획 등과 같은 비공개 정보를 보관하고 필요할 때 볼 수 있는 공간이 마련되어 있는가?
- 비품이나 소모품들, 그리고 공간을 공유하는가?
- 수업 공간을 공유하는 것과 관련해서 가장 우려하는 것은 무엇인가?

학부모와의 협력 - 서식 26.

- 문제 발생 시 해당 학생의 부모에게 연락은 누가 해야 하는가?
- 부모/학생의 회의는 어떻게 진행해야 하는가?
- 학기 첫날 부모와 학생들에게 어떻게 소개해야 하는가?

서식 27.1과 27.2의 **통합교육 특수교사 자기 보고서**는 특수교사를 위한 질문지이다. 이 체크리스트는 개인적인 장점과 부족한 영역을 결정하는 데 도움을 줄 수 있다. 이 체크리스트는 Glynis Hannell의 저서인 '교사를 위한 중재와 통합교육 지침서'(참고문헌 참조)의 내용을 참고로 하여 재구성한 것이다. **서식 28. 보조교사 자기 보고서**는 특별히 보조교사를 위한 질문지이다. 보조교사가 운영위원회 계획에 포함되는 것은 아니지만, 보조교사는 중요한 구성원이며 많은 시간을 통합학급에서 활동하게 된다.

협력

협력(collaboration)은 매우 중요하다! 특수교사와 일반교사들은 그들의 교육적 배경과 경험 때문에 상황에 대한 관점이 다른 경우가 많다. 이러한 점은 통합교육 상황에서는 매우 중요한 부분이다. 특수교사는 특별한 요구가 있는 학생들을 지원하지만, 일반교사는 학급의 모든 학생들을 지원한다. 프로그램의 성공을 위해서 교사들은 효율적으로 협력해야 한다. 통합교육의 가장 큰 장점 중 하나는 공동의 작업을 통해서 얻게 되는 지식이다!

앞 절에서는 새롭게 구성된 팀을 더욱 강화하기 위한 논의 점들을 제시하였다. 팀에서는 먼저 최선의 교수 양식과 학생 지도 방법, 통합된 학생 평가 방법, 학부모와의 협력 방법 등을 결정하기 위해서 교사들 간의 협력 방법을 개발한다. 이것은 협력 과정의 첫 단계이다.

두 번째 단계는 다양한 의사소통 영역과 구성원들의 개별적인 강점과 약점을 분석하는 일이다. Patty Lee 박사는 그의 저서 **교사들을 위한 협력의 실제 — 효과적인 의사소통을 위한 여섯 가지 방법**(참고문헌 참조)에서 더욱 효과적인 협력을 위한 여섯 가지 의사소통 영역을 소개하고 있다. 이 책에서는 교사들이 그들의 성인 동료들보다 학생들과 더 협조적이라는 것을 전제로 하고 있다. 예를 들면 교실에서 학생들과 수업할 때에는 학생들에게 더 귀 기울이며, 의미 있는 질문을 하고 학생들을 이해하려 하며, 자신을 설명하려고 노력하고, 오해를 바로잡기 위해 학생들을 주시한다. 반면에 교사들은 성인 동료들에게 습관적으로 그들과의 의사소통에 대해 무심해진다. 교사들은 성인 동료들과의 대화를 쉽게 중단하며, 서로를 이해하려 하기보다는 자신의 장점을 부각시키는 데 주력한다. 그리고 회의 중에도 잘 경청하지 않고 상대방에게 자신의 의사를 잘 전달하려는 노력도 거의 하지 않는다. 이러한 습관은 효과적인 의사소통을 방해한다. 교사들이 의사소통 방법을 모르는 것이 아니라 동료와의 대화에 더 무심하게 대하는 경향이 있다.

Patty Lee 박사는 '기대감 고취하기, 사전에 준비하기, 관점 이해하기, 질문하기, 주의 깊게 듣기와 정확하게 말하기' 등의 여섯 가지 의사소통 주요 영역을 제시하고 있다. 또한 이 여섯 가지 영역 각각의 기술을 발달시키기 위한 간단한 연습 활동도 제시하고 있다. 이 활동들은 혼자 혹은 동료나 팀으로 실시할 수 있다.

다음 도표는 Patty Lee 박사의 책에서 인용한 것이다. 이것은 학생들과의 의사소통에서 사용하는 전략들과 성인 동료들과의 의사소통에서 사용하는 전략들을 비교하여 제시하고 있다.

학생들에게 사용하는 전략	성인 동료들에게 사용하는 전략
기대감 고취하기	
학생들에게 높은 기대감을 가진다.	동료와의 공동 작업에 대한 기대감이 낮다.
학급 규칙과 행동 기준을 설명하고 함께 정한다.	진행 방식에 동의함이 없이 상대방이 해왔던 방식으로 회의를 진행한다.
개인의 학습 차이 때문에 교육과정의 수정이 필요함을 예상한다.	자신과 같은 방식으로 정보를 처리할 것을 모두에게 기대한다.
사전에 준비하기	
말한 내용에 대해 결정하고 생각한다.	가장 먼저 마음속에 떠오르는 것을 말한다.
질문 내용을 계획한다.	질문할 내용이 아니라 말할 내용을 준비한다.
학생들로부터의 피드백을 점검하고 대응해서 수업을 개선하도록 한다.	피드백과 관계없이 계속해서 습관대로 행동한다.
관점 이해하기	
학생들의 정서 상태가 생산성에 영향을 준다는 것을 수용한다.	시간이 지나도 생산성에는 변함이 없을 것으로 생각한다.
학생들이 생활 속에서 환경의 어려움이 있을 때에는 약간의 여유를 준다.	동료들의 어려움이 가정생활과 연관이 있을 것으로 생각하지 않는다.
학생들이 교사의 의견에 동의하지 않을 때, 이것을 긍정적인 도전으로 생각한다.	동료들과의 의견이 서로 다를 때에는 개인적인 것으로 생각한다.
질문하기	
학생들이 주의를 기울일 때까지 기다린다.	자신이 준비되었을 때 질문한다.
많은 질문을 한다.	질문하기보다는 진술을 더 많이 한다.
학생들의 질문은 언제나 권장한다.	질문에 대해서 방어적으로 응답한다.

(계속)

주의 깊게 듣기	
적절한 눈 맞춤을 한다.	상대방을 바라보는 것과 동시에 다른 것을 한다.
학생들의 질문과 관련된 내용에 집중한다.	또 다른 관점에 대해 집중한다.
학생들에게 모든 관심을 준다.	한 번에 많은 것에 주의를 기울인다.
정확하게 말하기	
'나' 메시지를 사용한다.	'너' 또는 '그들' 메시지를 사용한다.
상황에 따라 속도를 조절한다.	대부분 비슷한 속도로 진행하지만, 종종 서두른
학생들이 교사의 의견에 동의하지 않을 때, 이것을 긍정적인 도전으로 생각한다.	동료들과의 의견이 서로 다를 때에는 개인적인 것으로 생각한다.

출처 : Lee, P.(2006). *Collaborative Practice for Educators-Six Keys to Effective Communication.*

교사들이 다른 사람들과 협력하고 함께 작업하는 방법을 저절로 알게 된다는 것은 잘못된 가정이다. 사실 이것은 학습된 기술이다. 대부분의 교사들은 그들의 동료들보다 학생들과 더 협력적으로 일한다는 것을 인정할 것이다. 분명 대부분의 교사들은 아이들을 가르치기 위해 교육현장에 들어온 것이다! 그러나 팀에서 효과적으로 공동의 작업을 하기 위해서는 협력 기술을 배워야 한다. 팀이 2명의 교사로 구성되든 전체 교직원으로 구성되든, 구성원들의 성격은 팀이 어떻게 기능할 것인가에 영향을 준다. 어떤 교사들은 크게 말하는 것에 불편함을 느끼지만, 다른 사람들은 통제에 대한 강한 욕구를 가진다. 어떤 이들은 모든 일을 집단으로 해결하는 것을 선호하는 반면, 다른 이들은 간단하게 일을 끝내고 다른 사람에게 넘겨버리는 것을 더 원한다. 때때로 한 구성원이 모든 일을 맡게 되지만, 다른 구성원들은 회피하게 된다. 팀으로 일하게 될 경우, 오해가 발생하여 협력이 점점 힘들게 되기 쉽다. 통합교육 환경에서 함께 일하기 위해서는 훌륭한 협력 기술과 의사소통 기술이 필요하다.

공동 작업 시간 확보하기

수업을 준비하고 계획하기 위한 시간을 확보하는 것은 통합교육 환경에서 항상 중요한 난제이다. 교사들을 이미 교육과정 회의, 평가 회의, 교직원 회의, 학부모 회의, IEP 회의 등 많은 회의에 참여해야 한다. 이때 다음과 같은 점을 고려해야 한다.

- 학생들이 영화를 보거나 자습을 할 때, 또는 소집단 활동을 할 때, 수업이 없는 교실을 점검하기 위해서 지원 인력(수업보조, 보조교사)을 이용한다.
- 학생들은 음악, 미술 또는 체육 수업과 같은 특별한 수업이 있다. 이 시간을 주기적으

로 수업 계획에 필요한 시간으로 활용할 수 있을 것이다.

- 통합교육 프로그램의 일환으로 기간제 교사를 고용한다. 이 교사는 여러 학급에서 지도할 수 있어 일반교사와 특수교사에게 자유 시간을 줄 수 있다.
- 학교가 장기간 기간제 교사를 고용한다면, 결근하는 교사가 없을 때 이 교사들을 활용한다.
- 학년 담당(또는 교과 담당)교사는 대집단 강의, 비디오, 과학 실험과 같은 활동에서 합동수업을 할 수 있다. 합동수업을 하게 되면 학급 교사들 중 한 명은 수업 계획에 필요한 시간을 얻을 수 있을 것이다.
- 점심시간을 서로 맞춘다.

통합학급의 구성

학급환경의 설계는 수업의 형태에 따라 이루어지는 것이며, 수업은 학생들의 필요에 의해 결정되는 것이다. 다음은 학급을 구성하고, 팀티칭에 좀 더 효과적인 환경을 구성하는 데 필요한 유의 사항이다.

- 선정된 학생들의 요구에 적합한 교수 환경을 결정한다. 어떤 교사들은 수업을 함께 계획하고 함께 지도하는 것을 좋아하지만, 다른 교사들은 지원교수의 형태를 선호하기도 하며, 또 다른 교사들은 한 학급을 2개의 소집단으로 나누어 지도하는 평행교수를 더 원하기도 한다. 수업 전략은 학급의 구조, 교과, 참여한 교사와 학생 등에 따라 다양해질 수 있다.
- 수업의 대부분을 지원교수, 보충교수, 평행교수로 진행한다면, 학급 내에 수업 공간을 2개 구역으로 나누어야 한다. 수업 자료들을 보관하는 공간과 함께 교실 한구석에 책상을 놓아둔다. 책상을 배치할 공간이 마땅치 않다면, 교실 내에 클립보드를 충분히 갖추어 놓고 조용한 공간을 마련해야 한다.
- 어떤 교사들은 복도에 책상을 두거나 수업이 없는 교실과 같은 교실 외부에 수업 공간을 마련한다. 일부 학생들은 교실 외부 공간에서 방해를 받지 않고 소집단으로 학습하는 것을 더 선호하기도 한다.
- 개인 학습 공간을 만들어주는 것도 도움이 된다. 골판지로 만든 이동 가능한 칸막이는 사용하지 않을 때에 보관하기도 쉽다. 특히 주의가 산만한 학생들에게 유용하다.

- 지원 서비스 대상 학생들의 좌석을 배치할 때에는 특수교사 혹은 보조교사들이 학급의 나머지 학생들을 방해하지 않고 대상 학생들에게 접근할 수 있는 위치에 배치하여야 한다.

- 교사들이 메모를 남기거나 변경된 스케줄 혹은 다른 관련 정보를 남길 수 있는 공간을 마련한다. 이를 통해 담임교사의 수업을 방해하지 않고 변경된 사항들을 쉽게 알 수 있다.

- 각 학급에 필요한 자료들을 담아놓은 상자를 비치해 놓는다. 연필, 펜, 마커, 형광펜과 같은 기본적인 자료 외에 수업 계획이나 교사의 개인적인 인쇄물을 정리해 놓을 폴더와 추가적인 수업 자료들을 준비한다.

- 이동 가능한 카트는 물품을 정리하는 데 도움이 될 것이다. 특수교사들은 그 날 필요한 수업 자료들을 아침에 카트에 정리할 수 있다. 일과 중 여러 학급들을 이동하며 다닐 때 카트를 이용해서 교사의 수업 인쇄물들과 자료들을 한 공간에 잘 보관할 수 있을 것이다. 그리고 쉬는 시간에 자료를 가지러 특수학급에 돌아갈 필요가 없게 되어 시간을 아낄 수 있다. 또 다른 방법은 각 학급에 카트를 하나씩 두는 것이다.

- 학급의 파일 보관함을 가까이에 두면 자료와 파일들을 보관하는 데 유용하다. 특히 학생의 비공개 정보 사본들을 잘 보관하기 위해서도 필요하다. 대부분의 교사들은 교실의 일정 공간을 마련해주거나 그들의 개인 진열장 서랍을 제공해줄 것이다. 만일 사용할 수 있는 공간이 없다면, 가장 경제적인 방법은 파일 상자 또는 가까운 사무용품점에서 구입할 수 있는 저렴한 파일 폴더를 사용하는 것이다.

- 특수교사들과 보조교사들이 일반학급과 특수학급에 그들의 일정표를 게시하도록 한다. 이것은 다른 교사들이 필요한 경우에 시간표를 확인할 수 있도록 할 것이다.

- 호출기는 통합교육을 받고 있는 중증의 행동장애 학생들을 지도하는 교사들에게 실용적인 해결책을 제공해줄 것이다. 만일 어떤 학급에서 위기 상황이 발생한다면 교사는 즉시 호출기를 사용할 수 있다. 호출기는 교사가 학생들과 수업하거나 함께 집단 활동을 하고 있어서 교실을 떠날 수 없는 경우 대체 연락책으로서 역할을 하므로 매우 중요하다. 그리고 교장, 사회복지사, 또는 상담교사는 위급한 상황이 발생한 경우에 적절한 대체 인력이 될 수 있다. **서식 29. 비상시 활동 계획**은 이에 대한 사례로 활용될 수 있을 것이다.

- 학교 일과 중에는 특수교사가 학급 내에 있는 것이 필요하다. 초등학교의 경우에는 책상을 통합학급 내 혹은 학급 근처에 배치한다. 만일 중등교사이고 영어와 같이 특정

과목을 담당한다면, 영어과 사무실에 책상을 마련하도록 하는 것이 좋다. 성공적인 통합교육을 위해서는 교사들이 학교 일과 중에는 학급과 가까이 있는 것이 필요하다. 성인들은 자주 볼수록 의사소통이 더 잘 이루어진다.

- 수정한 자료들과 아이디어 파일을 잘 보관해야 한다. 보충자료와 오디오 카세트들은 이 파일에 보관할 수 있다. 이것은 일반교사들도 자료를 찾을 때 도움이 된다. 특수교육용과 일반교육용으로 2개의 복사본을 만들어두는 것도 좋은 방법이다. 어떤 교사들은 지역 교육청 관내 교사들이 볼 수 있도록 교육청의 특수교육 담당자에게 자료의 복사본을 보내기도 한다.

- 교수–학습 자료실을 접근이 쉬운 장소에 배치한다. 이 자료실에는 책, 비디오, 참고자료 및 지역사회 서비스 목록 등을 비치한다. 시중에서 구매가 가능한 교직원 교육용 동영상들이 많이 있다. 교직원 교육용 동영상은 교과서 전체를 읽을 필요 없이 특정 주제의 분야에 대해 더 자세히 학습할 수 있는 좋은 방법이다. 예를 들어, 모든 교사들이 자폐증 또는 난독증 학생들을 지도하게 되는 것은 아니므로 전체 교사들을 대상으로 이 주제를 현직 연수에 다루는 것은 적절하지 않다. 교직원 교육용 동영상은 소집단 훈련에 활용될 수 있다. 대출기록 카드를 구비하고, 다른 전문가가 필요로 할 경우 자료를 쉽게 찾을 수 있도록 한다.

- 신입생이 등록할 때에는 학급 배정을 결정하기 전에 특수학급에서 배정 자료를 검토해야 한다. 그리고 특수교육 관련 정보를 신중하게 검토해야 한다. 만일 학생이 개별화 교육 프로그램의 대상 학생이거나 과거에 학습이나 행동에 장애가 있었다면 그 학생은 통합학급에 배정해야 한다. 때때로 일반교육과 특수교육 관련 자료들이 별도로 도착하기 때문에 자료들을 반드시 신중하게 검토하고 확인해야 한다.

- 학기 중 새로운 학생들이 추가 입학하게 되면, 프로그램은 더 복잡해질 것이고, 더 많은 사람들이 일정을 조정해야 할 것이다. 이것은 힘든 일이긴 하지만 불가능한 것은 아니다. 다행히도 대다수의 새로운 특수교육 대상 학생들은 1월까지 배치가 되지 않는 경우가 많다. 이 시기까지는 기존 프로그램이 운영된다. 학생들은 그들의 배치에 대해 책임감을 느끼게 되며, 더 만족스러워한다. 그리고 더욱 독립적인 학생으로 변화되어 간다. 물론 운이 좋다면, 특수교육 대상 학생은 기존에 프로그램이 잘 시행되고 있는 학급에 배정될 것이다.

전문성

교사들은 매주 학부모, 동료교사, 그 외 여러 전문가들과 교육 제도에 대해 회의를 한다. 학교의 일과가 시작되었을 때에는 교사들에게는 가르치는 일이 중요한 의미가 된다. 교실은 한 명의 성인 배우인 교사와 관객인 학생들이 적극적으로 참여할 때 살아있는 무대가 된다. 특수교사 혹은 보조교사가 이 집단에 포함되면 집단 전체의 열정은 변화될 것이다.

모든 성인들이 학급에 있는 다른 성인들에게 편안함을 느끼는 것은 아니다. 신뢰를 얻는데는 시간이 걸린다. 통합교육 프로그램의 적극적인 활동은 교사들 간의 신뢰 수준을 높여줄 것이다. 많은 경우에 새로운 동료 관계 또는 유대감이 형성되지만, 항상 그런 상황이 생기는 것은 아니다. 학생에게 좋은 교육적인 경험을 제공해주는 교육적 협력의 궁극적인 목표를 기억해야 한다. 성인으로서 서로를 존중해주는 것과 공동의 목표 달성을 위해 노력하는 것은 중요하다. 하나의 교육 팀은 2개의 분리된 교육 시스템을 대체하여 발전해 나가는 것이다.

특수교사는 다음과 같은 지침에 대해서 고려해야 한다(이 지침들 중 대부분은 일반교사혹은 보조교사들에게도 해당하는 것이다).

- 학생, 학부모, 동료교사 등에 대한 비난을 용인하지 않아야 한다. 이것은 바로 '우리' 또는 '그들' 이라는 분위기가 조성된다. 그들이 학급 안에 있든지 또는 밖에 있든지 항상 그들에 대한 이야기는 전문적이어야 하고, 존경을 표하고 개인적인 판단을 피해야 한다.

- "나는 할 수 있다!"라는 긍정적인 생각을 하고 있어야 한다. 문제가 발생했을 때 교사가 긍정적인 태도를 가지고 있을 때 더욱 쉽게 해결책이 나오게 될 것이다.

- 같은 팀으로서 위임하고 동의한 내용에 대해서는 끝까지 지켜야 한다. 계획 단계에서 마감 일자가 정해져 있는데 기일에 맞출 수 없다는 것을 알게 되었다면 즉시 날짜를 변경한다. 한 사람이 그의 역할을 다하지 못했기 때문에 모든 것이 연기가 된다는 것은 일정을 맞춘 사람들에게는 매우 혼란스러운 일이다.

- 누구도 모든 것에 대해서 전문가가 될 수는 없다. 만일 특정 질문에 대한 답변을 알지 못한다면, 모르겠다고 말하는 것에 대해 난처해할 필요가 없다. 팀원들에게 답과 추가 자료를 찾을 것을 제안한다.

- 만일 업무가 너무 많다거나 그 모든 것을 할 수 없다고 생각될 때, 혹은 학생들의 모든 요구를 충족시킬 수 없다고 느낄 때에는 도움을 요청한다. 통합교육 프로그램이 문서

상으로는 시간 계획이 되어있지만, 실제적으로는 제대로 지켜지지 않는 경우가 많다. 자신의 문제에 대해 팀원들과 상의하고 도움을 요청한다. 그동안 많은 교사들과 함께 일해 왔지만 교사들은 필요한 시간에 대해서 잘 인식하지 못한다.

- 누구에게나 좋은 날도 있고 그렇지 않은 날도 있다. 통합학급의 두 교사들에게는 서로에 대한 지지가 필요한 경우가 있다. 한 교사가 학생들에게 화를 내는 상황을 보게 되는 경우가 많다. 만일 이와 같은 상황이 계속 발생하고, 학생이 위험에 처하거나 전혀 전문성이 없어 보이더라도 긍정적인 면에 중점을 두어야 한다. 협력교사들과의 관계에 어려움을 주는 상황은 상대방의 명예를 훼손하는 일이다.

- 모든 교사들은 자신만의 교육 양식을 가지고 있다. 특정 학년이나 교과 수업에서 상대방에게 도움을 줄 수 있는 전략이나 기술을 알고 있다면, 공유하기 전에 상대방의 동의를 먼저 구하는 것이 좋다.

- 통합학급 교사들과의 회의 일정은 분명하게 하는 것이 좋다. 이 시간은 수업 계획과 일정을 조정하는 시간으로 활용할 수 있다. 융통성은 필요하다. 하지만 이 시간은 모든 순위에서 가장 우선되어야 한다. 통합교육을 하기 위해서 교사들은 매일 대화를 해야 한다. 교사들이 이 시간을 중요하게 생각지 않으면 통합교육 프로그램은 성공하기 어려울 것이다.

- 가능하면, 적어도 2년 동안 같은 학년 또는 같은 교과를 담당하는 것이 좋다. 첫해에는 모든 사람에게 일종의 학습 경험이라 할 수 있다. 새로운 팀을 구성하고, 직원 훈련을 시행하며, 새로운 교수 전략을 시험해보고, 많은 시간을 교육과정을 수정하고 조정하며 보낸다. 그리고 새로운 생각을 시도해보고 과거의 아이디어를 조정하며, 함께 학생들을 가르치면서 많은 내용을 학습하게 되는 것이다. 통합교육 시행 첫해는 새로운 학교 체제 첫해와 유사하다. 모든 것이 새롭다! 둘째 해에는 교육팀에게는 좀 더 쉬워진다. 이제 통합교육 팀에서 적극적으로 참여하는 구성원이 되었고, 현직 연수도 최소화하며, 역할이 확실하게 정해져 있고, 교육과정의 수정과 조정도 다시 활용할 수 있게 되었다.

가르치는 일은 부담이 큰 직업이다. 언제나 새로운 것을 시도해야 하고, 새로운 것을 배워야 한다. 특히 직장에서나 집에서 어려움을 가지고 있는 사람을 도와주고 이해해야 한다. 성공적인 통합교육을 위해서는 모든 교사들과 보조교사들이 상대방의 관점을 이해하려고 노력해야 하며, 서로 유연하게 지내고 상대방을 존중해야 한다.

결론

제2장은 통합학급 내에서 함께 일하고 있는 일반교사와 특수교사들, 그리고 보조교사들 간의 협력을 용이하게 하는 방안을 제시하였다. 팀티칭, 지원교수, 보충교수, 혹은 평행교수 등 어떠한 교수 환경에서도 계획과 의사소통은 매우 중요하다. 학생지도와 평가, 학급 구성, 그리고 학부모 면담 등과 같은 문제를 해결하기 위해서는 안정된 협력을 조성하는 것이 도움될 것이다. 그리고 상대방에 대한 존중과 이해, 전문성은 모든 구성원들에게 더욱 편안한 분위기를 만들어 줄 것이다.

다음은 이 장에서 참조할 수 있는 9가지 서식 목록이다. 이 서식들은 모두 활용이 가능하도록 부록에 제시되어 있다. 이 양식들은 교사 간의 협력을 시작할 때 유용하게 활용할 수 있을 것이다.

부록 서식

서식 21	일일 수업 활동 및 목표
서식 22	논의 문제 : 계획과 교수
서식 23	논의 문제 : 학생 지도
서식 24	논의 문제 : 평가
서식 25	논의 문제 : 학급환경
서식 26	논의 문제 : 학부모와의 협력
서식 27	통합교육 특수교사 자기 보고서
서식 28	보조교사 자기 보고서
서식 29	비상시 활동 계획

함께 시작하고, 함께 과정에 머무르고, 함께 일하는 것은 성공한다.

-Henry Ford

노트:

제 3 장

특수교육의 이해

매년 장애아동들은 IDEA라 알려진 연방법에 따라서 특수교육 서비스를 받는다. 학생들이 서비스를 받기 위해서는 서비스 대상 적격성을 판정하기 위한 특별한 절차를 따르게 된다. 의뢰 과정은 먼저 일반학급 교사가 학생에게 부가적인 지원과 환경의 변화, 교육과정의 수정 그리고 보충수업을 진행한 후에 이루어진다. 때로는 이와 같은 의뢰 전 중재 전략을 시행한 후에 학생이 의뢰되지 않는 경우도 있다. 또는 담임교사가 다양한 전략을 시도하였으나 취약한 영역의 문제가 지속되는 경우, 일반교사는 특수교육팀(특수교육 운영위원회)에게 의뢰하게 된다. 이 장에서는 특수교육 배치 과정에 대해서 제시하고 있다. 이것은 단순히 지침일 뿐이다. 각 학교에서는 단계를 더 추가할 수 있으

이 장의 메모_

이 장에서 소개한 여러 가지 양식 목록이 63쪽에 제시되어 있다. 그리고 부록에는 교사들이 쉽게 활용할 수 있는 양식들을 제시하였다.

며, 더 많은 기록이 필요할 수도 있다. 최근의 관련법 전문은 미국 교육부 홈페이지에서 확인할 수 있다.

특수교육 배치

특수교육으로의 의뢰 : 특수교육으로의 의뢰는 일반학급교사(또는 학부모)가 학생의 학업성취와 관련한 특정 문제를 갖게 되면서 시작된다. 담임교사가 특별하고 검증된 중재를

실행하였지만 이 중재들이 학생에게 도움이 되지 않는다면 담임교사는 특수교육팀에게 학생의 진단을 요청하게 된다. 담임교사는 학생의 진단을 요청하기 전에 먼저 학생의 학부모 또는 보호자와 연락을 취하고, 의뢰 가능성에 대해 논의해야 한다. 의뢰 전에 학부모들의 동의서 서명이 필요하다. 의뢰팀은 학생에 관한 여러 가지 의견을 제시해줄 수 있는 일반교사와 특수교사, 상담교사, 심리학자, 행정담당자 그리고 기타 전문가들로 구성될 것이다.

진단 평가 : 학생을 진단 평가하기로 결정이 되었다면 다양한 평가 일정을 수립하게 된다. 진단 평가 절차와 사정 단계는 학생의 문제 영역에 따라 다양하게 진행된다. 검사는 인지 능력 검사와 학업 성취도 검사, 행동 평정 척도, 언어 평가 등 다양한 검사가 포함된다.

적격성 판정 : 일단 진단 평가 과정이 완료되면, 팀은 회의를 통해서 자료를 정리하고, 그 결과를 논의한 후 학생이 교육부의 특수교육 서비스의 대상으로 적격한지 여부를 결정한다. 만일 학생이 적격하지 않다면 담임교사에게 팀의 결정을 알려준다. 그리고 담임교사는 추가 지원을 받지 않고 학생의 요구를 충족시킬 수 있도록 해야 한다. 만일 학생이 서비스 대상으로서 적격하다면 특수교육팀은 학기 시작 후 30일 이내에 개별화 교육 프로그램을 개발한다. 학교는 적격성 판정 회의 결과를 학부모에게 지면으로 알려야 한다. 학부모는 그 결정에 대해 이의를 제기할 권리가 있다.

개별화 교육 계획 회의 : 학교는 학부모에게 개별화 교육 계획(IEP) 회의 일정에 대해 안내하고 참석할 수 있도록 해야 한다. 학부모(필요하다면 학생도 포함)는 이 회의에 참석해서 IEP 개발을 도와주고, 함께 IEP를 작성한다. IEP가 작성되면 학생이 서비스를 받기 전에 모든 팀 구성원은 이 문서에 서명한다.

서비스 제공 : IEP에 서명을 한 후에는 특수교육 서비스가 시작된다. 교사와 학부모 그리고 다른 서비스 제공자들에게 IEP 사본을 나누어준다. IEP에는 학생들의 현재 수행 수준, 구체적인 교육 목적과 장단기 목표, 실행 전략, 교육과정의 수정과 서비스의 양, 그리고 학생 성취도 평가 방법 등이 포함된다. 이 법적 문서는 최소한 매년 1회 이상 점검하고 보완한다. 그리고 학생은 3년마다 재평가받는다.

장애 범주

최근 미국 장애인교육법(IDEA)에서는 특수교육 서비스 대상을 13개의 장애 범주로 구분하고 있다. 대부분의 교사들이 다양한 장애 유형에 대해 익숙하지 않다는 점을 우려한다. 국립장애아동 및 청소년정보센터(National Information Center for Handicapped Chidren and Youth, NICHCY)에서는 13개 장애 범주에 대한 간단한 보고서를 작성했다. 보고서에서는 각각의 장애를 정의와 특성, 그리고 교사와 학부모를 위한 자료를 제공하고 있다. 그리고 더 많은 정보와 지원을 제공할 수 있는 자료실과 장애 관련 단체 목록을 제공하여 많은 도움이 될 수 있도록 하고 있다.

다음은 다양한 장애 범주에 대한 NICHCY의 보고서 내용을 요약한 것이다. 장애의 정의에 대한 전문은 미국 장애인교육법(IDEA)에 제시되어 있다. 그리고 모든 장애 학생들은 독특하며, 각 장애의 범위는 경도에서부터 중증 장애에 이르기까지 그 정도가 다양하다.

장애의 정의

1. **자폐성 장애** : 자폐성 장애(autism)와 전반적 발달장애(Pervasive Development Disorder, PPD)는 유사한 특성이 많은 발달장애이다. 자폐성 장애란 언어적, 비언어적 의사소통과 사회적 상호작용에 영향을 미치는 발달장애로 일반적으로 3세 이전에 뚜렷하게 나타나며, 아동의 교육적 수행에 부정적인 영향을 미친다. 그리고 자폐성 장애와 관련된 또 다른 특성은 반복행동과 상동행동, 환경의 변화와 일상생활의 변화에 대한 저항, 감각적 경험에 대한 이상 반응 등이다. 스펙트럼장애, 아스퍼거증후군, 레트증후군, 아동기 붕괴성장애 등은 이 범주 안에 속하는 진단 용어이다. 자폐성 장애 혹은 전반적 발달장애 아동들은 능력과 지능, 행동 면에서 매우 다양한 특성을 보인다.

   교육적 접근 : 학급환경이 구조화되어야 하고, 교육과정과 일상생활은 일관되고 예측 가능하여야 한다. 학생들은 학교의 일정이나 일상생활의 변화를 사전에 알고 있어야 한다. 그리고 이 학생들은 시각적인 정보와 함께 언어적인 정보가 주어졌을 때 학습의 효율성을 높일 수 있다. 이 학생들은 표정, 몸짓 그리고 목소리 톤을 해석하는 데 어려움이 있다. 그 학생들에게는 구조화된 사회와 협력적인 상호작용을 경험할 기회를 주는 것이 필요하며, 연습할 기회를 많이 제공해주는 것이 필요하다.

2. **농·맹** : 농·맹(deaf-blindness) 장애는 심각한 의사소통 장애와 다른 발달적 교육적 요구로 인해 청각장애와 시각장애가 동시에 나타나는 장애로, 청각장애 또는 시각장애 아동만을 위한 특수교육 프로그램으로는 적절한 서비스를 받을 수 없는 장애로 정의할 수 있다.

   교육적 접근 : 학생은 특별한 서비스가 제공되어야 하며, 이 서비스는 학생의 IEP에 기록되어야 한다. 아래의 3번 농 장애와 13번 맹이 포함된 시각장애를 참조하기 바란다.

3. **농** : 농(deafness)장애는 청력의 손실이 매우 심하여 보청기를 착용하거나 착용하지 않은 상태에서 청력을 통하여 언어 정보를 처리하는 데 결함이 있으며, 아동의 교육적 수행에 부정적인 영향을 주는 장애이다. 일반적으로 음성과 관련하여 사람이 최대로 들을 수 있는 명료도(크기)나 주파수에 따라서 청력의 손실을 최경도, 경도, 중등도, 중도 혹은 최중도(slight, mild, moderate, sever or propound)로 분류한다. 일반적으로 청력 손실 정도가 90dB 이상인 아동만을 교육적 배치 목적상 농으로 분류하게 된다.

   교육적 접근 : 청력 손실 또는 농장애는 학생들의 인지능력이나 학습능력에 영향을 주지 않는다. 그러나 이 학생들은 일반적으로 적절한 교육을 받기 위해서 특수교육 서비스가 요구된다. 학급에서 여러 전문가들은 학생의 요구에 따라서 학생에게 특별한 서비스를 제공할 것이다. 학생은 특별한 의자(예 : 회전의자)가 제공되어야 하며, 교사나 학생들, 그리고 수화통역사의 얼굴을 볼 수 있도록 허락해야 한다. 그리고 학생들은 구두 지시나 필기, 음성 언어로 제공되는 기타 정보에 대한 지원이 필요하다. 가능한 많은 정보를 시각적으로 제공하는 것이 중요하다. 영화나 비디오는 자막이 반드시 제공되어야 한다.

4. **정서장애** : 정서장애(emotional disturbance)는 아동의 교육 수행에 부정적인 영향을 미치고, 장기간 동안 지능과 감각, 그리고 건강 요인으로 설명할 수 없는 학습의 무능력, 또래 및 교사와의 만족스러운 대인관계 형성 및 유지 곤란, 정상적인 상황에서 부적절한 행동이나 감정, 일반적으로 만연된 불행감과 우울감, 개인 혹은 학교 문제와 관련된 신체 증상이나 공포감의 증가 등의 특성 중 한 가지 이상이 심각할 정도로 나타나는 상태를 말한다. 또한 과잉행동, 공격성(자신과 타인을 향한), 위축, 미성숙 그

리고 학습장애 등의 특성들이 포함될 수 있다.

교육적 접근 : 이 학생들을 위한 교육 프로그램은 정서 및 행동적 지원과 함께 학업 성취도 향상, 사회적 기술 발달, 자기 인식과 자기 통제 및 자아 존중감 개선을 위한 지원이 필요하다. 그리고 이 학생에게는 중재 계획과 행동 계약이 필요하며, IEP에 추가적인 서비스가 기록되어야 한다. 행동전문가, 상담교사, 그리고 심리학자들이 이 학생에게 관련 서비스를 제공하게 된다.

5. **청각장애** : 청각장애(hearing impairment)는 영구적이거나 일시적으로 아동의 교육 수행에 불리한 영향을 미치는 청력 손상이라고 정의한다. 그리고 농(deafness)은 청력의 손실이 매우 심하여 보청기를 착용하거나 착용하지 않은 상태에서 청력을 통하여 언어 정보를 처리하는 데 결함이 있는 장애를 말한다. 청각장애 아동은 일반적으로 청각적 자극에 반응할 수 있다.

교육적 접근 : 청력 손실 또는 농은 학생들의 인지능력이나 학습능력에 영향을 주지 않는다. 그러나 이 학생들은 일반적으로 적절한 교육을 받기 위해서 특수교육 서비스가 요구된다. 학급에서 학생들은 특수교육 전문가의 말/언어 서비스와 청능 훈련 등과 같은 전문적인 서비스를 받을 수 있다. 만일 학생이 수화를 사용한다면 수화통역사가 필요할 것이다. 학급의 교사는 보청기 사용법에 대해 교육을 받아야 한다. 학생은 특별한 의자(예 : 회전의자)가 제공되어야 하며, 교사나 학생들, 그리고 수화통역사의 얼굴을 볼 수 있도록 허락해야 한다. 그리고 학생들은 구두 지시나 필기, 음성 언어로 제공되는 기타 정보에 대한 지원이 필요하다. 가능한 많은 정보를 시각적으로 제공하는 것이 중요하다. 영화나 비디오는 반드시 자막을 제공해야 한다.

6. **정신지체** : 정신지체(mental retardation)는 현저하게 낮은 평균 이하의 지적 기능과 함께 적응행동의 제한성을 보이는 것으로 발달기 동안에 명백하게 나타나며 아동의 교육 수행에 부정적인 영향을 주는 장애로 정의한다. 정신지체를 진단하기 위해서 전문가들은 학생의 지능을 보고 이를 그 학생의 적응행동 기술과 비교한다. 정신지체는 경도에서 중도까지 다양한 수준을 나타낸다. 경도 정신지체 학생은 일반적으로 새로운 정보를 습득하는 데 걸리는 시간은 일반인들과 비슷하다. 이 학생들은 성인이 되었을 때 독립적인 생활이 가능하다. 중도 정신지체 학생들은 생활 전반에 걸쳐서 보다 집중적인 지원이 필요하다.

교육적 접근 : 경도 정신지체 학생들은 그들이 학령기가 될 때까지는 장애로 진단되지 않을 수도 있다. 대개 학생이 나이가 들어가고 학업적 요구가 더 강해짐에 따라, 보조교사들의 지원은 증가한다. 그 학생들은 교육과정을 수정하거나 혹은 평행 교육과정을 적용할 필요가 있을 것이다. 큰 과제들은 작은 단계들로 나누어 제시해야며, 시각적인 정보와 구체적인 조작활동과 함께 구체물을 제공해야 한다. 중증의 정신지체 학생들에게는 자조 기술, 의사소통 기술, 사회 기술, 그리고 직업 기술에 초점을 맞추어야 한다.

7. **중복장애** : 중복장애(multiple disability)는 중복된(동시에 일어나는) 장애(정신지체-맹, 정신지체-지체장애 등)로 하나의 장애영역에 하나의 특수교육 프로그램을 적용할 수 없는 심각한 교육적 문제를 야기하는 경우를 말한다. 이 용어는 농-맹을 포함하지 않는다고 정의한다. 대개 교육 프로그램은 유아기부터 시작된다. 이 학생들을 위한 교육의 초점은 독립성을 증가시키는 것이다.

교육적 접근 : 이 학생들을 위한 교육 프로그램은 이 학생들의 주요 요구를 충족시킬 수 있도록 다양한 요인들을 병합할 필요가 있다. 학생의 교육 프로그램 개발을 위해서 교육과 의료 관련 전문가들은 언어치료사, 물리치료사, 작업치료사 그리고 의학적 전문가들이 함께 참여할 것이다. 또한 학생들에게 의료 서비스와 특별한 도구들을 제공한다. 학생들에게 의사소통 장치, 휠체어 그리고 여러 가지 보조공학 장치를 제공해야 한다.

8. **지체장애** : 지체장애(orthopedic impairment)는 아동의 교육 수행에 부정적인 영향을 주는 정형외과적 손상을 말한다. 이 용어는 선천적인 이상(예 : 내반족, 사지기형 등), 질병에 의한 손상 (예 : 소아마비, 골 결핵 등), 기타 원인에 의한 손상[예 : 뇌성마비, 절단(수술), 그리고 수축을 야기하는 골절 혹은 화상] 등을 포함한다고 정의된다.

교육적 접근 : 지체장애 학생들은 광범위한 영역에 장애를 가지고 있다. 이 학생들은 학습은 가능하지만 학급환경의 수정이 필요할 것이다. 일부 학생들은 특별한 의료적인 처치가 필요하며, 이를 위해서 훈련도 필요할 것이다. 최근에는 의사소통 판과 의사소통 장치 등과 같은 보조공학이 많이 활용되고 있다. 그리고 키보드와 스위치 같은 특별한 컴퓨터 공학 장치도 활용되고 있다. 공학의 발전과 함께 새로운 장비와 기술이 계속해서 새롭게 개발·발전하고 있다.

9. **기타 건강장애** : 기타 건강장애(other health impairment)는 천식, 주의력결핍장애 또는 주의력결함 과잉행동장애, 당뇨병, 간질, 심장병, 혈우병, 납중독, 백혈병, 신장염, 류머티즘, 그리고 겸상 적혈구성 빈혈 등과 같은 만성적 또는 급성 건강 문제에 의해서 제한된 근력, 지구력, 민첩성 등에 어려움이 있다. 그리고 이것은 아동의 교육 수행에 부정적인 영향을 준다.

교육적 접근 : 기타 건강장애 학생은 광범위한 영역에 장애를 가지고 있다. 그렇기 때문에 교사는 특정 장애 영역에 대해 좀 더 자세히 알아볼 필요가 있다. 일부 학생들은 건강 문제로 인해서 많은 시간을 결석하게 된다. 이러한 문제는 학생들의 학업 수행에 영향을 줄 수 있으며, 학급에서의 학업을 위해서 특별한 교육적인 지원이 제공되어야 한다.

10. **특정 학습장애** : 특정 학습장애(specific learning disability)는 구어나 문어를 이해하고 사용하는 것과 관련된 한 가지 이상의 기본적인 심리학적 과정에서의 장애를 의미하며, 이것은 듣기, 생각하기, 말하기, 읽기, 쓰기, 철자 사용 및 수학 계산 등에서 불완전한 능력을 나타낸다. 그리고 지각장애, 뇌손상, 미소뇌기능장애(minimal brain dysfunction, MBD), 난독증(dyslexia), 발달적 실어증 등과 같은 장애를 포함한다. 그러나 학습장애는 시각, 청각, 혹은 운동장애, 정신지체, 정서장애, 환경, 문화 혹은 경제적인 불이익이 주요 원인인 학습문제는 포함하지 않는다. 학습장애 학생은 어떤 뚜렷한 증상이 있는 것은 아니다. 만일 다음과 같은 특성 중 일부가 포함된다면 그 학생은 학습장애 가능성이 있다. 즉 운이 맞는 단어나 소리와 철자 연결하기, 단어의 철자 등에 어려움, 유창하게 읽지만 내용 이해의 문제, 쓰기의 문제, 작문의 문제, 제한된 어휘력, 같은 단어를 반복해서 사용하기, 철자 반전, 소리 변별의 문제, 철자와 숫자의 혼돈, 번갈아 말하기 혹은 몸짓 언어에 대한 이해 부족, 매우 지적으로 보이지만 기대에 못 미치는 학업성취도 등이다. 모든 학생들이 이와 같은 특성을 보이기는 하지만 학생이 이와 같은 특성을 중복해서 나타낸다면 학습장애로 볼 수 있다.

교육적 접근 : 학습장애 학생들에게는 과제를 작은 단계로 나누어 제시해야 하며, 교과서는 큰소리로 읽어주고, 노트 필기를 도와주어야 하며, 시험을 수정해주고, 조직화 기술과 학습 기술에 대한 지원이 필요할 것이다. 학습장애는 수학, 읽기, 언어, 쓰기와 같은 특정 영역에서 나타날 수 있기 때문에 다양한 형태의 교육과정 수정이 필요하겠지만, 학생의 IEP를 근거로 해야 한다.

11. **말/언어장애** : 말/언어장애(speech and language impairment)는 아동의 교육적 수행에 부정적인 영향을 주는 유창성장애(말더듬), 조음장애, 음성장애 또는 언어장애와 같은 의사소통의 장애로 정의된다.

　　교육적 접근 : 언어지체 학생들은 말을 더듬거나 머뭇거리고, 발음의 문제 등과 같은 말과 관련된 어려움을 경험한다. 또 다른 학생들은 음성장애를 가지고 있어 부적절한 고저와 음조, 그리고 음성의 질에 문제를 가지고 있다. 이와 같은 학생들에게는 자신을 표현할 수 있는 시간을 더 많이 주어야 하며, 집단 내에서 말을 해야 하는 부담을 경감시켜야 한다. 이 학생들에게는 언어교사의 직접적인 서비스가 제공되어야 하며, 학급교사는 일과 중 내내 다양한 말장애가 있는 학생들에게 집중하고 지원해야 한다. 언어장애 학생들은 자신의 생각을 표현하는 데 어려움이 있으며, 어휘 사용에 어려움이 있다. 일부 학생들은 언어지체를 보이기도 한다. 학생들은 항상 자신의 말과 언어 기술을 사용하도록 권장하고 교사들은 학생들을 기다려주어야 하며, 진심에서 우러나온 칭찬과 격려를 해주어야 한다.

12. **외상성 뇌손상** : 외상성 뇌손상(traumatic brain injury)이란 외부의 물리적 힘에 의해 뇌에 손상을 입어 총체적 혹은 부분적으로 기능장애를 갖게 되거나 심리사회적 결함을 갖게 되는 상태를 말하며, 이로 인해 아동의 교육적 수행에 부정적인 영향을 미치게 된다. 이 용어는 다음과 같은 영역 중 한 영역 혹은 그 이상의 영역에 손상을 초래하는 개방성 혹은 폐쇄성 두부손상을 말한다. 즉 인지, 언어, 기억, 주의력, 추론, 추상적 사고, 판단, 문제해결, 감각, 지각 및 운동능력, 심리사회적 행동, 신체 기능, 정보처리, 그리고 언어능력 등이다. 이 용어는 선천성 또는 퇴행성 뇌손상이거나 출생 외상에 의해 야기된 뇌손상은 포함하지 않는다. 외상성 뇌손상 학생의 특성은 그 손상의 심각성이나 위치에 따라 달라진다. 일부 학생들은 지체장애를 갖게 되거나, 말하고 생각하는 데 어려움, 사회적, 정서적 그리고 행동적인 문제를 가지고 있다. 일부 학생들은 부분 혹은 전신 마비가 될 수도 있다. 학생들은 이러한 특성의 일부 또는 전부를 나타낼 수 있다.

　　교육적 접근 : 학생의 교육적 요구에 대해서 가능한 한 많이 찾아내야 한다. 학생들은 과제를 하거나 시험을 볼 때, 시간이 더 필요할 것이다. 그리고 학생은 이전에 알고 있던 내용을 다시 배워야 하며, 새로운 개념을 이해하는 데 어려움을 겪는다. 학생들은 쉽게 피로감을 느끼기도 한다. 중요한 것은 부모와 접촉을 유지하고 겉으로 드러나는

변화에 주목하는 것이다.

13. **시각장애(맹을 포함)** : 맹을 포함한 시각장애(visual impairment including blind-ness)는 교정을 해도 아동의 교육적 수행에 부정적인 영향을 미치는 시력의 손상으로 정의된다. 이 용어는 약시와 전맹을 포함한다. 시각장애 아동은 조기 중재 프로그램으로 도움을 받을 수 있다.

   교육적 접근 : 시각장애 학생들은 특수한 장비와 교육과정 수정이 필요하다. 이 학생들은 시력 손실의 심각성에 따라 공학이나 저시력 보조기구, 대형 인쇄자료와 녹음도서가 제공되어야 한다. 일부 학생들은 방향정위와 이동에 문제가 있을 수 있다.

조절, 적합화 그리고 수정

조절, 적합화 그리고 수정은 학급에서 학생이 성공할 수 있도록 돕는 구체적이고 개별적인 전략이다. 조절이란 무엇인가? 그리고 적합화와 수정 간의 차이는 무엇인가? **조절**(accommodation)은 학생들이 정보를 학습하고 학습한 내용을 표현하도록 하기 위한 대체 방법을 말한다. 예를 들면 교과서 내용을 읽을 수 없는 학생의 경우 녹음자료를 이용해서 교과서의 내용을 들을 수 있도록 한다. 혹은 쓰기에 어려움이 있는 학생의 경우에는 보고서를 손으로 작성하는 것 대신 컴퓨터를 사용하도록 한다. 조절은 경사로나 장애인용 화장실, 점자 표시 등과 같은 학교 환경의 조절도 포함한다. 학생은 모든 학생들과 같은 정보를 학습하고 있고 비슷한 설비에 접근할 수 있다. 이때 학생이 학습하고 접근하도록 하기 위해서 변화를 주는 것을 말한다. **적합화**(adaptation)는 학생의 개인적 요구를 충족시킬 수 있도록 수정해서 전달하는 방법이다. 이것은 방법과 수업, 그리고 평가 혹은 교육과정에 있어서의 변화와 다양성을 포함한다. 예를 들면 학생이 쓰기에 어려움이 있다면 컴퓨터를 사용하도록 허락하는 것, 그리고 학생에게 학습지를 사용할 수 있도록 해서 그 책에 직접 필기도 하고 강조 표시도 하며, 쓰기를 할 수 있도록 하는 것, 학생에게 구술시험을 볼 수 있도록 하는 것, 학생에게 학급 노트를 제공하는 것 등이다. 자료가 적합화 되면, 학생은 같은 결과를 나타낼 것으로 예상한다. 반면에 **수정**(modification)은 교육과정을 변경하는 것으로 학생은 다른 동료들 같은 양의 과제를 완성할 것이라고 예상하지 않는다. 예를 들면 수정은 학생의 주별 철자 시험 단어 수를 줄여 주거나 답안을 글로 쓰지 않고 그림으로 나타내도록 하는 것, 그리고 평행 교육과정을 제공하는 것 등을 말한다. 이 책에서는 이 세 가지 전략들이 구분하기 어렵고, 많은 부분 중복되기 때문에 개별적인 범주로 구분하지 않을 것이다.

바람직한 교사들은 다르게 학습하는 학생들을 위해 교육과정을 수정하기 위해서 일과 중 항상 수정하고 적합화한다. 대부분의 교사들에게는 이와 같은 전략들이 단순하고 좋은 교수 방법이며, 무의식적으로 하게 되는 것이다. 예를 들면 어떤 학생이 교과서를 읽는 것이 어렵다면 교사는 자연스럽게 이 학생을 동료와 짝을 지어준다. 만일 어떤 학생이 과제를 완성하는 것에 문제가 있다면 교사는 그 학생에게 최종 답안을 말로하고 그 내용을 글로 적도록 요구할 것이다. 이와 같은 단순한 교육과정 수정은 무의식적으로 하게 되는 것이다. 학생이 과제를 빨리 할 수 있도록 도와주는 간단한 방법이며, 대개는 교육과정 수정으로 생각하지는 않는다.

대부분의 학급에서는 특수교육 서비스 대상자가 아닌 학생들이 있지만, 그 학생들은 직업재활법 504조(Section 504 of the Vocational Rehabilitation Act)에 따라 서비스를 받고 있다. 예를 들면 주의력결핍 과잉행동장애 학생은 특수교육 서비스 대상이 아니지만, 504조에 의거하여 학급 교육과정 수정 서비스 대상이 된다. 이 504조 계획은 특별한 교육과정 수정과 그 목표를 제시하고 있지만 개별화 교육 계획만큼 상세하지는 않다. 그래서 학급교사는 추가적인 지원 없이 이처럼 교육과정을 수정해야 한다.

미국장애인법에 따른 특수교육서비스 대상 학생들은 개별화 교육 계획을 갖게 된다. 개별화 교육 계획에는 장단기 목표가 포함된다. 그리고 학생이 받아야 하는 조절과 적합화 그리고 수정 사항이 기입될 것이다. 특수교육 요구 학생들에게 있어서 교육과정 수정은 학생의 읽기 과제를 조절하기 위해 그 학생에게 동료를 짝지어 주는 것과 같이 간단하게 할 수도 있지만, 교육과정 수정을 많이 하도록 하여 더 복잡해질 수도 있다. 504조 계획과 개별화 교육 계획의 차이는 개별화 교육 계획은 법적인 문서이며, 조절이 문서의 일부가 된다는 것이다. IEP의 목표는 학생의 요구와 목표에 초점을 둔다. 국가 수준의 목적은 이 목표를 충족하는 지침을 제공한다.

학생이 학급에서 성공하기 위해서는 학생의 요구를 충족할 수 있도록 교육과정이 수정되어야 한다. IEP의 목표는 학생의 요구에 초점을 맞출 것이고, 그 목표들은 학생이 목표를 달성하기 위해서 노력하는 과정을 위한 체크포인트로 제시될 것이다. 따라서 목표들은 학생의 한계에 초점을 맞추기도 한다. 성공적인 교육과정 수정을 위해서는 학생 개개인의 장점을 결정하는 것이 중요하다. 교육과정을 수정할 때에는 다음과 같은 내용을 고려해야 한다.

- 특정 학문영역에서 학생을 위한 목표는 무엇인가?
- 이 목표를 달성하기 위해 우리는 어떤 강점을 활용할 수 있는가?
- 이 수정 또는 조절은 학생이 최종 목표를 성취할 수 있도록 지원할 수 있는가?

교육과정의 수정은 대개 다음과 같은 네 가지 범주로 나눌 수 있다.

강화된 활동 또는 내용. 이 범주에서는 학생들에게 추가적인 지원이 제공된다. 이 추가적인 지원은 학생이 학급 과제를 완료하고, 과목의 요구 사항을 충족시킬 수 있도록 도움을 준다. 과제에 대한 예습과 사전교육 또는 재교육이 포함될 수 있다. 학습자료에 관한 참고서와 개요 또는 녹음자료 등과 같은 보충자료가 지원될 수도 있다. 특수학급에서의 지원과 함께 일반교사들의 직접교수가 제공될 수 있다.

수정된 활동 또는 내용. 이 범주에서는 실제 학습자료나 교육 내용의 수정이 이루어진다. 특정 내용 영역에서는 과제의 양을 줄여줄 수도 있다. 그리고 학생이 과제를 완성할 수 있도록 추가 시간을 제공한다. 또한 과제는 길이와 내용에서 조정할 수도 있다. 개별 학생에게 적합하도록 평가 과정이 수정될 수 있다. 교수 집단의 형태는 다양하게 구성하여 대집단 형태뿐만 아니라 소집단 혹은 개별학습 형태로 구성될 수 있다.

평행 활동 개발. 이 범주에서는 교과의 내용과 유사하게 하거나 교육과정과 직접 관련된 보충자료 사용과 보충활동을 포함한다. 즉 학생에게 흥미는 높고 수준은 낮은 어휘로 구성된 교과서를 사용할 수 있다. 이 범주에서는 교육과정의 기능적 가치가 결정되고, 수행 활동은 유사하거나 교육과정의 내용과 관련되어 있다. 이 활동은 구체적인 '조작 중심'의 활동을 바탕으로 한다. 이 범주에서는 실제적인 활동과 참평가(authentic assessment)가 이루어져야 한다.

동일한 활동과 상이한 결과. 이 범주에서는 학생은 또래집단과 같은 형태의 활동에 참여하지만 결과는 학생의 IEP의 목표와 직접 관련되어 있다. 이 범주에서는 학생이 학급에서 수업을 듣지만 학생의 목표는 '방해하지 않고 정해진 시간 동안 조용히 앉아 있기'가 될 수 있다. 학생은 칠판에 있는 문장을 보고 베껴 쓰지만, 학생의 목표는 소근육 운동 기술 개발이 될 수 있다. 수학에서는 학생이 계산기로 덧셈과 뺄셈을 하고 있지만 학생의 실제 목표는 계산기의 기능을 학습하는 것이다. 이것은 기능적 목표들이다. 기능적 목표들은 학생이 성인으로서 독립적인 생활을 하는 데 필요한 기술을 바탕으로 한다. 이와 같은 독립적인 생활을 할 수 있도록 도움을 주는 환경은 전통적인 가정환경, 보호자가 있는 아파트 또는 그룹 홈

등이 있을 수 있다. 자료를 수정하고자 할 때에는 다음과 같은 점을 고려해야 한다.

학생의 목표 : 최종 목표는 학생의 요구를 고려하여 조정한다. 학생은 지역과 수도를 모두 학습하는 것보다 지도에서 자신이 속한 지역의 위치를 학습하도록 한다. 학생은 특정 단어 목록의 철자를 학습하지 않고 편지 형식을 연습할 수도 있다.

난이도 수준 : 학생은 흥미도가 높고 낮은 수준의 어휘 교재를 사용하거나 보충자료를 사용해서 정보를 습득할 수 있다. 그리고 학생들은 복잡한 덧셈 문제 대신 기초적인 덧셈 문제를 풀 수 있다.

과제의 양 : 학생이 학습하거나 완성할 수 있을 것이라고 예상되는 과제의 수를 적절하게 조정한다.

추가 시간 : 시험 시간을 늘리거나 학생이 과제를 완성할 수 있도록 기간을 연장해준다.

정보의 입력과 출력 : 학생은 협동학습 집단 또는 소집단 수업, 컴퓨터 또는 시각적 보조 자료 및 구체적 조작자료를 사용해서 정보를 습득할 수 있다. 학생은 종이와 연필을 사용하는 전통적인 과제와는 다른 방식으로 지식을 공유할 수 있다. 대체 방법으로는 구두 발표하기, 녹음기와 의사소통 판(board), 컴퓨터 사용하기 또는 몸짓으로 표현하기 등이 포함될 수 있다.

수업 활동 참여 : 학생의 교실 활동 참여 수준은 적절하게 조정할 수 있다. 학생의 목표는 학업적인 기대와 상관없이 집단 상황에 참여할 수 있도록 하는 것이다.

지원 시스템 : 학생은 보조교사, 또래교수, 단짝제도 또는 자습실 등과 같은 추가적인 지원을 받을 수 있다.

교육과정 수정

교육과정 수정(curriculum accommodation)의 과정을 설명하는 가장 쉬운 방법은 가설적 사례를 드는 것이다. 이 장의 끝에 제시한 **서식 30. 교육과정 수정**을 복사해서 다음에 제시한 가설적 사례를 읽고 작성해보도록 한다.

존은 7학년 학습장애 학생이다. 존의 능력은 평균 범위 내에 속한다. 그는 읽기와 쓰기 영역에서 특수교육 서비스를 지원받는다. 존의 언어(수용과 표현)는 1학년 수준이다. 존은 수학 과목을 잘하며, 문제해결 활동에 참여하고 있다. 그는 집단 토의 시간에도 적극적으로 참여하며, 집단 내에서도 협력을 잘하고 있다. 존은 과학 수업에서 실험 실습에도 잘 참여하고 있다.

1단계 : 존의 강점 기록하기

- 평균 수준의 능력
- 인식된 능력을 보상할 수 있는 수용 언어와 표현 언어
- 수학에 대한 강한 적성
- 집단 활동에서의 협력
- 조작 활동에서의 능력
- 토론 활동을 즐기는 정도

이것이 가설적 상황이기 때문에 목록이 짧게 제시되었지만, 만일 존이 실제 학생이라면, 팀은 이와 같은 강점들을 구체적으로 상세히 작성해야 할 것이다.

2단계 : 교과 목표 설정하기

- 존은 사회 시간의 과제를 80% 완성할 수 있다.
- 존은 학급 평가 과제를 70% 정확히 완성할 수 있다.

2단계를 완성하였으면, 이 책의 목차를 살펴본다. 이 책은 계획 단계에서 필요한 시간을 줄여줄 수 있으며, 장애학생들을 위한 교육과정 수정 시 필요한 전문가들 간의 의사소통의 기초를 제공할 것이다. 먼저 이 책의 목차를 읽고, 학생에게 가장 적절한 장을 선택한다. 교육과정 수정이 이미 잘 정리되어 있다.

존이 읽기와 쓰기 영역에서 지원을 받는다면 목차에서 다음 영역을 선택한다.

- 교과서 조정
- 녹음자료 제작
- 일일 과제
- 문어
- 노트 필기하기
- 대안 평가의 형식

3단계 : 브레인스토밍을 통해서 존의 장애를 보상할 수 있도록 전략을 생각한다. 그와 관련해서 다음과 같은 전략을 생각해볼 수 있다.

- 존이 혼자서 읽을 수 없는 읽기자료의 녹음자료를 제공한다.
- 수업 시간에 협동학습을 시행한다. 존이 동료와 함께 쓰기 과제를 할 수 있도록 한다.
- 각 단원의 학습안내서를 제공한다. 그리고 그 안내서에는 존이 달성할 수 있는 목표들을 제시한다.
- 존이 수업에 필요한 필기를 도와줄 수 있도록 동료를 제공한다. 그리고 필기 내용 복사본을 제공한다.
- 지필 평가는 학생 개인의 요구를 고려하여 시행한다. 존의 긴 쓰기 과제에 대한 부담을 줄여줄 수 있도록 대안 평가 양식을 사용하도록 허용한다. 최종 과제는 구술 발표로 하도록 한다.

4단계 : 존에게 가장 적합한 교육과정 수정에 대해 논의한다. 그리고 교육과정 수정의 담당자를 정한다(녹음자료를 제작하거나 학습안내서 제작은 자원봉사자에게 맡길 수 있다). 또한 학급 내에서 교육과정 수정을 실행할 담당자를 정한다. **서식 31.**과 **서식 32. 교과서 수정, 서식 33. 일일 과제, 서식 34. 평가의 수정,** 그리고 **서식 35. 교육과정 수정-실습 양식**을 사용할 수 있다.

교육과정을 수정할 때 한 번에 몇 가지 전략만을 실행해야 한다. **서식 36. 교육과정 수정-기록지**는 결과를 기록할 때 사용할 수 있다. 전략을 추가하거나 특정 아이디어를 사용하지 않기로 결정하기 전에 학생이 적응할 수 있도록 충분한 시간을 주어야 한다. 모든 학생은 독특한 존재이므로 한 학생에게 적절한 전략이 다른 학생에게는 적합하지 않을 수도 있다.

차별화 교수

교수 모형으로서 차별화 교수의 설계와 개발은 일반학급에서 시작되었다. 초기에는 일반학급에서 다루고 있는 교육 내용이 수준에 맞지 않는 영재 학생들을 위해서 도입되었다. 학생들이 더 다양해지고 통합교육이 시행되고 있는 학급에서 이 차별화 교수는 다양한 능력이 있는 모든 학생들의 수준에 적합한 모형이라 할 수 있다. 최근 많은 문헌에서 이 차별화 교수를 소개하고 있다. 이 책의 참고문헌에서도 특별한 요구가 있는 학생들을 위한 차별화 교수에 대한 목록이 소개되어 있다.

그렇다면 차별화 교수란 무엇을 말하는가? 차별화 교수를 간단히 정의하면 '표준에 근거한 교수적인 접근이 아니라 학생들의 현재 능력 수준을 근거로 한 교수 계획 과정'이라 할 수 있다. 그리고 이것은 기본적으로 학급의 모든 학생들은 같은 수준에 있다고 가정한다. 차별화 교수에서는 학급교사는 학생들의 학습 내용과 학습 방법, 그리고 평가 방법을 계획한다. 차별화 교수의 목적은 학생의 현재 수준에 맞추어 학습 과정을 지원함으로써 개별 학생의 성장과 성공을 최대화하는 것이다. 이 차별화 교수에 관한 가장 일반적인 용어는 "한 가지 크기가 모두에게 맞는 것은 아니다."이다.

차별화 교수의 원리는 이론과 연구, 그리고 상식에서 출발한다. 오늘날 우리나라의 교실은 과거에 비해 매우 다양화되었다. 특수교육 요구 학생뿐만 아니라 다른 나라에서 온 다문화가정 학생들, 비영어권 학생, 보통의 학생과 영재학생, 그리고 다양한 원인으로 장애 위험 요인을 가지고 있는 학생 등 매우 다양한 학생들이 학급을 구성하고 있다. 이 학생들이 모두 다양한 배경과 학습능력, 교육준비도, 다양한 학습 양식을 가지고 학교에 입학하고 있다.

오늘날과 같이 다양한 학생들이 있는 학급에서 한 가지 방법으로 모든 학생들을 지도하는 것이 불가능한 것은 당연한 일이다. 학생들의 수준과 요구는 매우 다양하다. 차별화 교수에서는 학급교사들이 모든 교육과정 단원의 핵심 개념과 지도 요소들을 규명해야 한다. 교수과정을 보면 교사들은 학생들을 수업 전이나 수업 중, 수업이 끝난 이후에 계속해서 평가와 재평가를 반복한다. 이것을 통해서 교사들에게 학생들의 배치와 재배치를 반복하도록 하는 것이다. 차별화 교수 전략을 적용할 경우 학생들은 적극적으로 학습 과정에 참여하게 되고, 학생 자신의 학습 양식에 따른 학습 선택권을 갖게 된다. Bloom의 인지 발달 단계, 감성 교육과 심리 운동 교육의 목표, 기타 다른 모형 등을 통해서 교사들은 학생들이 가장 잘 학습할 수 있는 방법으로 지도해야 한다.

차별화 교수는 특별한 학생들에게 매우 좋은 도구이다. 특수교육 요구 학생들을 한 가지 특정 집단에 지속적으로 배치하는 것이 아니라 그들이 가지고 있는 장점을 바탕으로 다양한 집단에 배치한다. 다음 표에는 차별화 교수의 세 가지 주요 요인, 즉 내용, 과정, 평가가 제시되어 있다. 학생은 강점에 따라서 이 세 범주 중 어느 한 영역에 속하게 되는 것이다. 예를 들면 학생은 역사에 탁월한 강점을 보이며, 많은 관심이 있다. 그 학생은 역사와 관련된 정보와 배경 지식에 대해 중요하게 생각한다. 아마도 그 학생은 많은 시간을 역사 관련 방송을 보게 될 것이고, 역사 유적지에서 휴가를 보낼 것이다. 그리고 많은 시간을 역사를 연구하면서 보내게 될 것이다. 이 학생은 역사와 관련된 시험에서 우수한 성적으로 받게 될 것이다. 이 학생은 그 영역에서 전문가가 될 것이다. 내용영역에서 이 학생은 영재 분야에 속하게 될 것이다. 반면에 인지장애가 있는 학생은 과목을 학습하는 데 많은 시간이 걸리고 많은 강화가 필요하며, 학습 내용을 최소화하여 교육과정을 수정해야 하기 때문에 아마도 부진영역에 속하게 될 것이다. 인지장애 학생은 역사적인 개념이 너무 추상적이기 때문에 이해하기 어렵다. 그리고 이 학생은 독립적인 생활 기술을 익히도록 하기 위해서 현재 수준의 학습을 지속할 것이다. 역사는 단순히 이 학생에게 필요한 교과는 아니다. 이 학생은 평행 교육과정을 적용하거나 집단 활동에 참여함으로써 사회적 기술을 발달시키는 것을 목적으로 하게 될 것이다. 대부분의 학습장애 학생들은 평균 수준의 범주에 속한다. 학습장애 학생들은 대부분 평균에서 평균 이상의 지능을 가지고 있기 때문에 대부분의 학습장애 학생들은 단원의 내용을 충분히 학습할 수 있지만, 녹음자료나 작문의 구성 요소에 대해 도움을 줄 수 있는 보조교사 등과 같은 조절이 필요할 것이다. 앞서 언급했지만, 조절은 결과를 변화시키는 것은 아니다. 조절은 단지 결과를 나타낼 수 있는 대안적인 방법을 학생에게 제공하는 것이다.

다음에 제시한 표는 내용 영역의 세 가지 범주를 나타낸다. 차별화 교수를 적용하고 있는 학급에서 대부분의 장애학생들은 이 세 범주 중 한 가지에 해당한다. 그렇지 않다면 학생의 IEP에 그 내용이 기술되어 있을 것이다. 그리고 수정이 시행될 것이다.

일반 주제 : 시민 전쟁

	부진	표준	영재
내용	학생은 수업의 세 가지 주요 목적을 달성하도록 기대된다. 학생들은 그 주제를 이해하기 위해서 많은 수정이 필요하며, 언어와 어휘 능력이 낮고 부족하다.	학생은 대부분의 목적을 달성할 것으로 기대된다. 학생들은 학년 수준을 완수할 것으로 기대된다.	학생은 그 학급의 목표들보다 더 높은 수준의 목표를 달성할 것으로 기대된다. 학생들은 특정 분야에서 재능이 있고, 매우 뛰어나다. 또는 강력한 지식이 바탕되어 있다.

두 번째 단계는 단원을 지도하는 방법을 결정하는 일이다. 학생들은 모두 다르게 학습하기 때문에, 특별한 요구가 있는 학생들은 세 가지 범주로 나누어질 것이다. 일부 학생들은 추가적인 수업이 더 필요할 것이다. 또 다른 학생들은 독립적으로 공부할 수 있을 것이고,

또 일부 학생들은 다른 학생들은 더 능가할 것이다. 조절이 모든 영역에서 이루어질 것이다. 수정(결과의 변화)이 필요한 학생들은 보통 부진영역에 속하게 될 것이다.

	부진	표준	영재
방법	학생은 과정의 각 단계에서 직접 교수가 필요하다. 학생은 반복과 연습 그리고 재수업이 필요하다.	학생은 관찰학습을 통해서 학습할 수 있다. 학생은 독립적으로 학습할 수 있다. 학생은 복습과 연습이 필요하다.	학생은 최소한의 수업으로도 학습할 수 있다. 학생은 독립적인 연구를 수행할 수 있다. 학생은 기본 개념들을 빨리 학습하고 터득한다. 사전 시험을 통과할 수 있을 것이다.

마지막 단계는 평가이다. 학생들 모두 세 가지 범주에 속하게 된다. 이와 같은 평가 혹은 사정영역에서 어떤 학생은 평가 기준에 도달하기 위해서 수정이 필요할 것이다. (예를 들면 성인이 그 학생을 대신해서 마지막 과제를 써줄 수도 있다). 그러나 결과는 똑같다.

	부진	표준	영재
평가	학생에게 평가를 위한 그룹 과제를 제공한다.	학생에게 개별 최종 과제를 3쪽으로 완성할 것을 요구한다.	학생은 모형과 그래프를 가지고 발표할 것이며, 이와 관련된 토론 주제도 제시할 것이다.

특별한 요구가 있는 학생들을 위한 차별화 교수의 또 다른 장점은 유연한 집단 편성이 지속적으로 이루어진다는 점이다. 유연한 집단 편성을 위한 전략은 차별화 교수의 필수적인 구성 요소이다. 학습자들은 상호작용과 협동학습을 통해서 새로운 내용에 대한 지식을 습득할 수 있도록 기대할 수 있다. 교사들은 소집단 혹은 또래 학습을 통해서 다음에 제시되는 내용에 대해서 전체 학생들을 대상으로 토론을 하게 된다. 학생 집단은 집단 내에서 혹은 교사에 의해서 과제를 완성할 수 있도록 지도를 받는다. 학생들의 집단 편성이 완전히 정해진 것은 아니다. 내용이나 프로젝트, 지속적인 평가를 바탕으로 한 집단 편성과 재편성은 차별화 교수의 기능 중 가장 역동적인 과정이라 할 수 있다.

차별화 교수는 교수를 한 단계 더 진행한다. 보통 수업 계획은 다양한 활동들로 나뉜다. 이 활동들은 가드너의 다중지능 혹은 블룸의 인지발달 단계를 바탕으로 한다. 다른 유형의 지능을 강조하는 전략들에 의해서 특별한 요구를 가진 학생들이 더 많은 활동의 참여 기회를 갖게 된다.

이 책에서 소개하고 있는 전략들은 학급의 모든 학생들에게 도움이 될 것이다. 조절과 수정 전략들의 목록들도 많이 제시하였다. 간단한 과제에서부터 학급의 영재학생들을 위한 확장된 활동들과 같은 여러 가지 게임과 활동들은 다양한 능력이 있는 학생들에게 적용될 수 있을 것이다. 이러한 전략들은 전국의 교사들과 인터넷 자료, 그리고 2000년 개정판 **통합교육 : 450가지 전략들**로부터 정리하였다. 선택의 폭이 매우 넓어졌다. 이 전략들은 학급의 모든 학생들의 성공에 기여할 것이다.

결론

이 장에서는 특수교육에 대해서 자세히 알아보고자 하였으며, 법과 상식에 근거하여 학생들의 특수교육 서비스 적격 대상 판별 방법에 대해 제시하였다. 그리고 장애의 13가지 범주에 대해 간단히 설명하고, 통합교육을 위한 교육적인 접근에 대해 제시하였다.

오늘날의 다양한 학생들에게는 학생들의 요구를 충족시키고 최적의 학습을 위해서 다양한 교수적인 접근이 필요하다. 만약 학생이 특별한 요구가 있는 것으로 판별될 경우, 개별화 교육 계획은 관련 서비스의 제공과 학습에 대한 조절, 교수 적합화, 그리고 교육과정과 결과에 대한 수정 사항이 고려되어야 한다.

오늘날의 교사는 융통성이 있어야 하며 차별화 교수를 사용해서 다양한 학습 양식과 다중 지능, 그리고 학습영역(인지적, 정서적, 심리운동적)을 적용해야 한다. 통합교육은 많은 요구와 문제점이 있지만, 과거에는 교육에서 소외되었던 학생들이 이제는 자신의 학습 속도와 학습 양식으로 동료들과 함께 참여하고 학습하게 되었다는 사실은 매우 흥미로우며 만족스러운 현상이라 할 수 있다.

다음은 이 장에서 참조할 수 있는 일곱 가지 서식 목록이다. 이 서식들은 모두 활용이 가능하도록 부록에 제시되어 있다. 이 양식들은 학생들에게 도움을 줄 수 있는 교육과정 수정을 결정하고 기록하는 데 도움을 줄 것이다.

부록 서식

서식 30	교육과정 수정
서식 31	교과서 수정
서식 32	교과서 수정 – 2
서식 33	일일 과제
서식 34	평가의 수정
서식 35	교육과정 수정 – 실습 양식
서식 36	교육과정 수정 – 기록지

노트:

제 4 장

읽기

"수전이 교과서를 읽을 수 없다면 어떻게 수업에 참여할 수 있을까?" 이 질문을 이렇게 바꾸어 보자. "수전이 수업자료를 학습할 수 있는 수준은 어느 정도이고, 정보를 다른 방법으로 제공해주면 이해할 수 있는가?" 질문을 이렇게 바꾸게 되면, 우리의 초점은 학생의 약점 대신 학생의 강점에 맞추어지게 된다.

특수교육 서비스를 받는 대다수의 학생들은 읽기에 어려움이 있다. 이 장에서는 교육과정의 수정을 강조하고 있지만, 이 학생들에게는 일반적인 읽기 교수도 지속적으로 지도되어야 할 것이다. 이러한 부분은 전문가팀(운영위원회)에서 결정해야 한다. 예를 들면 개별화 교육 프로그램(IEP) 회의에서 초등학교에서는 학생들의 읽기 집단 구성이나 시간 조정 등에 대해

> **이 장의 메모_**
> 이 장에서 소개한 여러 가지 양식 목록이 94쪽에 제시되어 있다. 그리고 부록에는 교사들이 쉽게 활용할 수 있는 양식들을 제시하였다.

결정하게 될 것이다. 그리고 중학교 혹은 고등학교에서는 읽기 수업을 학생의 기초 학습 기술 시간으로 통합할지 혹은 자습시간에 지도할지를 결정하게 될 것이다.

교육과정 운영에 도움이 될 수 있는 상용화된 읽기 프로그램들이 많이 있다. 만일 읽기 교육과정이 음성학적인 접근을 강조한다면, 전체 언어 요소로 구성된 프로그램을 고려해 볼 수 있다. 이 프로그램은 청각적 정보처리 과정에 어려움이 있거나 시각적 학습자(visual learner)들에게 도움이 될 것이다. 만일 프로그램이 총체적 언어 접근으로 강조되어 있다면 부가적으로 발음 중심 자료들을 통합하여 운영한다. 실제로 몇몇 학생들은 1학년 시기에 형

식적인 프로그램에 준비되어 있지 않은 경우가 있다. 이런 학생들에게는 음소인식(phonemic awareness) 훈련이 필요할 것이다. 음소인식은 발음의 구성 요소이지만, 철자(graphic letters)와는 상관없이 독립적으로 지도한다. 학생들을 위한 음소인식 훈련은 읽기의 필수과정으로 지도하거나 보충과정에서 지도될 수 있다. 음소인식 훈련이 필요한 학생들은 펜(pen)과 핀(pin) 같은 단어들의 차이점을 변별할 수 없거나, 트레인(train)을 크레인(chrain)으로 대치하여 발음하거나, 단어들의 운율(rhyme)에 어려움이 있는 학생들이다. 말/언어 훈련을 받는 학생들의 교육과정에도 음소인식 훈련이 포함되어 있다. 학생들이 읽기 보충학습을 지속적으로 받아야 하지만, 성공적인 학교생활을 할 수 있도록 하기 위해서는 교과서의 조정이 반드시 필요하다. **서식 31.**과 **서식 32.**는 교사들이 교과서를 조정하는 데 필요한 전략들을 기록하는 데 사용될 수 있는 교과서 수정 양식들이다.

교과서 수정

아래에 제시된 전략들은 읽기 교과서에만 제한되는 것은 아니다. 과학이나 사회, 영어 교과서와 보충교재들에 대해서도 다음에 제시된 전략들을 사용할 수 있다. 학생이 교재를 혼자 읽거나 혹은 도움을 받아 읽을 때, 녹음자료를 들으면서 읽기를 할 때 다음에 제시된 내용을 고려하여야 한다.

1. 교과서의 읽기 수준을 결정하고, 수준을 IEP에 기록된 학생의 읽기 수준과 비교해야 한다. 이것은 학급 내에서 교과서를 가지고 학습하는 데 어려움이 있는 학생들을 선별하는 데 도움이 될 것이다.

2. 사전에 학생들과 함께 교과서를 검토한다. 그리고 출판자의 교과서 구성 의도를 논의한다. 학급의 모든 학생들에게 교과서의 표지, 목차, 색인, 서문과 도입, 결론과 요약, 이미지들(사진, 그래프, 표, 그림), 각 장과 절의 제목, 특수 서식(굵은 글씨, 기울임꼴), 장과 요약 질문, 사진의 아래 설명, 어휘 목록, 부록, 주제 색인과 용어 설명 등의 활용 방법을 알려주는 것은 도움이 될 것이다. 학생들이 책 속의 이와 같은 구성 요소들에 대한 활용 방법을 학습하게 되면 책을 읽고 이해하는 데 많은 도움이 될 것이다.

3. 사전에 읽기자료의 개요를 제공한다. 그리고 학생들에게 다른 학생들이 소리 내어 읽는 동안 개요를 정리하도록 지도한다.

4. 학생들에게 사전 검토를 할 수 있도록 학습 문제를 제공한다. 이것은 학생들이 중요

한 자료에 집중할 수 있도록 해준다.

(추가 전략들은 사전 검토 및 사전 교육 절을 참조하라.)

5. 학생에게 스티커 메모지(예 : 포스트잇)를 제공해주고, 여기에 메모하거나 단어 혹은 학습 내용에 관한 질문을 적도록 한다. 이 메모들은 교과서 관련 영역에 직접 적용할 수 있는 좋은 참고자료가 될 것이다.

6. 교과서를 읽기 전에 학생들과 함께 교과서에 실린 사진과 다이어그램, 차트를 살펴보고 토론한다. 이렇게 함으로써 학생은 시각적 단서를 더 잘 활용할 수 있게 될 것이며, 이와 같은 단서를 이용하여 더 많은 배경 지식을 갖게 될 것이다.

7. 안내된 읽기 절차에 따라 교과서의 내용을 큰 소리로 읽어준다. 소리 내어 읽을 때에는 페이지 번호나 단락의 위치 같은 위치 단서를 자주 안내해준다. 글을 읽을 수 없는 학생들은 사진을 보면서 듣도록 한다. 안내된 읽기는 수업 중에 공상을 많이 하는 학생들에게도 도움이 될 것이다.

8. 학생들을 소집단으로 나누어 교과서를 읽어주고, 나머지 학생들은 속으로 읽도록 한다. 장애학생들도 이 소집단 활동에 참여하도록 한다. 집단을 변경하여 학생들이 소집단 활동에 익숙해지면, 교실 안의 다른 학생들과도 친숙하게 될 것이다.

9. 만일 2명의 교사가 함께 지도할 수 있다면, 학생들을 두 집단으로 나눈다. 각 교사는 집단을 나누어 읽고 토론할 수 있다. 두 교사가 함께 같은 토론 주제나 수업 목표를 가지고 수업할 수도 있다. 이와 같은 수업의 형태는 모든 학생들에게 적극적으로 수업에 참여할 수 있도록 한다. 몇몇 학생들은 속으로 읽는 것을 선호할 수 있으므로 묵독하기 등과 같은 활동도 선택할 수 있도록 해준다.

10. 교과서를 소리 내어 읽어주는 활동을 하면서 수업 내용을 녹음한다. 이 녹음자료에는 수업 중 학생들의 질문과 토론의 주제가 포함되어 있기 때문에 학생들은 교과서 자료와 함께 이 녹음자료를 단원을 복습할 때 사용할 수 있을 것이다. 이 녹음자료는 결석한 학생들에게 교과서 자료로서뿐만 아니라 학급 토론 자료로서도 도움이 될 것이다.

11. 학생들을 협력학습을 위한 소집단으로 나누고, 학생들에게 소리 내어 읽도록 한다. 장애학생은 처음에 소리 내어 읽는 것을 힘들어 할 수도 있을 것이다. 학생들의 읽기 수준이 높아질수록 장애학생들의 부담은 더 늘어나게 될 것이다.

- **함께 읽기**(choral reading)는 모든 학생들에게 적극적으로 참여할 수 있도록 한다. 함께 읽기 과정은 학생들이 교사와 함께 소리 내어 읽거나, 소집단으로 학생

들이 함께 소리 내어 읽는다. 함께 읽기는 학생들이 소리 내어 읽는 기술을 발달시키고 일견 단어(sight words) 읽기 기술을 학습하는 데 도움이 된다. 그리고 이 방법은 짧은 문장으로 읽도록 하는 것이 좋다.

- **빠진 부분 읽기**(cloze reading)는 집단 읽기의 또 다른 형태이다. 이 읽기 방법에서는 교사가 소리 내어 읽다가 임의로 중지하고, 나머지 부분을 학생들에게 읽도록 한다.

- **동료 읽기**(buddy reading)는 두 학생들이 함께 읽도록 하는 형태이다. 동료 읽기 방법에서는 학생들이 다음 항목 중에서 선택하여 활동할 수 있다.

  - 학생 1이 먼저 문장을 읽는다. 학생 2는 학생 1이 짚어주는 단어들을 보면서 그 문장을 따라 읽는다.
  - 학생 1이 처음 문장을 읽고, 학생 2는 그다음 문장을 읽는다.
  - 학생 1과 학생 2가 함께 문장들을 읽는다.

12. 수업 내용을 녹음한다. 학생에게 소집단으로 혹은 친구와 함께 녹음된 테이프를 들을 수 있도록 한다. (오디오 파일 생성 부분을 참조하라.) 교과서와 같은 색의 오디오 카세트테이프를 준비한다. 그리고 교과서에 학생이 학습해야 하는 중요한 정보와 단어, 단어의 정의, 주요 개념 및 구체적인 평가 자료를 강조하여 표시해준다. 교과서 앞에 녹음자료와 일치하는 색깔의 테이프를 붙이면, 그 교과서는 이제 특별한 과정을 위한 개별화 자료가 되는 것이다.

13. 녹음자료로 교과서를 대체할 수 있다. 학생에게 녹음된 교과서의 한 페이지를 듣게 한 후, 조용히 또는 소리 내어 그 페이지를 읽도록 한다. 이것은 동료들과 같은 속도를 유지하기 어려운 학생에게 도움을 줄 수 있다. 12번 전략과 같이 구체적으로 '꼭 익혀야 할' 어휘, 주요 개념 등을 강조한 색깔이 표시된 교과서를 준다. 그리고 앞표지 내부에 일치하는 색깔 테이프를 붙인다.

14. 교과서 내용을 요약해서 테이프에 녹음하되, 가장 중요한 내용을 중심으로 설명한다. 교과서의 내용을 요약해서 설명해주는 일은 쉽지 않을 것이다. 먼저 교사가 교과서의 내용을 충분히 숙지한 후에 요약·설명해주어야 하며, 그렇지 않으면 교과서의 내용보다 더 길어질 위험이 있다.

15. 학생에게 단원의 요약본을 제공한다. 만일 교사가 교과서 내용을 word 문서(MS word 혹은 한글 문서)로 된 것을 가지고 있다면, 문서 자동 요약 기능을 이용하는 것도 도움이 될 것이다.

16. 학급에서 즐거움을 목적으로 읽기 활동을 할 경우, 소설이나 챕터북(chapter book)* 또는 짧은 이야기책들도 녹음한다. 이 녹음테이프들은 학급 문고에 비치해두며, 학생들이 추후에 책과 녹음테이프를 다시 읽거나 듣기 위해서 대출할 수 있도록 한다.

17. 교과서의 단원들과 관련된 보충자료를 준비한다. 이 보충자료들에는 교과서의 중요한 정보가 표시된 실제 교과서의 단원이나 교사가 선택한 주제와 관련된 기사들과 정보, 단원 요약 등이 포함된다. 이 자료들은 학생들이 대출해서 집에서도 사용할 수 있도록 바인더에 보관하여 비치해둔다.

18. 교과서의 출판사(혹은 출판 담당자)에 연락한다. 대개 출판사(혹은 출판 담당자)에는 교과서의 학년 수준과 관련된 적절한 자료나 보충교재들을 가지고 있을 것이다.

문서 읽기 프로그램

기술은 끊임없이 발전하고, 새로운 소프트웨어는 가격도 저렴해지면서 더 유용한 자료들이 계속해서 개발되고 있다. 만일 학교에 시각장애 혹은 전맹학생이 있다면, 교과서의 내용을 소리 내어 읽어 주는 문서 읽기 프로그램들이 갖추고 있을 것이다. 문서 읽기 프로그램(Read-Aloud Technology)은 가격이 다양하며, 다음과 같은 소프트웨어 목록을 온라인에서 검색하면, 이들 중 많은 프로그램들을 인쇄된 문자를 읽는 데 어려움이 있는 장애학생들에게 도움이 될 것이다.

19. *Cicero Text Reader V.7.1*은 시각장애나 읽기장애인들이 컴퓨터와 스캐너를 이용하여 효과적으로 사용할 수 있는 읽기 프로그램이다. 인쇄된 글자를 스캔해서 음성이나 점자, 간단한 텍스트 문서로 전환할 수 있으며, 조정, 편집, 저장 및 인쇄가 가능하다.

20. *ClaroRead PLUS*는 글자를 쓰고 읽고 검토하는 능력들이 부족한 읽기 혹은 쓰기장애학생들에게 도움을 줄 수 있는 프로그램이다. *ClaroRead PLUS*는 강력한 읽기와 쓰기 보조툴바와 정확한 텍스트 음성 변환, 그리고 사용상의 용이성 등 많은 장점이 있다.

* 대개 7~10세를 대상으로 하며, 중간 정도의 읽기 수준의 학생들을 대상으로 하는 이야기책이다. 어린 학생들을 대상으로 하는 그림책과는 달리 산문체의 글을 통해서 이야기가 전개되지만, 나이 많은 학생들을 대상으로 하는 책과는 달리 삽화가 많이 제시되어 있다.

21. *Dragon Naturally Speaking*은 컴퓨터에서 강조하여 표시한 글자를 읽을 수 있다.

22. *Kurzweil 3000*은 인쇄된 글자를 음성으로 쉽게 변환할 수 있는 스캐닝과 읽기가 조합된 애플리케이션이다. 이 프로그램은 문장을 읽어 주는 것뿐만 아니라, 단락의 행과 단어를 강조하여 학생들의 읽기학습에도 효과가 있다.

23. *Scan2Text*는 어떤 스캐너에 있는 문자든 편집과 읽기가 가능하다. *Scan2Text*는 MS word 프로그램 내에서 문서 파일 메뉴에 단 3개의 메뉴 항목만을 추가하면 구동할 수 있다. *Scan2Text*로 문서들과 글자, 보고서의 내용을 스캔하면, 그 텍스트가 MS word 프로그램에서 바로 불러올 수 있다.

24. *Scan N Talk Ultra*는 장애학생들이 인쇄된 글자를 쉽게 읽을 수 있도록 해준다. 이 기술은 문서와 책, 그리고 잡지의 '인쇄된' 글자들을 쉽게 읽을 수 있도록 한다. *Scan N Talk Ultra*는 소프트웨어와 스캐너로 구성되어 있다.

25. *Ovation Reading Machine*은 책이나 메일, 신문, 잡지뿐만 아니라 광범위하고 다양한 인쇄자료들을 읽는 것을 용이하게 해주는 프로그램이다.

26. *TextAloud*는 문자를 음성으로 변환하는 음성 합성 소프트웨어 프로그램이다.

읽기장애 학생들을 위한 전략

교사들은 종종 학급에서 읽기장애 학생들을 만나게 된다. 소집단으로 소리 내어 읽기, 녹음된 테이프 듣기, 앞에 소개된 읽기 프로그램 사용하기 등과 같은 많은 기존의 전략들이 이 학생들에게도 도움이 될 것이다. 다음에 소개되는 전략들도 이 학생들에게 도움을 줄 수 있을 것이다.

27. 읽기 수준이 낮고, 주제가 비슷한 책들을 선정한다. 이 책들은 대개 그림이 많고, 학생들과 토론이 가능할 것이다. 또한 책과 내용이 비슷한 비디오나 DVD 등과 같은 다른 미디어 자료들을 찾아본다.

28. 학생들이 자신이 읽고 있는 부분을 놓치지 않도록 읽기자료의 행을 번갈아가며 표시해준다.

29. 학생의 읽기자료의 내용을 다시 고쳐 써준다. 그리고 읽기자료를 다시 정리해서 오직 학생이 과제를 완수하는 데 필요한 정보만을 제공한다.

30. 학생들에게 교과서의 단원을 지도할 때 가능한 많은 시각자료를 활용한다. 포스터와

사진들을 보여주고, 게시판을 만들어 참고할 수 있도록 하며 단원의 내용을 보충할 수 있는 시각자료들을 인터넷에서 검색하여 찾는다.

31. 가능한 한 크게 인쇄되어 있고, 한 페이지의 단어 수가 적은 책을 선정한다.

32. *writing with symbols 2000*은 사용자가 각 단어에 해당하는 사진이나 상징을 선택하도록 하는 단어/사진처리(word/picture processing) 소프트웨어이다. 이 프로그램은 음성 단어처리 장치가 되어 있다. 인터넷에 'writing with symbols'로 검색하게 되면 이 프로그램의 미국 판매처를 찾을 수 있을 것이다. 이 프로그램은 구어와 문어 학습 모두 다양하게 활용할 수 있는 프로그램으로, 동음이의어 간의 차이를 학습할 때 혹은 다양한 수준의 학생들이 상징을 사용하여 단어를 이해할 수 있도록 하는데 도움을 줄 수 있다.

33. **서식 37. 기초 단어 50**은 학생들이 읽기 혹은 쓰기학습 중 가장 많이 접하게 되는 50가지 단어이다. 50개의 단어 카드들은 얇은 판으로 제작되어 반복 연습을 할 수 있는 플래시 카드로 사용할 수 있다. 단어들은 간단한 문장들로 조합될 수 있으며, 철자 목록들로 사용된다. 이와 같이 활용도가 높은 단어학습을 통해서 학생들은 기초적인 읽기학습을 시작하게 되는 것이다. 서식 37에 제시된 '기초 단어 50'은 Edward Fry 박사의 '기본 단어 1000' 목록 중에서 선정한 것으로, 만일 학생 중 읽기나 쓰기에 어려움이 있는 학생이 있다면, Edward Fry 박사의 아동을 위한 초기 읽기 교재 모음집 (amazon.com에서 Edward Fry 박사를 검색)을 활용해보는 것도 도움이 될 것이다. Edward Fry 박사의 교재에는 단어 목록들, 발음 중심 활동들, 어휘 생성 등 다양한 내용을 다루고 있다. Edward Fry 박사의 목록 이외에도 Dolch 단어 목록을 대체해서 사용할 수도 있다.

34. edHelper 사이트(*www.edhelper.com*)에서 교사가 직접 자료를 제작할 수 있다. 이 사이트는 교사가 학생들에게 사용할 수 있는 간단한 학습지를 빠르게 제작할 수 있는 모든 도구들이 제공된다. 학습지를 주문하기 위해선 등록이 필요하지만, 다양한 자료들이 등록 없이도 인쇄할 수 있다. 그리고 연간 등록비도 매우 적으며, 학교용으로 등록할 수도 있다.

읽기 보충 활동

35. 학생들에게 소설을 읽어줄 때에는 그 내용을 녹음한다. 학급문고가 있다면, 지퍼백에

녹음테이프와 책을 함께 넣어 둔다. 학생들이 추후에 다시 읽거나 듣기 위해서 그 책과 테이프를 함께 대출받을 수 있도록 한다.

36. 학생들은 가능한 한 많이 읽는 것이 중요하다. 학생들에게 집에 있는 오래된 책들을 학교에 기증하도록 하거나 다른 학생들이 기증한 중고책들을 구매하게 한다. 그리고 학생들에게 수업 시간 혹은 보충 활동 시간에 이 책들을 읽고 녹음하도록 한다. 읽은 책들은 학급문고에 보관할 수도 있고, 어린 학생들의 경우 집으로 가져갈 수도 있다. 읽기장애 학생들에게는 이 테이프를 읽기 시간에 속으로 듣도록 한다.

   유의 사항 : 장애 이해와 관련된 도서가 있는지 학교 도서관을 점검하라. 만일 장애 이해 관련 도서가 학교 도서관에 없다면 장애 이해 관련 도서를 구매하도록 요청한다.

37. 학생 개인용 학급도서를 만든다. 현장학습이나 특별한 발표들과 같은 교실 활동을 디지털 사진으로 찍고, 학생 사진도 찍는다. 그 사진에 설명하는 글을 쓰거나 학생들에게 자신의 사진을 가지고 자서전을 쓰도록 한다. 이것을 책으로 만든 후, 이 책들로 학급문고를 만든다.

38. 읽기 장애 학생들을 위해서 학생에게 소리 내어 읽어줄 수 있도록 자원봉사자나 또래의 보조원을 이용한다. 이때 학생이 속한 집단의 다른 학생을 포함하는 것도 좋다. 초등학교 학생들은 이야기 듣는 것을 좋아한다. 중등학교에서는 다른 사람들에게 소리 내어 읽어줄 학생들을 선정한다.

39. 매일 책 읽어줄 학생을 지정한다. 이 학생은 구어 표현을 연습하게 되지만, 읽기장애 학생들은 이야기를 즐길 수 있게 될 것이다.

40. 재미있고 어휘 수준이 낮은 책을 선정한다. 대부분의 출판사에서는 이와 같은 형태의 책들이 많이 있기 때문에 쉽게 구매할 수 있다.

41. 개인별 독서 목록을 만든다. 그리고 학생들에게 그들이 읽고 있거나 혹은 과거에 읽었던 도서 목록을 작성하도록 한다. 도서의 유형은 시나 자서전, 역사 소설, 위인전기, 추리소설, 공상과학, 신화와 전설, 신문, 입문서(how-to book), 만화, 과학 소설 등 제한하지 않는다. **서식 38. 개인 독서 목록-유형과 주제**는 학생들의 독서 유형이나 주제를 쉽게 점검할 수 있는 양식이다. 그리고 **서식 39. 개인 독서 목록**은 학생들이 선정하여 읽은 도서의 독서 기록장이다. **서식 40.**은 학생들에게 자신이 선호하는 책들을 학급의 다른 학생들에게 추천할 수 있는 **추천 도서 목록**이다. 이러한 양식들은 복사해서 바인더에 철해두어 학생들이 특별한 읽기자료를 구할 때 참고할 수 있

도록 한다.

42. 유명한 소설들과 이야기들은 종종 비디오로 제작되어 수업에 활용할 수 있다. 학생들이 책을 읽기 전에 먼저 비디오를 시청할 수 있도록 해준다. 단 교사가 미리 점검해보아야 한다. 비디오는 학생들이 읽기 전 줄거리를 파악하거나 인물들의 성격을 알게 해주고, 배경 지식을 갖도록 하는 데 도움을 줄 수 있다. 그렇지만 종종 비디오의 내용과 원작이 차이가 나는 경우가 있다. 이러한 경우에는 읽기자료와 비디오자료의 차이점을 비교 · 대조할 수 있는 활동을 하도록 한다. **서식 41. 비교 대조표-도서/비디오**는 두 개의 다른 미디어 자료(도서와 비디오자료)를 비교하는 데 사용될 수 있다. 좀 더 심화 활동이 가능한 학생들에게는 자신만의 비교 대조표를 만들어 작성하도록 할 수 있다.

43. 학생들에게 읽을 기회를 가능한 한 많이 준다. 보통 책 읽기를 좋아하지 않는 학생들은 잡지에 있는 짧은 기사들을 읽을 것이다. 그 학생들에게는 오래된 잡지를 가져오도록 해서 읽어야 할 곳을 지정해준다. 잡지를 이용하지 못하는 많은 학생들도 이 활동은 좋아하게 될 것이다.

사전 점검 및 사전 지도 전략

많은 학생들은 수업 시작 전에 자료를 미리 점검해볼 수 있도록 해주었을 때 학습에 성공하는 경우가 많다. 사전 점검과 사전 지도 전략들은 일반교사 혹은 특수교사, 보조교사들에 의해 시행될 수 있으며, 혹은 집에서 숙제로 제시해줄 수도 있다. 다음에 제시된 전략들은 학생들에게 매우 효과적인 전략이 될 수 있을 것이다.

44. 학생에게 교실에서 읽기 전에 읽기자료의 녹음자료(오디오 카세트테이프)를 집으로 가져가도록 한다. 이것은 학생이 주인공들이나 이야기, 그리고 줄거리에 친숙할 수 있도록 해준다.

45. 학생들에게 성인(예 : 교사 혹은 부모)들과 읽기자료의 사진이나 삽화, 해설, 표제 및 단원의 질문들을 미리 점검하고 토론해볼 수 있는 시간을 준다. 이것은 읽기자료의 배경 정보를 얻는 데 도움을 줄 것이다. 그리고 새로운 개념들을 이전에 학습한 개념들과 연관지어 준다.

46. 굵은 고딕체와 이탤릭체 단어들, 제목과 부제목을 학생들과 함께 미리 점검한다. 그

리고 교과서에 제시된 문단의 단어들을 읽고 뜻을 설명해준다.

47. 토론 문제 목록을 제시해주고, 학생들에게 교과서 내용을 훑어본 뒤 답을 찾도록 한다. 이때 관련 페이지의 위치를 알려주어 단서를 제공해준다.

48. 학생들에게 집에서 작은 레시피 카드(recipe card) 상자를 가져오도록 한다. 그리고 여러 단원의 주제를 카드에 적어준다. 학생들은 해당 단원을 읽을 때 세부 항목들과 중요한 내용을 카드에 추가하여 쓸 수 있다.

49. 의역하는 것은 많은 학생들에게 도움이 된다. 이것은 교사들에게 학생들이 개념을 이해했는지를 알 수 있도록 해준다. 의역을 잘할 수 있도록 하기 위해서는 먼저 학생들에게 한 단락을 읽도록 한 후 학생 자신의 말로 주제를 진술하도록 한다. 그리고 두세 가지 정도의 세부 내용을 추가하도록 한다. 학생들에게는 읽기자료를 의역할 때 테이프에 녹음하는 것이 더 도움되며, 특히 시험에 대비할 때 더 도움이 될 수 있다.

50. 학생들에게 집에서 사용할 수 있는 교과서를 제공한다. 학생들이 집으로 교과서를 가져가기 전에 교과서의 주제나 주요 단어의 위치, 용어 해설과 부록의 사용법 등을 설명해준다. 만일 색이 표시된 책이라면, 집에서 활용하기에는 더 좋을 수 있다.

녹음 도서(오디오북)

오디오북(book on tape)들은 학급에서 읽기에 어려움이 있는 학생들뿐만 아니라 일반 학생들에게도 도움이 될 것이다. 대부분의 학생들(나이가 많든 적든)은 이야기 듣는 것을 좋아한다. 일반적으로 오디오 카세트에 녹음된 이야기들은 학생들의 상상력을 확장하는 데 도움이 되는 특별한 음향 효과나 음악, 여러 성우들의 목소리가 들어있다. 오디오북을 들으면서 학생들은 유창한 읽기와 표현, 발음을 듣게 된다. 학생들은 새로운 단어들의 발음을 알 수 있게 될 것이며, 종종 새로운 방언들과 억양을 듣게 될 것이다. 오디오북은 읽기장애학생들에게 공평한 경쟁의 장을 만들어주며, 다른 학생들과 같은 문학적인 경험들을 즐기게 하고, 읽기에 대한 동기를 유발할 수 있다. 그리고 읽기에 능숙한 학생들과 그렇지 못한 학생들 모두에게 그들이 독립적으로 읽을 수 없는 수준의 이야기들을 들을 수 있도록 해준다. 이것은 학생들에게 단어를 많이 들을 수 있도록 해서 결국 단어쓰기 기술로 전환하는 데 도움을 주게 된다.

51. 학습장애를 위한 지역 기관과 시각장애인들을 위한 서비스를 점검한다. 그 기관에는

우리가 이용할 수 있는 녹음자료들이 있을 것이다. 시각장애인과 난독증을 위한 녹음자료는 학생과 학교 교직원 모두 이용이 가능하다. 이 기관에서는 유명 교재를 포함해서 거의 4,000종 이상의 새로운 교재를 녹음한다. 관련 기관의 웹사이트는 *www. rfbd.org.*이다.

52. 학교 도서관을 점검한다. 만일 도서관에 오디오북이 없다면, 학급에서 사용하고 싶은 오디오북의 '구매 요청서'를 제출한다. 그리고 지역의 공공 도서관에서도 대출할 수 있는 자료가 있는지 점검한다.

53. 학급에 오디오북을 들을 수 있는 공간을 마련하고, 최소한 4명의 학생들이 동시에 사용할 수 있는 헤드셋을 비치해둔다. 학생들을 소집단으로 구성하여 모두 같은 테이프를 듣게 하고 나서, 후속 활동에서는 개별적으로 혹은 소집단으로 활동할 수 있도록 한다. 후속 활동에서는 난이도 수준에 따라 제1수준(낮음), 제2수준(평균), 제3수준(높음)으로 나누어 학생들이 개별적으로 활동할 수 있도록 한다. 이 활동들은 또한 Howard Gardner의 '다중 지능' 이론에 따라 개발할 수 있다. 다음은 활동들과 연관된 일곱 가지 다중 지능 목록이다.

지능	활동
시각-공간 지능 이 학생들은 이미지를 이용하여 사고하려는 경향이 있으며, 정보를 유지하기 위해 생생한 정신적 이미지들을 만들어내려 한다. 이 학생들은 지도나 챠트, 사진, 비디오와 영화 보는 것을 좋아한다. 관련 기술들 : 읽기, 쓰기, 챠트와 그래프 해석, 시각이미지들의 고정, 설계 및 해석	그림 단어 게임하기!(다른 사람이 그린 그림을 보고 단어를 유추하는 게임) 　학생들은 이야기 중에 나오는 새로운 단어를 선택한다. 한 학생이 선택한 단어를 그림으로 그리면 다른 학생들은 단어를 유추한다.
언어 지능 이 학생들은 단어와 언어 사용 능력이 매우 발달해 있다. 이 학생들은 청취 능력이 고도로 발달되어 있으며, 일반적으로 말을 잘한다. 이 학생들은 이미지보다는 단어로 사고하려는 경향이 있다. 관련 기술들 : 듣기, 말하기, 이야기하기, 설명하기, 유머 사용 능력, 단어들의 문법적 이해력, 정보 기억력과 언어 활용 분석 능력	이야기의 새로운 결말을 만든다.

(계속)

지능	활동
논리-수학 지능 이 학생들은 근거, 논리 및 숫자들을 사용할 수 있는 능력을 갖추고 있다. 이 학생들은 논리적인 형태와 숫자화된 형식 내에서 개념적으로 사고하고, 많은 정보들 사이의 연관성을 만들어낸다. 그리고 항상 주변 세상에 대한 호기심이 많으며, 많은 질문들을 하고 실험하는 것을 좋아한다. 관련 기술들 : 문제해결, 정보의 구분 및 분류, 정보 요약, 자연현상에 대한 의문과 경이로움, 수학적 과제 해결	이야기 속의 인물들을 선택한다. 그리고 이야기 속의 인물들을 비교·대조한다. 어떤 점들이 유사하고 다른가?
신체-운동 지능 이 학생들은 신체 움직임들을 통제하고 사물을 능숙하게 다루는 능력을 갖추고 있다. 그들은 움직임을 통해 자신을 표현하기도 한다. 그들은 뛰어난 균형 감각과 눈과 손의 협응능력을 가지고 있다. 또한, 그들은 주변의 공간과의 소통을 통해서 정보를 기억하고 처리할 수 있는 능력을 갖추고 있다. 관련 기술들 : 춤, 신체 운동, 공예, 연기, 무언극, 손을 이용한 창작과 건축, 몸을 통한 감정 표현 등	짝 활동 이야기에 나오는 인물을 선정하고 주요 사건을 역할극으로 표현한다.
음악 지능 이 학생들은 음악을 만들고 인지하는 능력을 갖추고 있다. 이처럼 음악에 재능을 가진 학생들은 소리, 리듬, 음악적인 형식으로 사고하려 한다. 이들은 자신이 들은 것에 대해 긍정적 혹은 비판적으로 즉시 음악적으로 반응한다. 이와 같은 학생들의 대부분은 주변 환경의 소리들에 대해서도 극도로 민감하다. 관련 기술들 : 노래하기, 휘파람 불기, 악기 연주, 음색에 대한 지각, 멜로디 기억력과 음악의 구조 및 리듬 이해	이야기 내용과 관련 있는 음향효과 만들기 이야기의 내용 중 녹음할 부분을 선정한다. 그리고 음향효과와 배경음악을 만들어 함께 녹음한다.
대인관계 지능 이 학생들은 다른 사람들과 관계를 맺고 이해하는 능력이 뛰어나다. 그들은 다른 사람들이 어떻게 생각하고 느끼는지 이해하기 위해서 다른 사람의 관점에서 보려고 노력한다. 그들은 느낌이나 의도, 동기들을 탐지해내는 데 뛰어난 능력이 있다. 그리고 그들이 비록 의도적이라고 할지라도 훌륭한 지도자로서의 역할을 할 수 있다. 일반적으로 그들은 집단 내에서 평화를 유지하고 협동을 장려하려고 노력한다. 그들은 다른 사람들과의 원활한 의사소통을 위해 언어적 혹은 비언어적 언어를 모두 활용한다.	이야기의 주인공들을 열거한다. 그리고 각각의 성격을 열거한다. 각 인물들의 이야기 내에서의 성격을 열거한다. 그 인물은 어떤 사람이라고 생각하는가? 등장인물 중 한 사람의 성격의 변화가 전체 이야기를 어떻게 변화시키는가?

(계속)

관련 기술들 : 다른 사람의 관점에서 사물보기, 경청하기, 감정이입, 상담, 집단 구성원과 협력하기, 다른 사람들과의 신뢰감 형성 및 긍정적인 관계 형성	
개인내적 지능 이 학생들은 자기반성과 자아인식 능력을 가지고 있다. 이 학생들은 자신의 감정과 이상, 다른 사람들과의 관계, 장점 및 단점들을 잘 이해한다. 관련 기술들 : 자신의 장점 및 단점에 대한 인식, 자신에 대한 분석능력, 자신의 감정과 욕망과 이상에 대한 인식, 다른 사람들과의 관계에서 자신의 역할에 대한 이해.	자신을 이야기 속 등장인물로 상상한다. 무엇을 다르게 행동할 것인가? 무엇을 같게 행동할 것인가? 이유는 무엇인가?

54. 학생들에게 특별한 책가방을 준비하도록 한다. 이 책가방 속에 부모들이 그들의 자녀들의 읽기를 도와줄 수 있는 활동들과 아이디어가 있는 책과 카세트를 넣게 된다. 이 책가방은 상상 속에 존재하는 것이다. 예를 들면 휴일 책가방 혹은 주제 책가방(공룡, 천문학, 특별한 스포츠 등 학생들을 위한 주제) 등을 만든다.

55. 미네소타 인문위원회(Minnesota Humanities Commission)에서는 PDF 파일로 '아동을 위한 읽기자료'를 제공하고 있다. 이 자료들은 **서식 42. 학생과 함께 독서하는 방법**으로 제시하였다. 웹사이트(*www.thinkmhc.org/literacy/tips.htm*)에서도 이 자료를 영어를 포함해서 24가지의 언어로 제공하고 있다.

녹음자료 만들기

녹음자료는 장애학생뿐만 아니라 일반학생들에게도 훌륭한 도구가 된다. 녹음자료는 학교에서뿐만 아니라 가정에서도 사용할 수 있으며, 결석한 학생에게 제공하여 도움을 줄 수 있다. 수업의 목표가 학생이 읽는 것이 아니라 단순히 내용 듣기라고 한다면 출판사에 연락해서 그 책이 오디오 파일로 제공되는지 문의해보는 것이 좋다. 또는 장애학생을 위해 시각장애 혹은 난독증학생을 위한 녹음자료를 구해본다. 녹음자료는 학생들이 교재의 내용을 이해하기 쉽게 하기 위해 의역하거나 교재의 일부 내용 또는 특정 목적에 초점을 맞추어 자료들을 필요에 따라 제작하게 된다. 녹음자료는 시간이 소요되는 일이다. 일단 초기에 녹음자료가 만들어지면 다른 수준이나 분야에서 활용할 수 있도록 여분의 복사물을 꼭 만들어두어야 한다. 그리고 원본은 안전한 곳에 보관해두어야 한다.

56. 녹음자료를 만들 때에는 도움을 줄 수 있는 부모님들이나 동료들, 고학년 학생들, 지역사회 구성원들, 연기 학원이나 동호인 단체 구성원 등 많은 자원봉사자들을 활용한다. 그리고 추후에 또 사용할 수 있도록 추가 파일이나 복사본 등을 만들어두어야 한다.

57. 녹음하기 위한 자원봉사자를 활용할 때에는 녹음하기 전에 그들의 읽기능력과 속도를 주의 깊게 점검해야 한다. 읽는 사람이 너무 빠르게 읽으면 학생들이 내용을 파악하는 데 어려움이 있을 것이다. 반대로 너무 천천히 읽으면 학생들은 주제를 파악하지 못하거나, 심한 경우 지루해할 수 있다.

58. 녹음을 준비할 때 화자는 명확한 음성으로 읽도록 해야 한다. 읽는 속도는 분당 120~175단어 정도가 적당하며, 주변의 소음을 제거해야 한다. 문 닫는 소리, 전화 울리는 소리, 작은 목소리는 교과서 자료로 부적합한 음향효과이다. 이러한 소리는 청자에게 방해되기도 한다.

59. 녹음할 때에는 제목, 장, 절, 페이지 등을 먼저 안내한다. 쉽게 분류할 수 있도록 지속적으로 표지(label system)를 안내해주어야 한다.

60. 학생들에게 해당 장의 주제를 파악할 수 있도록 초기에 학습을 위한 지침서를 제공한다.

61. "이제 테이프를 멈추고, 석탄의 세 가지 사용 방법을 나열해보세요."와 같이 학생들이 이해하고 있는지를 점검할 수 있는 부분을 함께 녹음한다. 그리고 테이프가 다시 시작될 때 정답을 제공한다. 이것은 학생들이 수업에 적극적으로 참여할 수 있도록 해준다.

62. 녹음자료와 관련된 특별한 교재를 만들어 제공한다. 교재에는 녹음자료의 특정 영역에 해당하는 기호를 표시해둔다. 예를 들면 별 표(*)는 교재 내용을 이해하기 쉽도록 의역한 부분을 나타낸다. 멈춤 표시는 학생들이 멈추어 고딕체로 적혀진 단어의 정의를 듣는 부분을 나타낼 수 있다. 교사 자신만의 시스템을 고안한다.

63. 고학년 학생들에게는 녹음자료에 평가를 위한 예상 문항을 포함한다. 중요한 부분에서는 학생들에게 테이프를 멈추고 정보를 요약하거나, 문단의 주제를 진술하거나, 고딕체 단어를 정의해보도록 요구한다. 이 내용들을 평가 문항으로 출제할 수 있을 것이다. 녹음자료가 다시 시작할 때에는 질문에 대한 정답을 제공하거나 학생들이 스스로 점검할 수 있도록 시간을 준다.

64. 학생들이 테이프를 들을 때 지침이 될 수 있도록 주요 내용에 관한 개요를 제시해준

다. 학생들은 이 개요에 또 다른 정보들 추가해나갈 것이다.

65. 녹음자료 마지막 부분에 토의 문제가 나온다면 참고할 수 있는 쪽수나 정답을 제공하여 스스로 점검할 수 있게 해주어야 한다.

66. 읽기장애학생들을 위해서 간단한 어휘로 전체적인 내용을 이해하기 쉽도록 의역해준다. 그리고 이들을 위해서 주요 내용을 교과서에 제시된 시각 자료와 관련지어 안내해준다.

독해

학생들이 자료를 읽기 전에 다음과 같은 읽기 전략들에 대해 고려해보아야 한다. 첫째, 학생은 자료를 읽는 목적을 알고 있어야 한다. 학생들은 "왜 이것을 읽어야 하나요?"와 같은 질문을 한다. 그 이유를 알려주는 것은 전적으로 교사의 몫이다. 학생이 읽기에 대한 목적을 알 수 없다면, 내용에 집중하기가 쉽지 않을 것이다. 그리고 학생들에게 읽기자료에 대한 사전 지식을 형성할 수 있도록 가능한 한 많은 배경 지식을 활성화시켜 주어야 한다. 둘째, 학생들이 읽고 이해하기 위해서 교과서나 읽기자료는 학생들의 읽기 수준에 맞는 것이어야 한다. 읽기자료를 선정할 때 수준을 결정하는 일은 매우 중요하다. 학생에게 독립적 수준(independent level)의 읽기자료라면 학생은 내용을 읽고 이해하기 쉬울 것이다. 글이 학생의 교수적 수준(instructional level)의 읽기자료라면 학생은 미리 훑어보고 내용을 파악하는 것이 가능할 것이다. 그러나 학생에게 좌절 수준(frustration level)의 읽기자료라면 학생은 내용을 소리 내어 크게 읽거나 소집단 학습이나 보충자료가 필요할 것이다.

67. 읽기 난이도를 점검한다. 학생에게 몇 개의 문단을 읽고, 읽은 내용을 설명하도록 한다. 읽기자료가 독립적 수준인지, 교수적 수준인지 또는 좌절적 수준인지 결정한다.

    독립적 수준. 학생은 읽기자료를 쉽게 읽고 더듬거리지 않으며, 읽은 내용을 다시 말할 수 있다. 학생은 내용 이해 질문에 정확하게 답할 수 있다.

    교수적 수준. 학생은 자료를 읽을 수 있지만 일부 단어를 더듬거린다. 학생은 내용 이해 질문에 대답할 수 있다.

    좌절적 수준. 학생은 생소한 단어들을 읽는 데 어려움이 있다. 학생은 읽기를 멈추기도 하고, 단어를 해석해보려 하지만 종종 실패하기도 한다. 학생은 내용 이해 질문에 대한 답을 하지 못한다.

68. 일부 학생들은 소리 내어 읽기를 할 때에는 더듬거리지만 속으로 읽기를 할 경우 핵심 개념과 주제를 파악하기도 한다. 따라서 이와 같은 차이를 파악하기 위해서 속으로 읽기를 했던 자료를 의역해볼 수 있도록 한다.

69. 독해력이 향상될 수 있도록 시각적 이미지를 활용한다. 학생들에게 다음과 같은 전략을 적용해본다. 즉 교사가 상황을 묘사하는 짧은 문장을 읽는 동안 학생들은 눈을 감고 있도록 한다. 교사는 글을 읽는 도중에 자주 멈추어서 학생들에게 마음속으로 장면을 떠올리도록 한다. 예를 들어 아이가 바다에서 놀고 있는 상황에 대한 짧은 구절을 읽어준다면 학생들에게 '무엇이 보이나요? 무엇이 들리나요? 무슨 냄새를 맡을 수 있나요? 하늘은 어떤가요? 아이는 어떻게 생겼나요? 아이는 무엇을 하고 있나요?' 등과 같은 질문을 할 수 있다. 학생들에게 이와 같은 전략을 자주 사용해서 학생들이 혼자 책을 읽을 때에도 이와 같은 활동을 할 수 있도록 한다. Karen P. Kelly의 시각적 이미지의 힘(부록 참조)에는 시각적 이미지 교수 방법이 간단히 제시되어 있다.

70. 학생들과 읽기에 대해 이야기한다. 종종 읽기가 서툰 학생들은 능숙하게 읽는 학생들이 읽기에 시간을 많이 할애하며, 읽기를 위한 노력이 많이 필요함을 잘 알지 못한다. 읽기에 능숙한 학생들도(어른을 포함한) 종종 다음과 같은 노력을 해야 한다는 것을 학생들에게 이야기한다.

- 익숙하지 않은 단어들을 소리 내어 읽어 본다.
- 익숙하지 않은 단어들의 뜻을 추측하기 위해 맥락을 활용한다.
- 내용을 이해하기 위해서 구절과 문단을 여러 번 읽어본다.
- 중요한 사실과 정보를 기억할 수 있도록 필기를 한다.
- 답을 찾기 위해서 전체적인 내용을 훑어본다.
- 이해가 안 되는 경우에는 교사에게 설명을 요구한다.
- 내용이 긴 자료를 읽는 데 많은 시간을 투자한다.

71. 독해가 어려운 경우, 학생이 한 번에 읽어야 하는 분량을 줄여준다.

72. 읽기를 마치고 난 후 학생이 설명해야 하는 항목의 목록을 제시해준다. 이 목록에 학생이 특별히 주의를 기울일 수 있도록 평가에 반영되는 부분을 안내한다.

73. 학생이 소집단 활동을 할 수 있도록 한다. 학생들은 각자 여러 문단을 읽고 집단 구성원들에게 중요한 정보를 이해하기 쉽도록 의역하여 설명할 수 있도록 한다.

74. 학생들이 그 구절을 녹음해서 필요할 때마다 들을 수 있게 한다.

75. 새로운 단어들을 읽고 배우고 의미를 이해하는 것은 이해력을 높이는 데 도움을 줄 것이다. 모르는 단어들의 의미를 이해할 수 있도록 하기 위해서 단어의 어원에 대해 지도하고, 일반 접미사와 접두사의 의미를 지도한다. 일반 접미사와 접두사 목록은 **서식 43. 일반 접두사**와 **서식 44. 일반 접미사**를 참고한다. 이 목록들을 참고란에 기록하고 계속해서 추가할 수 있을 것이다.

76. 학생들에게 자신이 읽은 단원을 요약하도록 한다. 학생은 1개 혹은 2개 문단에서 단원의 주제를 선정한 후 이와 관련된 내용의 세부적인 문장을 쓰되, 글을 처음부터 다시 읽지는 않도록 한다. 학생들은 자신이 속한 집단 구성원들과 세부 사항을 공유할 수 있다. 이때 세부 사항을 더 추가할 수 있다. **서식 45. 단원 정리** 부분을 학생들이 다시 만들 수 있다. 학생들은 원한다면 각 단원의 요약을 간단하게 할 수 있다. 예를 들면 다음과 같이 종이를 반으로 접고 중심 내용을 왼쪽에 제시하고 세부 내용은 오른쪽에 제시한다.

중심 내용	세부 내용
1.	1. 2. 3. 4.
2.	1. 2. 3. 4.

77. 도식조직자(graphic organizer)를 활용하여 학생에게 읽은 내용을 도식화할 수 있도록 한다. 도식조직자에는 여러 가지 종류가 있다. 예를 들어 학생들은 사건의 연결이나 계열을 기록하기 위해 **서식 46. 사건의 연결 조직자**를 이용할 수 있다. 그리고 **서식 47. 비교와 대조 조직자**는 이야기에서 사건이나 인물의 다양한 특성을 비교하는 데 사용할 수 있다. **서식 48. 사실과 의견**은 의견으로부터 사실을 분류하는 데 사용할 수 있다. **서식 49. 이야기 지도**와 **서식 50. 이야기 지도 2**는 이야기를 조직하는 도식조직자이다. 이 서식에는 주요 등장인물들과 이야기의 주요 사건들, 배경, 결말 등을 작성하도록 한다. 학생들은 개념이 어떻게 구성되는지 알게 되면 쉽게 자신의 조직자들을

만들어낼 수 있을 것이다.

78. 학교에 요청하여 중요한 정보를 강조한 보충교재를 구입하도록 한다. 학생의 교재에 색 코드를 표시한다. 예를 들면 단어들에는 노란색을 사용하고, 정의에는 파란색, 핵심 문장이나 사실, 중요한 정보에는 초록색으로 표시할 수 있다. 보충교재를 살 수 없다면 관련 내용에 대한 복사본이나 스캔자료를 활용할 수 있다. 학생은 복사본에 표시할 수도 있다. 많은 양의 자료를 스캔해야 한다면 출판사에 복사에 대한 허가를 구해야 한다. 종종 출판사들은 양장본과 보급용 모두를 가지고 있으며, 보급용 책은 상대적으로 저렴하게 판매하고 있다.

79. 학급에서 사용하는 교재를 분철하고, 각 페이지는 비닐 커버(혹은 코팅)를 한다. 이 분철한 부분은 투명 비닐 커버를 씌우고, 3구 펀치로 구멍을 뚫어 3구 바인더에 끼워 보관한다. 학생들에게 이 커버 위에 직접 쓸 수 있도록 한다. 책을 분철할 때에는 분철한 부분을 쉽게 모을 수 있도록 번호를 꼭 적어둔다.

80. 학생들에게 이야기의 주제에 맞는 삽화를 그리고, 그것을 묘사하는 짧은 문장을 써보도록 한다.

81. 사전에 학생들에게 새로운 단어 목록과 주요 단어 목록을 매주 제공한다. 이중적이고 모호한 의미 때문에 어려움을 겪지 않도록 맥락과 직접 관련된 문장 속의 단어 목록을 제공한다. 학생들에게 이 목록을 가정에서도 미리 학습할 수 있도록 안내한다.

읽기 해독

82. 학생들의 이해를 점검하기 위해 기본적인 철자의 발음을 복습해야 한다.

83. 학생이 낱자의 미묘한 소리의 차이를 구분하는 데 어려움이 있다면 학생의 듣기 검사 결과를 다시 점검한다.

84. 학생이 해독에 어려움이 있다면 철자에 대한 인식부터 시작해야 하며, 학생이 어려움을 겪고 있는 부분을 파악할 수 있도록 수준에 따라 단계적으로 진행한다. 그 단계는 아래와 같다. 학생이 자신감과 안정감을 가질 때까지 학생 개개인의 수준에 따라 지도한다.

- 소리를 점검한다. 소리를 다시 확인하거나 다시 가르칠 때, 모든 소리를 단어에 연관시킨다. 예를 들어 '철자 *t*는 *table*, *toy*, *turkey*와 연관'시킨다. 이와 같은 활동은 학생들에게 시각적으로 연관짓는 데 확실한 사례를 제공하게 된다.

- 소리에 대한 학습이 완성된 후에는 *star, car, far* 또는 *man, pan, can*과 같은 간단한 단어군을 지도한다. 학생들이 단어군에 대한 학습이 확실히 이루어지게 되면, 첫소리를 바꾸어 새로운 단어들을 만들어 지도한다. 학생이 초성에 대한 학습이 안정적으로 이루어지게 되면 종성을 바꾼다. 학생이 혼자서 연습할 수 있도록 카드에 철자 목록을 만들고, 모서리에 구멍을 뚫고 고리를 끼워 자신의 철자 색인 카드를 만든다. 철자 자석을 사용하거나 1인치 타일을 구입하거나 또는 타일을 잘라서 자신만의 철자 타일을 만들어 보충 연습을 할 수 있도록 한다.

- 학생이 단어군 학습에 자신을 갖게 되면, 좀 더 복잡한 전략을 지도한다. 예를 들면 학생들이 이미 배운 단어군을 활용하되, 'm-a-n'으로 소리를 조합하는 대신 'm-an'의 조합으로 이루어진 단어군을 학습한다.

- *oo, ee, ea* 등과 같은 이중 모음을 지도한다. 이중 모음을 가진 단어를 만들고 연습할 수 있도록 한다.

- 접미사와 접두사를 지도하고, 새로운 단어를 만들 때 어떻게 기본 단어에 접미사와 접두사를 추가하는지 시범을 보여준다. 기본적인 접미사와 접두사는 **서식 43.** 과 **서식 44.**에 제시하였다.

85. *www.adrianbruce.com/reading/psters/*에서 벽에 붙여둘 수 있는 큰 파닉스 포스터를 다운받을 수 있다. 그 포스터들은 컬러로 되어있으며, 이 포스터를 $8\frac{1}{2}''\times 11''$ (약 216×279mm)사이즈로 프린트하면 학생들의 학습 파일에 넣어둘 수 있다.

86. 자신의 학년 수준에 맞추어 읽기를 하지 못하는 학생들에게는 다른 학생들이 큰 소리로 읽는 동안 따라서 읽도록 한다.

87. 학생들은 종종 단어를 반복해서 부정확하게 읽는다. 만일 그렇다면 어려운 단어를 이용하여 단어표를 만들도록 한다. 예를 들면 *where, were, what, here, there*와 같은 단어들이다. 먼저 종이나 공책을 두 단으로 나누도록 한다. 그리고 두 단을 (1) 내가 읽은(말한) 단어, (2) 정확한 단어로 분류한다. **서식 51. 나의 읽기 단어 목록**은 학생들이 쉽게 사용할 수 있도록 만들어진 자료이다.

88. 학생들이 모르는 단어들은 그 단어의 어근을 강조하여 지도한다. 먼저 어근을 표시하고 접미사와 접두사를 각각 나누어 지도한다. 그리고 단어 분석표를 만든다. 학생에게 단어들을 단어의 각 부분을 나누도록 한다. **서식 52. 단어 분석표**는 학생들이 다시 만들어 활용할 수 있다. 다음은 간단한 분석표의 예이다.

접두사	기본형	접미사	합성어
re	make		
			where + ever
	monitor	ed	

89. 학생들에게 어휘 목록을 제공해준다. 학생들이 읽기자료를 혼자 읽기 전에 먼저 그 어휘들을 읽고 논의한다.

90. 읽기 수준이 낮은 학생에게는 재미있는 읽기자료를 제공해주어야 한다. 이 책들은 학생들이 독립적 읽기가 가능할 수 있도록 매우 흥미로워야 한다. 그리고 매일 속으로 읽는 것을 연습하도록 한다.

91. 학생들이 파닉스를 연습하고 적용해볼 수 있도록 컴퓨터 시간을 추가해서 제공한다.

어휘 지도

어휘는 읽기를 잘할 수 있도록 하는 데 매우 중요한 요인이다. 읽기의 궁극적 목적은 읽기자료의 내용을 학습하고 이해하는 것이다. 그러나 어휘력이 부족하거나 새로운 단어를 기억하는 데 어려움이 있는 학생들에게는 쉬운 일은 아니다. 새로운 어휘를 가능한 한 자주 지도해야 한다. 어휘력이 증가할수록 독해능력도 함께 자연스럽게 높아질 것이다. 높은 어휘력은 학생들의 교육적 혹은 사회적인 측면뿐만 아니라 전반적인 생활에도 도움이 될 것이다.

많은 학생들에게 전통적인 어휘 지도 방법들은 효과적이지 않을 수도 있다. 일부 학생들은 단순히 사전에서 단어를 찾아보거나 문장에 써보는 것만으로도 어휘를 학습할 수 있을 것이다. 그러나 어떤 학생들의 경우에는 그렇지 못할 수도 있다. 이 학생들은 단어를 더 많이 접하고 사용해보아야 학습할 수 있다. 교사들이 기존에 사용하던 교수 방법에 더 추가할 수 있는 새로운 전략들을 아래에 제시하였다. 그리고 이러한 방대한 양의 정보들에 쉽게 접근할 수 있는 웹사이트를 제시하였다.

92. 학생들이 학교에서 배우게 되는 대부분의 새로운 어휘들은 일상적인 읽기, 쓰기 활동에 맞춰지게 될 것이다. 학생들이 앞으로 학습해야 할 어휘와 주요 단어 목록을 매주 제공한다. 교재 내용의 맥락에서 단어를 정의하되, 두 가지 의미를 가진 단어는 제외한다. 학생들은 이 목록을 다음 단원을 예습하는 데 사용할 수 있으며, 가정에서도 어

휘를 학습할 수 있다.

93. 교재의 단원별 어휘 목록을 만들어 놓는다. 교재와 관련된 단어의 정의만을 포함한다. 이러한 정보들은 개별 폴더에 보관한다. 이때 단원의 제목과 해당 페이지를 반드시 적어두어야 한다. 학생들은 이 자료들을 가정에서 숙제를 하거나 예습 및 시험 준비에도 활용하게 될 것이다.

94. 학급에서 사용되는 교재를 바탕으로 만들어진 모든 어휘 목록들은 언어 담당 교사에게 제공해야 한다. 이 어휘 목록들은 언어전문가들이 교육과정과 관련된 언어 교육 프로그램을 개발하는 데 도움을 줄 수 있으며, 학생들에게 부가적인 지원을 할 수 있도록 해줄 것이다.

95. 학생들에게 단원별 주제의 개요와 어휘 목록을 제공한다. 주요 사건에 대한 글과 이와 관련된 단어를 읽은 후 학생들에게 다음과 같은 질문에 답을 할 수 있도록 한다. '주제에 대해 내가 이미 알고 있는 것이 무엇인가? 주제에 대해 단어들이 어떻게 관련이 되었는가? 주제에 대해 배우고자 하는 것이 무엇인가?' 학생들이 현재 읽고 있는 부분에서 알게 되는 보충 단어들의 목록을 제시한다.

96. 학생들과 어휘를 복습하는 단계에서 학습한 어휘를 재검토하고 토론한다. 다음 세 단계는 학생들이 어휘를 기억하는 데 도움을 줄 것이다. **서식 53. 어휘**는 학생들이 다음과 같은 방법으로 활용할 수 있을 것이다.

1. 어휘를 쓰고 그 의미를 쓰시오.
2. 학습한 어휘를 활용하여 이야기와 관련된 문장을 만드시오.
3. 학습한 어휘를 사용하여 이야기와는 관계없는 문장도 만드시오.

97. '오늘의 단어'를 게시판에 붙여서 매일매일 그 날의 새로운 단어를 지도한다. 매일 새로운 단어를 공지하고 토론하며, 그 단어의 발음과 뜻을 지도한다. 새로운 단어에 대한 토론이 끝나면 학생들이 그 단어를 일과 중 가능한 한 많이 사용하도록 요구한다. '오늘의 단어'는 교사나 학생이 선정하도록 한다. 다음과 같은 웹사이트에서 이와 같은 정보를 제공하기도 한다.

http://www.wordcentral.com
http://www.superkids.com/aweb/tools/words
http://dictionary.reference.com/wordoftheday

98. 학생들은 Vocabulary University, *www.vocabulary.com*에서 무료로 어휘 퀴즈에

참가해볼 수 있고, 어휘를 숙달하기 위한 수백 가지의 다른 활동들에도 참여할 수 있다. 이 웹사이트에 따르면 최근 17,000곳 이상의 학교와 홈스쿨, ESL(English Second Language)프로그램에서 사용되고 있다고 한다. 이 웹사이트는 쌍방향 소통이 가능하고, 학습에 필요한 자료를 다운로드 받을 수도 있다.

어휘 발달을 위한 학급 활동

99. **단어 사전 만들기.** 학생들에게 단어 목록을 주고, 목록에 있는 단어와 같은 의미를 가지는 어휘를 가능한 한 많이 나열해 보도록 한다. 이후에는 반의어 단어 목록으로 확장한다. 학생들은 자신의 단어 사전에 단어 목록을 더 추가할 수 있다.

100. **고빈도 단어의 유의어 게시판 만들기.** 학생들은 종종 같은 단어들을 반복적으로 사용한다. 예를 들어 '말했다(said), 갔다(went), 좋음(good)' 같은 단어들은 학생들이 쓰기를 할 때 가장 많이 사용하는 단어들이다. 교실의 한쪽 벽에 게시판을 만들어 큰 글자로 고빈도 단어들을 적는다. 학생들은 색인 카드에 이 단어들의 동의어를 적고 게시판에 붙인다. 게시판에 이 단어들을 붙이기 전에 단어가 적절한지 평가할 수 있기 때문에 색인 카드를 사용하는 것은 가장 좋은 방법이다. 만약 학생이 단어의 철자를 잘못 쓰면, 색인 카드를 떼어내고, 다시 쓸 수 있다. 이와 같이 게시판을 활용하는 방법은 모든 학생에게 도움이 될 것이다.

다음 예는 단어 'said'를 대신하여 사용될 수 있는 단어의 목록이다. 학생들이 어휘를 확장하고 작문 과제를 해결하는 데 사용할 뿐만 아니라 말하는 데에도 사용할 수 있도록 한다.

'said'의 단어 게시판 사례

cried out	acknowledge	howled	stated	moaned
declared	murmured	hollered	denied	screamed
exclaimed	cried	shrieked	conceded	bawled
shouted	stated	roared	wailed	yelled
whispered	affirmed	squealed	screeched	groaned

101. **수준에 따른 단어 배열하기.** 이 활동은 학생들이 특정 단어에 대한 다양한 동의어를 비교하는 데 도움을 준다. 다음의 예에서는 'said'라는 단어를 대체할 수 있는 단어 목록을 '조용하게 말하는 것'에서부터 '큰 소리로 말하는 것'까지 제시하였다. 이와 같

은 단어를 표로 제시함으로써 학생들은 다양한 수준의 단어들을 사용할 수 있게 되어 더욱 상세한 표현을 할 수 있게 된다. 이와 같은 단순한 단어를 바꾸어줌으로써 말하기와 쓰기에 사용하는 학생의 어휘가 더욱 풍부한 의미를 갖게 되며, 학생의 독해력도 향상된다. 예를 들어 'The man said…,'로 쓰는 대신에 학생은 '조용하게 말하는 것'에서부터 '크게 말하는 것'에 이르는 정도의 순서로 배열된 다음과 같은 유의어 중에서 하나를 선택하여 사용할 수 있다. 속삭이는(whispered), 중얼거리는(murmured), 끙끙대는(moaned), 신음하는(groaned), 환호하는(exclaimed), 울부짖는(cried out), 소리를 지르는(yelled), 비명을 지르는(screamed)

이 활동은 학생들의 찾을 수 있는 유의어의 수를 조절해줌으로써 모든 수준의 학생들에게 사용될 수 있다.

102. **단어 탐정 게임하기.** 학생들은 책을 읽을 때 항상 새로운 단어를 읽게 된다. 학생들이 새로운 단어들의 의미를 정하는 '단어 탐정'이 될 수 있도록 도와준다. 새로운 단어들을 읽게 될 때, 학생들에게 다음과 같은 질문을 한다.

단어를 주의 깊게 살펴보시오. 이 단어를 전에 보거나 들은 적이 있는가?

그 단어를 빼고 그 문장을 읽으시오. 주위에 있는 문장이나 문단은 새로운 단어를 알아내는 데 단서를 제공하는가? 문맥이 연결되는 단어를 넣어볼 수 있는가?

그 단어를 학습하시오. 기본 단어, 접미사, 접두사를 찾을 수 있는가? 이와 같은 부분이 나타내는 의미는 무엇인가?

103. **단어 의미 표 만들기.** 사전이나 백과사전에서 단어의 의미를 찾아보도록 한다. 그 단어와 관련된 다음과 같은 활동을 한다.

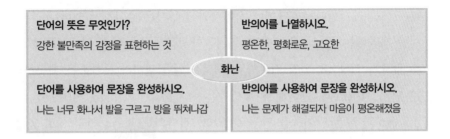

단어의 뜻은 무엇인가? 강한 불만족의 감정을 표현하는 것	반의어를 나열하시오. 평온한, 평화로운, 고요한
화난	
단어를 사용하여 문장을 완성하시오. 나는 너무 화나서 발을 구르고 방을 뛰쳐나감	반의어를 사용하여 문장을 완성하시오. 나는 문제가 해결되자 마음이 평온해졌음

104. **문장 완성하기.** 칠판에 문장을 쓰고 학생들에게 가능한 많은 표현으로 답안을 작성하도록 한다.

나는 오늘 학교에 ＿＿＿＿＿＿＿＿ 도착했다.

(답안에는 교통수단의 종류가 포함될 수 있다 : 버스를 타고, 기차를 타고. 비행기를 타고, 헬리콥터를 타고, 말을 타고, 지하철을 타고 등)

지난달 나는 ＿＿＿＿＿＿＿ 로 여행을 갔고, 나는 ＿＿＿＿＿＿＿.

(답안에는 장소와 활동의 종류가 포함될 수 있다 : 호주로 그리고 그레이프 베리어 리프에서 다이빙했다, 아프리카로 그리고 나는 사파리에 갔다, 플로리다로 그리고 나는 바다에서 수영했다 등)

105. **단어 세트 조합하기.** '동물에 동사(verb)를 더한다.'와 같은 구체적인 지침을 제공한다. 학생은 기준이 충족되는 한 어떤 종류의 문장이든 만들 수 있다(말이 안 되는 것이라도). 다음의 예와 같이 학생들은 개의 행동을 나타내는 동사를 가능한 한 많이 사용하도록 요구한다.

그 개는 애처로운 소리로 울었다.　그 개는 점프를 했다.　그 개는 놀이를 했다.

106. **묘사적인 글쓰기.** 학급 전체 학생들에게 보여줄 수 있도록 사진이나 물건을 준비한다. 학생들에게 그 사진이나 물건을 가능한 한 많은 단어를 사용하여 묘사하도록 한다. 펜과 같은 간단한 물체를 많은 단어들로 표현할 수 있다 : 긴, 좁은. 뾰족한, 검은. 하얀, 얇은 등.

107. **어휘 학습지 만들기.** 학급에서 사용하는 어휘를 추가해서 *www.edhelper.com/vocabulary.htm.*에서 학생 개개인의 단어 학습지를 만든다(이 사이트의 모든 정보에 접근하려면 등록이 필요하다).

108. **얼마나 많은 단어를 만들 수 있는가?** 학급을 두 집단으로 나눈다. '*form*'과 같은 기본 단어를 제시한다. 이 단어에 접미사와 접두사를 추가해서 얼마나 많은 새로운 단어를 개발했는가? 의미는 바뀌었는가? 학생들에게 이와 관련된 아이디어를 생각할 수 있도록 **서식 43. 일반 접두사, 서식 44. 일반 접미사** 복사물을 제공한다. 위의 기본 단어 '*form*'과 관련해서 학생들은 '*formed, reform, inform, formation, deform*'과 같은 단어들을 만들 수 있다. 집단의 구성원들끼리 새로 만들어진 단어들을 공유할 수 있도록 한다. 어떻게 접미사와 접두사가 단어의 의미를 바꿀 수 있는지 토론한다.

109. **단어망 만들기.** 학생들이 단어를 선택하고 단어망(word webs)을 만들도록 한다. 단어망은 어휘뿐 아니라 독해, 작문, 시험을 위한 준비에도 활용할 수 있다. 아래는 단어망의 예이다.

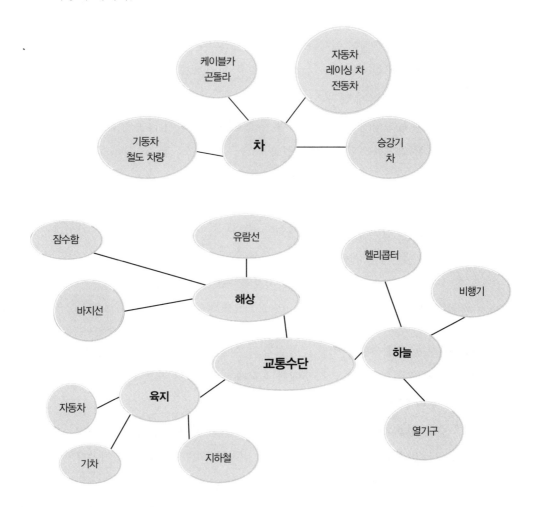

기타 읽기 지도 전략

110. 일부 학생들에게는 독서대를 이용하여 교재를 세워서 읽도록 하는 것이 쉽게 피곤해지는 것을 방지하는 데 도움을 줄 수 있다. 독서대는 3구 바인더를 책을 읽는 사람 쪽으로 향하게 해서 만들어 사용할 수도 있으며, 이때 미끄러지지 않도록 지지대를 받쳐둔다.

111. 쉽게 산만해지는 학생들에게는 윈도 카드와 색인 카드를 활용할 수 있다. 학생들이 읽기과제를 할 때 색인 카드를 교재 위에 올려놓아서 주의가 흐트러지는 것을 방지할

수 있다. 윈도 카드는 학생들의 필요에 따라 다양한 크기로 만들 수 있다. 어떤 학생들에게는 본문을 한 줄만 읽을 수 있게 하거나 수학 문제를 한 번에 한 문제만 풀 수 있도록 하는 것이 효과적일 수 있으며, 또 다른 학생들은 더 큰 윈도 카드가 효과적일 수 있을 것이다. 다양한 크기의 윈도 카드는 귀퉁이 부분에 구멍을 뚫어 열쇠고리에 끼워 보관하면 학생들이 언제나 다양한 크기의 윈도 카드를 활용할 수 있다.

112. 학생들이 반드시 읽어야 하는 교재의 내용은 복사본을 만들어둔다. 학생들은 교재의 내용 중 중요한 부분에 형광펜으로 중요 표시를 할 수 있다. 또 여백에 필기하거나 중요한 단어에 동그라미 표시를 하거나, 완벽하게 이해되지 않은 부분에는 보충설명을 기록하는 등 다양한 활동을 할 수 있다.

진도를 따라가기 어려워하는 경우

교사들은 지속적으로 진도를 따라가지 못하는 학생들을 접해본 경험이 있을 것이다. 그 같은 경우에는 그 학생들에게 계속해서 다시 지적해 주어야 한다고 생각했을 것이다. 만약 이와 같은 일이 발생할 경우, 그 학생은 시각적으로 진도를 따라가는 것(visual tracking)을 매우 힘겹게 느꼈을 것이다.

113. 학생에게 동료를 짝을 지어주고 동료가 그 학생이 시각적으로 진도를 따라가는 것을 도울 수 있도록 한다. 그 두 학생에게는 교재를 함께 보도록 한다.

114. 어디서부터 읽어야 하는지 구체적으로 설명해준다.

115. 다음 줄을 강조하여 알려주어서 교재의 진도를 잘 따라올 수 있도록 돕는다.

116. 소리 내어 읽기를 할 때 페이지나 문단의 위치와 같은 단서를 자주 이야기한다.

117. 교재의 페이지나 문단 위치 등을 자주 짚어준다.

118. 학생을 교사와 가까이에 배치해서 진도를 쉽게 인식할 수 있도록 한다. 교사는 학생이 진도를 잘 맞추어 따라오고 있는지 수시로 확인한다.

119. 책갈피를 활용해서 학생이 진도를 확인할 수 있도록 돕는다.

120. 학생이 화살표를 가로로 놓고 이것을 이용해서 현재 학생이 읽고 있는 교재의 진도 내용을 가리키면서 읽을 수 있도록 한다. 또는 색인 카드를 현재 읽고 있는 줄에 맞춰 대어 가면서 읽을 수 있도록 한다.

121. 색인 카드를 잘라서 창문을 만든다. 이 방법은 몇 줄이나 내용의 일부분만을 볼 수 있도록 하여 진도의 내용에 잘 따라갈 수 있도록 도와준다. 여러 장의 색인카드에 다양

한 크기의 '창문'을 내고, 귀퉁이에 구멍을 낸 뒤 열쇠고리에 달아서 활용할 수 있다. 학생들은 다양한 교재에 이용할 수 있는 윈도 카드를 모을 수 있다.

122. 학생들에게 도화지로 '그림 액자'를 만들어 제공한다. 학생은 교재의 일부만을 볼 수 있기 때문에 방해가 될 수 있는 자극을 제거할 수 있을 것이다.

123. 다른 학생이 소리 내어 책을 읽고 있을 때, 교재의 내용을 잘 들으면서 삽화도 함께 주의해서 보도록 한다.

청각장애학생

경도 혹은 중증의 청각장애 학생의 경우 청각장애 전문가나 상담가가 일반교사나 특수교사에게 적절한 자료와 조언을 제시해줄 것이다. 만약 학생이 중증의 청각장애인 경우 수화통역사가 학생을 도와줄 수 있다. 청각장애 전문가는 청각장애 담당 일반교사 혹은 특수교사에게 수업에 필요한 도움이 될만한 자료를 직접 제공하기도 한다. 다음은 청각장애학생들을 지원하기 위한 전략이다.

124. 학생이 가능한 한 많은 학급 친구들의 얼굴을 볼 수 있도록 교사 근처에 자리를 배치한다. 학급의 책상을 반원 형태로 배치하는 것도 좋은 방법이다. 많은 청각장애학생들은 상대방이 말하는 내용을 독순(lip reading)을 통해서 알게 된다. 또 다른 방법은 학생을 회전의자에 앉혀서 선생님과 반 친구들, 수화통역사를 번갈아 볼 수 있도록 하는 것이다.

125. 내용을 읽는 도중에 청각장애 학생이 다른 학생이 소리 내어 읽는 것을 들을 수 없어 진도를 따라갈 수 없게 되었다면, 옆의 동료에게 다시 알려주도록 한다. 그 동료는 책을 읽을 때 장애 학생이 주의를 기울일 수 있도록 도와줄 수 있다.

126. 소리 내어 읽을 경우 학생의 주의를 집중할 수 있도록 항상 시각적 신호를 사용한다.

127. 만약 중증의 청각장애학생이 있다면 학생의 요구에 따라 자리배치를 해야 한다.

128. 정상적인 억양과 알맞은 속도로 분명하게 말하고 읽는다. 학급의 학생들에게도 명확하게 말하도록 지도한다. 과장되게 할 필요는 없지만, 평소보다 좀 더 주의를 기울여서 약간 느린 속도와 정확한 발음으로 말하는 것이 중요하다.

129. 좀 더 쉽게 이해할 수 있도록 내용이나 질문을 고쳐서 말해준다.

130. 새로운 자료를 소개하기 전에 내용의 개요와 어휘 목록을 제공한다. 새 단원을 시작하기 전에 학생이 미리 가정에서 관련 정보를 훑어보고 올 수 있도록 지도한다.

131. 구두로만 설명했을 경우 반복해서 설명해주고 다시 요약해준다.

132. 문장 속에서 단어를 제시한다. 대부분의 단어는 입술 모양으로 구분하기에는 너무 비슷하다.

133. 교사가 설명을 할 때에는 손이나 동작을 사용하여 학생이 쉽게 이해할 수 있도록 한다.

시각장애학생

만일 학급에 시각장애학생이 있다면, 시각장애 전문 교사와 상담을 자주 하게 될 것이다. 그 교사는 수업 자료를 제공하고 시각장애 학생 지도를 위한 조언을 해줄 것이다. 크게 확대된 자료도 제공해야 할 것이다. 이와 같은 경우 평소에 사용하던 선반은 좁아서 사용하기에 어려움이 있으므로 교육자료를 보관하기 위한 별도의 공간을 마련해야 할 것이다.

만일 시각장애학생이 주의가 산만하다거나 교실 주변을 계속해서 둘러본다면 학생이 청각에 의존해 정보를 얻으려는 것이라는 사실을 알아야 한다. 시각장애아동은 학급의 과제를 하면서 종종 시각적인 피로감을 경험하기도 한다.

134. 교실의 조명을 밝게 해서 아동이 더 선명하게 볼 수 있도록 한다.

135. 시각장애 학생은 다른 일반학생보다 좀 더 쉽게 피로해진다는 사실을 기억해야 한다.

136. 시각장애 학생을 도와줄 수 있는 동료를 선정하고, 필요에 따라 학생에게 내용을 설명해주거나 다시 안내해줄 수 있도록 한다.

137. 필요한 경우 시각장애학생 옆에서 책을 읽어줄 수 있는 도우미를 배치한다. 그 도우미는 동료가 될 수도 있고, 부모나 학교 도우미가 자원할 수도 있다.

138. 학생들의 연령에 적절한 잡지나 책을 만들거나 구입한다. 많은 책과 잡지들은 녹음자료와 점자가 제공된다. 시각장애인과 지체장애인을 위한 국립도서관의 서비스를 알아본다.

139. 확대 도서, 확대경, CCTV, 글씨 크기나 그림을 확대할 수 있는 컴퓨터 프로그램 등과 같이 특별한 교육매체를 주문한다. 또 다른 방법은 내용이나 그림을 스캔한 뒤, 확대해서 보여주는 것이다.

140. 학생들에게 교재 내용을 녹음한 녹음자료를 제공한다. 다양한 속도로 들을 수 있는 녹음기로 녹음자료를 만든다. 이 방법은 학생의 듣기 기술을 점차 향상시킬 수 있다. 시각장애인을 위한 지역 사회 공동체에 연락하여 교사가 제공해야 할 적절한 서비스에는 무엇이 있는지 알아본다.

141. 시각장애 학생들에게는 과제 수행 시간을 좀 더 많이 제공한다. 시각장애 학생은 시각적인 기술이 계속해서 요구되는 활동의 경우 일반학생에 비해 좀 더 쉽게 피로감을 느낀다는 사실을 기억해야 한다. 학생의 눈이 붉게 충혈되어 있거나, 눈을 비비거나, 책상에 엎드려 있거나, 실눈을 뜨는 등의 증상을 보이는 것은 시각적으로 피로하다는 증거이다.

142. 시각적인 집중력이 필요한 경우에는 활동의 횟수나 분량을 적절히 조절하여 피로감을 최소화한다. 항상 수업의 목표를 인식하고 있어야 한다. 만일 학생이 일반적인 방법과는 다른 방식으로 정보를 듣거나 지식을 표현할 수 있다면, 학생이 할 수 있는 그 방법으로 수업에 참여할 수 있도록 지도해야 한다.

143. 시각장애 학생에게 말을 걸 때에는 이름을 불러주어야 한다. 종종 시각적 단서만으로는 자신을 부르는지 인식하지 못하는 경우가 있다.

144. 과제를 테이프에 녹음하게 되면, 학생들이 필요한 만큼 반복해서 들을 수 있다.

145. 교실에서 점자나 새로운 보조 장치를 사용할 때, 적절한 시기에 학급 전체 학생들에게 사용법을 지도한다. 시각장애 학생에게 교실에서 점자를 사용해서 이름을 쓰는 방법이나 교실에 있는 다양한 도구의 이름을 쓰는 방법을 설명하도록 한다. 학생들에게 확대경을 사용해 보도록 하거나 컴퓨터 프로그램을 사용해보도록 한다. 학생들은 아마도 새로 얻게 된 지식에 즐거워할 것이며, 이러한 활동을 통해서 장애학생들에 대한 경험을 하게 될 것이다.

146. 조작 활동이나 신체적인 접촉은 시각장애학생에게는 매우 중요하다. 가능하다면 언제나 직접 조작해볼 기회를 준다.

147. 가능하다면 시각과 청각 및 신체 활동을 조합한 활동을 한다. 예를 들어 교실에서 읽었던 이야기를 소집단으로 친구들과 함께 역할극으로 하도록 한다.

결론

읽기는 여러 가지 측면에서 매우 가치가 있는 중요한 삶의 기술이다. 이 장에서는 여러 가지 이유로 읽기를 학습하는 데 어려움을 겪는 학생들을 돕기 위한 다양한 방법들을 제시하였다. 교재의 수정 자료, 읽기를 지원해줄 수 있는 동료나 모둠 친구들, 색 표시, 녹음, 녹음 도서, 밑줄 긋기, 질문에 대한 토론하기, 도표자료, 게임, 조직의 형태, 다중지능에 바탕으로 둔 활동과 교사가 제작할 수 있는 윈도 카드 등과 같은 자료와 활동을 통해서 이들을 지원해줄 수 있다. '다양한' 수준의 교재와 음운 인식, 어휘 학습 전략 등을 반드시 기억해야 한다. 여기서 소개한 방법들은 우리의 창의력을 자극할 것이고, 좀 더 활동적이고 효과적인 수업을 할 수 있도록 도움을 줄 것이다. 학생들의 강점을 활용하여 좀 더 이해하기 쉽고 최대한 재미있는 수업을 한다면 읽기를 잘 가르칠 수 있을 것이다!

다음은 읽기를 지도하는 데 도움이 될만한 내용이 담긴 18가지의 활용 가능한 부록자료 목록이다.

부록 서식

서식 31	교재 수정
서식 32	교재 수정-2
서식 37	기초 단어 50
서식 38	개인 독서 목록-유형과 주제
서식 39	개인 독서 목록
서식 40	추천 도서 목록
서식 41	비교와 대조표-도서/비디오
서식 42	학생과 함께 독서하는 방법
서식 43	일반 접두사
서식 44	일반 접미사
서식 45	단원 정리
서식 46	사건의 연결 조직자
서식 47	비교와 대조 조직자
서식 48	사실과 의견
서식 49	이야기 지도
서식 50	이야기 지도 2
서식 51	나의 읽기 단어 목록
서식 52	단어 분석표
서식 53	어휘

목표는 눈에 보이되 손에 닿지 않도록 해야 한다.

– Anita DeFrantz

제한된 삶은 단지 우리 마음속에 있는 것이다. 그렇지만 우리가 상상력과 가능성에 대한 믿음이 있다면 한계는 없을 것이다.

— Jamie Paolinetti

제 5 장

일일 과제

일일 과제는 장애학생뿐만 아니라 일반 학생들에게도 어려운 과제이다. 학생들은 과제를 잘 관리하는 것을 더 어려워한다. 어떤 학생들은 습관적으로 수업에 늦고 지시 사항을 잘못 이해하기도 한다. 어떤 학생들은 수업에 무엇이 필요한지 '잊는' 경우도 있으며, 사물함으로 다시 돌아가야 하기도 하며, 종종 다른 곳으로 가서 해야 할 일을 하지 않기도 한다. 과제의 우선순위를 정하지 못하는 학생들도 있고, 다음 날까지 해야 하는 과제를 완성하지 못하고 다음 주가 돼서야 과제를 끝마치기도 한다. 물론 과제를 항상 완성하지만 학교에 가져오는 걸 잊는 학생들도 있다. 이런 학생 중 많은 학생들은 과제를 위해 노력을 기울이지만 과제를 잘 관리하고 조직하지 못하는 경향이 있다. 우리는 학생들이 자연스럽게 과제를 관리하고 조직하는 방법을 알게 된다고 믿지만, 실제로는 많은 학생들에게 과제를 관리하고 조직하는 방법을 지도해야 한다. 한 학생에게 유용한 과제 관리 전략이 다른 학생들에게는 소용이 없을 수도 있다.

이 장의 메모_

이 장에서 소개한 여러가지 양식목록이 104쪽에 제시되어 있다. 그리고 부록에는 교사들이 쉽게 활용할 수 있는 양식들을 제시하였다.

일일 과제에는 의미가 있어야 한다. 과제가 주어질 때마다 과제의 목적이 분명해야 한다. 대개 일일 과제는 수업 중에 배운 개념을 학생들이 잘 이해했는지 확인하기 위해 제시한다. 학생들에게 일일 과제를 제시할 때에는 신중해야 한다. 수업에 어려움을 겪는 학생에게 종종 너무나 많은 과제를 요구하는 경우 어려움을 주기 때문에 과제의 목적에 맞도록 주의 깊은 배려가 필요하다.

일일 과제는 관례적으로 학생들에게 쓰기 과제 형식으로 제시되지만, 이러한 형식이 장애학생들에게는 어려운 과제가 될 수 있다. 어떤 학생들은 좌절감으로 완전히 포기하기도 하며, 이것이 다른 영역에 영향을 미치기도 한다. 이와 같은 경우에는 학생들에게 과제를 조정해줄 필요가 있을 것이다. 그러므로 과제의 목적을 명확하게 결정하고, 학생들의 요구에 맞게 과제를 조정하는 일이 무엇보다 중요하다.

통합교육 관련 논의 중 부각되고 있는 중요한 질문은 "하루 수업 시간 중 장애학생들이 통합되었을 때 학생들에게 관련 서비스 지원을 어떻게 제공하고 있는가?"라는 것이다. 장애학생이 일일 과제를 해결해야 하는 경우 특수교사에게 직접 지도를 받거나 특수교육 보조원에게 다시 지도를 받는 것이 필요하다. 앞에서 언급했듯이 자습과 숙제는 이전에 가르친 기술을 강화하거나 특정 기능을 이해했는지 점검할 수 있도록 계획된다. 먼저 과제의 타당성을 결정해야 한다. 그리고 다음과 같은 점을 고려해야 한다. "이 활동이 학생들에게 유익한가?", "모든 과제를 완성하는 것이 중요한가?", "학생들이 말로 과제를 완성할 수 있는가?" 혹은 "부가적인 지원이 필요한 장소로 이동이 가능한가?" 이것은 학생들에게 어려움을 겪고 있는 영역에 대해 부가적인 자료를 지원해주거나 동기를 강화시켜 줄 수 있는 기회가 될 것이다. 만일 학생들에게 재교육이나 강화가 도움된다면, 장애학생들도 이 과정에 포함하는 것이 좋다.

이 장은 일일 과제를 적절히 조정하고 적용할 수 있는 방법과 학생들이 과제를 관리하고 조직하는 데 도움을 줄 수 있는 방법을 제시하고 있다. 부가적으로 조정하는 방법은 특정 교과 영역에서도 확인할 수 있다. **서식 33. 일일 과제**는 특정한 학생들에게 조정하여 사용할 수 있으며 재활용될 수 있다.

학급에서의 지원

148. 장애학생들이 자료를 정리하고 과제를 제출하거나 수업 시간에 자료를 모으는 것으로 돕고, 이 외 여러 영역에서 도움을 줄 수 있는 '학습 친구(study buddy)'를 배정한다. 학습 친구는 매일, 매주 또는 매월 장애학생에게 배정할 수 있다. **서식 54. 학습 도우미**는 인쇄하여 사용할 수 있도록 한 예시이다. 이 서식들은 또한 이동수단이나 휴식, 점심시간에 '학습 친구'의 도움이 필요한 학생들에게 사용될 수 있다.

149. 학생들이 학습자료를 준비할 수 있도록 도움을 주어야 한다. 학생들은 학습 자료가

준비되어 있지 않거나 자료를 다시 가져오기 위해서 사물함에 가야 하기 때문에 자주 귀중한 수업 시간을 허비하고 중요한 정보를 놓치게 된다. 학생들에게 수업 중 준비해야 할 자료의 목록을 제공한다. 부록의 **서식 55. 학급 준비물**을 복사하여 학생들에게 제공한다.

150. 과제의 길이를 수정하거나 학생들에게 홀수 또는 짝수 문제만을 풀도록 허용한다. 학생이 과제의 일부만을 완성하여 완전히 숙지하였음을 증명할 수 있게 되었다면, 이후에 학생들에게 추가 시간을 더 주어야 하는 과제나 좀 더 도전적인 어려운 과제를 제시한다. 또는 과제를 여러 부분으로 나누어주거나 학생들이 며칠에 걸쳐서 완성할 수 있도록 시간을 준다.

151. 장기 과제인 경우 학생들에게 표지(cover sheet)를 제공한다. 때때로 학생들은 장기 과제가 너무 부담스러워서 시작도 하기 전에 포기하기도 한다. 장기 과제를 몇 개의 부분으로 나눈다면, 학생들의 부담을 덜어줄 수 있을 것이다.

152. 학생들이 짝을 이루어 한 학생이 큰 소리로 읽으면 다른 한 학생은 그 답을 적는다. 만약 학생이 읽기와 쓰기에 모두 문제가 있다면, 그 학생은 듣고 말로 답변할 수 있도록 한다. 또는 학생을 지정하여 전체 내용을 쓰도록 할 수도 있다.

153. 협동학습 집단을 활용한다. 집단이나 구성원들의 역할은 수시로 변경될 수 있다. 협동학습 집단을 활용하는 경우, 각 구성원들은 각자의 역할과 집단 활동을 공평하게 분담하여 책임을 갖게 된다. 집단의 구성원들은 리더십, 의사소통 및 의사결정 능력과 더불어 긍정적인 결과를 생산하기 위해서 서로 협조하며 함께 노력하는 것을 학습하게 된다. 모든 학생들이 참여할 수 있도록 집단을 구성한다. 중증 장애학생들은 시간을 관리하거나 자료를 나누어주는 역할을 맡아 그룹 활동에 참여할 수 있을 것이다. **서식 56. 협동학습 집단**은 집단에서 학생들의 역할을 분담하는 데 사용할 수 있는 양식이다. 이 양식은 복합적인 항목들이 포함되어 있으며, 이것은 협동학습 집단 활동의 일부가 될 수도 있고 그렇지 않을 수도 있다.

154. 학생에게 과제를 말로 녹음해서 제출할 수 있도록 한다. 이 자료는 추후에 다른 기록 형태로 바꿀 수 있을 것이다. 이러한 활동은 자료를 읽고 이해하는 능력은 있지만 소근육 협응 능력에 장애를 가지고 있는 학생들에게 특히 효과적이다.

155. 만일 가능하다면 과제를 제공할 때 복사본도 함께 준다. 학생들이 전체 문단이나 문장, 여러 쪽의 수학 문제를 베끼는 대신, 복사본에 형광펜 등으로 강조하거나 밑줄 긋기, 빈칸 채우기 등을 할 수 있도록 한다.

156. 학생들의 읽기 수준에 적절하도록 자료를 다시 작성해주거나 동일한 기술을 배울 수 있는 비슷한 종류의 활동을 지도한다.

157. 장애학생의 답변을 글로 기록해줄 수 있는 동료를 배정한다. 학생의 답변을 기록해야 하는 책임을 진 동료는 장애학생의 말을 정확하게 기록하도록 하고 어떠한 개인적인 의견이나 관점도 설명하거나 첨가하지 않도록 해야 한다.

158. 학생이 말로 답변할 수 있도록 한다. 이렇게 하는 경우 때로는 몇 분 안에 자료를 요약할 수도 있으며, 관련 질문에 대해 답변을 할 수도 있다. 학생이 말로 몇 가지 과제를 완성할 수 있도록 함으로써 학생은 일일 과제 중 나머지 부분에 시간을 할애할 수 있어 더 나은 결과물을 만들어낼 수도 있다. 이 방법은 지속적으로 과제와 수업에 뒤처지는 학생들에게 적합하다.

159. 학생들에게 학습한 단계를 익힐 수 있도록 훈련이나 연습할 수 있는 추가 시간을 제공한다. 필요한 경우, 최종 결과를 점검하고 조정한다.

160. 학생들이 과제를 완성할 수 있도록 추가 시간을 제공한다. 학생은 수업 시간 내에 전체 과제를 완성하지 못할 수도 있다.

161. 필요한 경우에는 학생이 글이 아닌 그림으로 답변할 수 있도록 한다.

162. 교재와 함께 더 쉬운 읽기 수준의 보충자료를 제공한다. 많은 교사용 지도 자료는 다양한 수준의 블랙라인 마스터(blackline master)*들이 포함되어 있다. 다문화가정 학생을 위해 개발된 보충자료는 종종 장애학생들에게도 적절한 경우가 있다.

163. 학생들에게 포스트잇 노트 패드를 제공한다. 학생은 완성되지 않은 과제를 분리되는 포스트잇 노트에 작성한다. 그리고 과제를 완성하면 포스트잇을 떼어버린다. 만약 과제를 학교 일과 중 완성하지 못하면, 수업이 끝날 때 포스트잇을 과제를 해야 하는 책에 붙여놓는다.

164. 학생들의 수준에 적절한 활동을 제시한다. 예를 들어 목표가 명사의 위치에 관한 것이라면 교재를 읽고 교재의 내용에서 명사를 찾아 쓰도록 할 수 있다. 만약 읽기 능력이 부족한 학생이라면 교실 안에서 명사인 물건들을 찾도록 할 수 있다.

165. 교육과정 단원에 대한 서면 계약서를 작성한다. 이 계약서는 매년 활용할 수 있으며, 계약서에 제시한 프로젝트는 모든 학생들의 요구에 맞추어 복잡한 과제에서부터 매우 간단한 과제로 제시한다. 좀 더 나은 학생의 경우 자신이 원하는 모든 활동들을 선택하여 완성하도록 할 수도 있다. 그리고 이러한 계약서는 추가 시간이 필요하거나 복잡하지 않은 프로젝트가 필요한 학생들에게 제공할 수 있다. 예를 들면 **서식 57. 제**

2차 세계대전 보충 과제 학습지는 이와 같은 수업에서 교사들이 사용할 수 있는 계약서 양식이다.

166. 과제를 완성할 때 학생들에게 컴퓨터나 워드프로세서, 계산기 등을 사용할 수 있도록 허용한다.

167. 교실 안에 학생들을 위한 학생 도우미 안내서를 비치해둔다. 이 안내서는 각 교과별로 제시되며, 한 장으로 된 일반적인 일지 형태이다. 예를 들어 읽기를 좋아하는 학생이라면 읽기 도우미가 될 수 있고, 수와 관련한 능력이 뛰어난 학생이라면 수학 도우미가 될 수 있다. 미술, 체육, 매체, 음악과 관련한 주제도 포함하도록 한다. 이 안내서를 스테이플러로 한데 묶고, 학생들에게 친구 도우미에 지원하도록 한다. 교실에 있는 모든 학생들에게 특정 영역에서 부가적인 지원이 필요하다면 이 목록을 참고할 수 있도록 한다.

조직화를 위한 지원

학생들에게 있어서 조직화 능력은 매우 중요하지만 종종 간과되곤 한다. 학생들에게 조직화하는 방법에 대해 지도할 필요가 있다. 이 절에서는 학생들이 일일 과제를 위해 사용할 수 있는 조직화 활동지를 제공할 것이다. 학생, 교사, 학급 구성과 관련한 조직화 기술에 대한 추가적인 정보는 제9장에 제시되어 있다.

168. 학생들에게 필요한 자료 목록을 제공한다. **서식 55. 학급 준비물**은 학생들에게 필요한 자료 목록을 작성할 수 있도록 빈칸으로 되어 있다. 만일 학생이 마커, 연필, 자 등을 준비하는 것을 잊어서 빌려야 한다면 이러한 물건 대신 학생증, 운전면허증, 휴대전화 등과 같은 물건들을 맡기고 수업자료를 빌려간 후 반납하도록 한다.

169. 학생들이 모든 과제에 대해 책임감을 가지도록 하는 것은 매우 중요한 일이다. **서식 58. 미완성 과제**는 학생들이 그 날의 과제를 해결하지 않았을 때 작성해야 하는 몇 가지 양식을 제시하고 있다.

170. 학생들이 일일 과제를 조직화하고 우선순위를 정할 수 있도록 과제 양식을 제공한다. 그리고 이 양식에는 반드시 제출 기한을 작성하는 란이 있어야 한다. 학생들이 단순히 하는 것과 기한 내에 완성하는 것의 차이점을 이해할 수 있도록 해야 한다. 만약 부모님이 가정/학교 과제에 참여하고 있다면 이 두 단어를 정확히 표기하도록 해야

한다. **서식 59. 과제 기록장**과 **서식 60. 일일 과제**는 학생이나 숙제의 양에 따라 매일 혹은 매주 사용될 수 있다. 이 양식을 완성하게 되면 학생들은 좀 더 쉽게 과제를 점검할 수 있게 될 것이다. **서식 61. 일일 가정학습 일지**는 좀 더 나은 수준의 학생들을 위한 또 다른 조직자이다. 만일 모든 과제를 일과 중에 완성하였다면, 일일 과제 일지는 철해놓지 않아도 된다. 그렇지만 과제를 일과 중 완성하지 못했다면 과제 일지를 과제 폴더나 바인더에 철해놓도록 한다.

171. 과제에 우선순위를 정하는 방법에 관해 토론한다. 학생들이 시간 계획을 세우고 과제를 정해진 시간에 완성하도록 우선순위를 정하기 위해서 완성되지 않은 과제는 **서식 62. 과제 우선순위 점검표**에 적도록 한다.

172. 학급의 모든 학생들에게 방과 후 활동을 기록하도록 한다. **서식 63. 주간 계획표**는 학생들이 사적인 시간들을 좀 더 조직화하는 데 도움을 줄 수 있다. 먼저 양식에 제시된 방과 후 체육이나 음악 수업, 종교 수업, 저녁 식사와 같은 방과 후 활동들을 작성하도록 한다. 학생들이 이 항목들을 작성하면, 학년에 따라 시간 계획을 세우도록 한다. 일단 이러한 계획들이 세워지면, 좋아하는 텔레비전 프로그램, 휴대전화 문자 보내기, 컴퓨터 시간과 같은 활동들도 포함할 수 있다. 학생들에게 이러한 계획표를 일주일에 한 번씩 세워 보도록 요구한다. 그리고 그 결과에 대해 학생들과 논의한다. 이 계획표를 잘 따르게 되면 많은 학생들이 숙제를 완성하는 데 충분한 시간을 가질 수 있다는 것을 알게 될 것이다.

과제를 완성하지 못하는 학생들을 위한 전략

일부 학생들에게는 일일 과제를 하는 데 도움을 줄 수 있는 추가적인 서비스를 제공해야 한다. 어떤 학생들은 소/대근육 운동을 향상시킬 필요가 있고, 또 어떤 학생들은 시각 운동 기술을 연습해야 하며, 단순히 자리에서 이탈하지 않는 훈련을 해야 하는 학생들도 있다. 아래에 제시된 목록들은 이러한 학생들을 돕는 데 효과적인 전략과 목록들이다. 상업적으로 판매하는 항목들의 대부분은 *www.pfot.com*의 Pocket Full of Therapy에서 구입할 수 있다.

173. 학생들의 동기를 유발하기 위해서 연필과 종이를 사용하는 쓰기 활동을 대체할 수 있는 활동을 제공한다. 학생들이 밀가루 반죽이나 찰흙, 위키스틱(Wikki-Stix), 물감, 화이트보드 등을 이용하여 놀이 활동을 할 수 있도록 허용한다.

174. 학생들에게 시중에서 판매하고 있는 문자와 숫자의 형태를 연습할 수 있는 템플릿이나 트레이싱 도구*를 제공한다.

175. 소근육 운동 연습을 위해서 색칠 공부 책 또는 온라인에서 간단한 도면을 사용하여 학생들이 따라 그릴 수 있도록 한다.

176. 컴퓨터에 개별 학습지를 만들고 글자의 크기를 크게 해준다.

177. 학생이 혼자서 과제를 완성할 수 있도록 활동 상자를 만들어준다. 이 활동 상자는 집에 있는 물건들로 간단히 만들 수 있다. 예를 들어 쓰기 수업 중에는 학생들이 '알파벳 학습' 활동 상자를 가지고 수업에 참여할 수 있다. 그 상자 안에는 학생들의 개별화 교육 프로그램에 맞는 여러 가지 물건들이 들어있다. 예를 들어 목표가 알파벳을 연습하는 것이라면, 그 활동 상자에는 점들을 연결하고 색칠하면서 알파벳의 순서를 익힐 수 있는 문자 타일이 들어있을 것이다. 목표가 문자를 인식하는 것이라면 학생들은 각각의 대문자와 소문자를 일치시키거나 A, B, C 퍼즐을 완성하게 될 것이다. Beverly Thorne의 책 *Hands-On Activities for Exceptional Children*에는 활동 상자에 관한 간단한 제안들이 안내되어 있다. **서식 64. 교육과정 수정**은 학생들에게 맞추어 수정한 보충 활동을 하는 데 사용될 수 있다. 다음에 제시한 표는 ABC 활동 상자를 활용한 수정 양식 예시이다.

* 글자나 숫자의 형태를 따라쓸 수 있도록 한 본뜨기용 학습 도구

시행일자 : 2010. 1. 10
IEP 목표 : 알파벳의 문자를 인식할 수 있다.

시간	일자와 활동	기대 목표	기타 정보와 비고
매일 14:00~ 15:00	2010. 1. 10 **ABC 활동 상자** 학생은 문자 맞추기와 퍼즐 하기, 따라 쓰기 등의 다양한 활동을 통해서 대문자와 소문자를 맞출 수 있을 것이다.	일일 과제를 완성할 수 있으며, 교사와 동료들에게 검사를 받기 위해 손을 들 수 있다.	**ABC 활동 상자**는 특수학급에서 제공한다. 　교사와 동료는 학생의 활동을 점검하고 그 내용을 기록한다. 　1. 10 학생은 대문자-소문자 모음을 정확하게 맞추었음
	1. 11 **ABC 활동 상자** 활동 계속 ABC 퍼즐 추가	위와 동일	1. 11 학생이 과제를 마쳤지만, 퍼즐은 완성하지 못함 　학생은 ABC 책에 있는 그림을 색칠함
	1. 12 철자 순서에 따른 문자 타일 활동과 퍼즐을 이용한 ABC 과제 활동 계속	위와 동일	1. 12 또래 도우미와 함께 활동하였으며, 학생이 알파벳의 이름을 말할 수 있도록 도와줌 　또래 도우미는 문자 타일을 철자 순으로 바르게 정렬할 수 있도록 도움을 주었으며, 퍼즐을 맞출 수 있도록 지원함

교수자료의 수정

178. 학생들이 바른 자세를 유지할 수 있도록 지도한다. 두 발을 바닥에 대고 팔은 책상에 지지할 수 있도록 한다.

179. 교실 의자의 쿠션은 '산만한' 학생에게 도움을 줄 수 있다. 쿠션은 작은 것이 좋고, 엉덩이에 대어 학생의 엉덩이를 가운데 오게 할 수 있으며, 신체적으로도 도움이 될 수 있다.

180. 학생들에게 독서대를 제공한다. 혹은 큰 바인더를 만들어 아래에 미끄럼방지 매트를 깔아서 바인더가 움직이지 않도록 한다.

181. 일부 학생들에게는 책꽂이가 필요한 경우도 있다. 판매하고 있는 책꽂이 중에는 조립 식으로 되어있어서 보관하기 편리한 것도 있다. 만일 책꽂이를 새로 구입한다면, 소 설책에서부터 교과서 등 모든 책들을 보관할 수 있는 사이즈를 택하는 것이 좋다.

182. 펜이나 연필을 올바로 잡을 수 없는 학생들에게는 연필 그립을 주거나 쓰기 도구용 보호 테이프를 붙여준다. 시중에는 여러 가지 종류의 연필 그립을 판매하고 있다. 아 래에 사용하기에 편리한 그립 목록을 제시하였다. 물리치료사들도 서비스 대상 학생 들에게 필요한 이와 같은 목록을 가지고 있겠지만, 이 목록들은 다른 학생들에게도 도움이 될 것이다.

Fits Write Pen	이 펜은 해먹처럼 생긴 부분이 집게손가락을 지지해준다.
Flex Grip	이것은 일명 고슴도치 그립이라고도 불리는데, 수많은 부드 럽고 가느다란 솔이 달려 있다. 감각 자극이 필요한 학생들 에게는 손바닥을 자극할 수도 있다.
Jumbo Triangle Crayons	삼각형 모양은 학생이 정확하게 세 지점으로 잡을 수 있도 록 도와준다.
Spongy Pencil Grip	이 그립은 표준 펜과 연필에 맞게 되어있다. 이 그립은 연 필을 너무 세게 쥐거나, 연필을 쥐는 손가락 위치에 대해서 시각적으로 혹은 촉각적으로 단서가 필요한 학생들에게 효 과적이다.
Thick and Thin Pencil Grip	이것은 학생들이 연필을 쥐는 데 도움을 줄 수 있도록 두꺼 운 등 부분을 가진 그립이다.

결론

학생들에게는 일일 과제가 일종의 도전 과제가 되기도 한다. 다양한 형태의 지원을 통해서 학생들이 성공할 수 있으며, 이 과정을 통해 학생들에게 학습에 대한 용기를 줄 수 있다. 이 장에서는 일일 과제가 학생들에게 의미를 줄 수 있도록 하는 데 중점을 두었다. 그리고 학생 들에게 필요한 경우 학습 도우미나 소집단 활동 등과 같은 다른 학생들로부터 지원받는 방 법을 제안하였다. 그리고 학생들에게 맞추어 과제를 수정하거나 보완해서 학생들이 포기하 지 않도록 하거나 학생들이 과제 목록이나 활동지, 계획서, 우선순위 점검표, 가정학습 일지 등과 같은 자료를 통해 학생 스스로 과제를 관리하고 조직할 수 있도록 도움을 줄 수 있는 방법도 제시하였다. 과제를 완성하지 못하는 학생들에게는 소근육 협응을 지원하는 활동을 하거나, 조작 활동을 할 수 있는 자료들을 제공하도록 제안하였다. 특별한 쿠션이나 쓰기용 연필 그립, 독서대 등과 같은 신체적인 지원 방법에 대해서도 제시하였다. 이와 같은 방안을 한 가지 혹은 혼합하여 사용하거나 수정하여 사용하는 것은 장애학생들에게는 많은 도움이 될 것이다.

다음에 제시한 부록의 12가지 양식은 학생들에게 일일 과제를 지원하고 조직하는 데 도움을 줄 수 있는 양식이다.

부록 서식

서식 33	일일 과제
서식 54	학습 도우미
서식 55	학급 준비물
서식 56	협동학습 집단
서식 57	제2차 세계대전 보충 과제 학습지
서식 58	미완성 과제
서식 59	과제 기록장
서식 60	일일 과제
서식 61	일일 가정학습 일지
서식 62	과제 우선순위 점검표
서식 63	주간 계획표
서식 64	교육과정 수정

불가능이란 대개 시도하지 않기 때문에 발생하는 것이다.

— Jim Goodman

가공하지 않은 다이아몬드는 때로는 가치 없는 조약돌로 오해될 수도 있다.

– Sir Thomas Browne

제 6 장

쓰기

쓰기는 광범위한 여러 기술들이 서로 통합되어 있다. 학생들은 여러 가지 원인으로 쓰기에 어려움을 겪게 된다. 일부 학생들은 자신의 생각을 글로 표현하지 못한다. 또 어떤 학생들은 문법이나 구문을 어려워한다. 또 다른 학생들은 언어의 제한으로 인해서 혹은 언어를 처리하는 능력의 부족 때문에 어려움을 겪기도 한다.

일부 학생들에게 글쓰기는 매우 어려운 과제이며, 교사가 글쓰기 과정 전체를 생략해야 하는 경우도 있다. 이 학생의 수행 결과물의 형식은 같은 반의 다른 학생들과 차이가 날 수 있을 것이다. 이러한 경우 이 학생에게는 필기를 해주고 답을 옮겨 써줄 '친구'가 필요할 것이다. 과제를 말로 발표하거나 녹음자료 또는 녹화하여 테이프로 제출할 수 있도록 해야 할 필요가 있으며, 지필 평가는 짧은 구술시험이나 면접과 더불어 시행되어야 할 것이다.

> **이 장의 메모_**
> 이 장에서 소개한 여러 가지 양식 목록이 124쪽에 제시되어 있다. 그리고 부록에는 교사들이 쉽게 활용할 수 있는 양식들을 제시하였다.

쓰기 지도

교사들은 "우리 반 학생은 글쓰기를 거부해." 또는 "우리 반 학생은 그냥 앉아서 종이만 바라봐. 아예 시도조차 하지 않아."와 같은 걱정을 자주 한다. 학생들은 언어처리 과정의 어려움 때문에 글쓰기에 좌절감을 느껴서 글쓰기를 거부할 때가 있다. 그렇지만 모든 학생들에게 글쓰기의 기회가 자주 주어져야 하며, 글쓰기를 권장해야 한다.

쓰기는 학생들이 구어(oral language)의 생산과 가공능력에 영향을 받는다. 어떤 학생들의 경우, 그 학생들이 글을 쓰기를 기대하기 이전에 먼저 학생의 구어능력을 향상시키는 것이 더 중요한 경우도 있다. 참고문헌 리스트에 포함된 언어에 대해 배워봅시다(*Let's Learn About Language*)라는 책은 학생들과 함께 활용할 수 있는 다양한 구어 활동들이 포함되어 있다. 이 책에서는 단어의 의미와 집합 단어, 반의어, 동의어, 유추, 같은 말과 다른 말 찾기, 수수께끼 등과 같은 다양한 활동들이 포함되어 있다. 활동들의 난이도는 3단계로 구분되어 있기 때문에 모든 학생들에게 적용할 수 있도록 되어 있다. 이 책은 말하기 활동뿐만 아니라 쓰기 활동으로도 쉽게 확장해서 활용할 수 있을 것이다.

아이디어 만들기

학생들에게 컴퓨터를 사용하도록 하는 것을 포함해서 가능한 모든 형태의 쓰기 활동에 참여할 수 있도록 한다. 학생들에게 매일 글을 쓸 기회를 주어야 한다.

183. 기사형 글쓰기(journaling)는 매일 작성할 수 있는 글쓰기의 한 형태이며, 글의 소재를 만들어내는 데 어려움을 겪는 학생들에게 글의 구조를 제공해줄 수 있다. 글을 쓸 수 없는 학생들에게는 그림을 그리거나 문장을 그대로 모방하도록 한다. 교사는 칠판에 다음과 같은 과제를 적고, 학생들은 학급에 도착하자마자 과제를 시작한다.

   - **오늘의 질문(설명하기)** : 나는 최근에 미국에 왔다. 그리고 오늘이 성촉절(Groundhog Day)인 것을 알았다. 성촉절이란 무엇인가?
   - **주제(어휘 확장하기)** : 바다에 대해서 최대한 많이 말해보시오. 오감을 이용하시오. 모습은 어떻고, 냄새는 어떠하며, 어떤 맛이 나고, 어떤 느낌이 나는지, 어떤 소리가 들리는지?
   - **교육과정 중심(회상하기)** : 우리는 어제 곤충의 몸에 대해 배웠다. 이 주제에 대해서 회상할 수 있는 모든 것을 적어보고, 일지에 그림을 그리시오.
   - **문제와 답(문장 구조)** : 어제 방과 후에 나는 식료품점에 가서 우유와 빵을 샀고, 세탁소에 가서 옷을 찾아왔다. 그리고 제과점에 가서 아들의 생일 케이크를 샀다. 집에 도착하니 7시 정각이었다. 학생은 어제 방과 후에 무엇을 했는가? 3개 이상 나열해보시오.

- **지시(배열하기)** : 땅콩버터와 젤리 샌드위치 만드는 방법을 설명해보시오. 설명하기 위해서 지시 사항을 적거나 단계별로 목록을 작성하시오.
- **그림** : 이것은 몇 가지 구름의 형태에 대한 사진이다. 사진 속에서 무엇을 보았는지 말해보시오.
- **주요 사건** : 학생들은 종종 눈보라나 폭풍, 태풍 등의 기상 활동을 경험한 후 학교에 도착하기도 한다. 그리고 그들의 겪었던 경험을 즉각 공유하고 싶어한다. 자신이 경험한 기상 활동에 대해서 동료들에게 말로 설명하지 말고 그 내용을 글로 쓴 후 공유하도록 한다.

184. 교실에 잡지의 낡은 사진이나 그림, 동물 사진이나 자연 사진을 상자에 담아둔다. 학생들에게 사진 하나를 선택하도록 하고, 몇 분 정도 시간을 준 후 그 사진을 묘사할 수 있는 단어를 나열하도록 한다.

185. 학생들에게 자신이 좋아하는 사진을 가져오도록 한다. 휴가나 파티 사진 혹은 학생에게 중요한 사건이나 사람의 사진이 될 수도 있다. 학생들은 그 사진에 대한 정보를 가지고 있으므로, 학생들과 브레인스토밍을 통하여 사진과 관련된 단어 목록을 나열한다. 이 '단어은행'은 학생들이 글을 쓸 때 이용할 수 있다. 단어은행은 종종 학생들이 정확하게 쓰는 법을 몰라서 평소에는 잘 사용하지 않는 단어들이 포함될 수 있을 것이다.

186. 주제별 글쓰기(Topical writing)는 모든 수준의 학생들에게 사용될 수 있다. 아래 표는 주제별 글쓰기의 세 가지 다른 형식을 보여준다. 첫 번째 표 1은 이제 막 글쓰기를 시작한 학생에게 적합하다. 초기 단계의 학생들은 하루에 한 문장을 쓰고, 일주일 동안 하루에 한 문장씩 추가할 수 있다. 예를 들어 첫 번째 표는 '나의 개'라는 주제로 표현한 것이다.

표 1

나의 개

월요일	나에게는 개 한 마리가 있다.
화요일	나의 개는 까만 래브라도 레트리버(lab) 종이다.
수요일	그 개의 이름은 Bean이다
목요일	그 개는 달리는 것과 먹는 것을 좋아한다.
금요일	그 개는 밤에 나와 함께 잔다.

다음 두 개의 표는 수준이 좀 더 높은 학생들에게 사용될 수 있다. 표 2에서는 학생들로 하여금 주제를 선택하게 한 후 선택한 주제와 관련된 내용을 기술하게 한다. 또 다른 방법은 학생들에게 표 안에 주제만 쓰게 한 후, 작은 책자를 만들어 내용을 기술하게 하는 것이다.

음식

표 2					
A **사과** 둥근 빨간 녹색의 즙이 많은	B **바나나** 긴 노란 딱딱한 껍질	C **옥수수** 알갱이 달콤한 노란 옥수수속	D **도넛**	E **달걀**	F **생선**

수준이 좀 더 높은 학생들에게는 주제표를 제공한다. 표 3은 과학영역 주제 표이다. 학생들은 과학과 관련된 단어들로 표를 채우고, 각 단어와 관련이 있는 문장을 적는다.

과학

표 3					
A **양서 동물**	B **혈구**	C **구름**	D **공룡**	E **환경**	F **화석**

학생들에게 **서식 65. 알파벳 표**를 활용해서 표 2와 표 3의 활동을 할 수 있다.

187. **자유 선택 글쓰기 표.** 학생들에게 아래와 같은 글쓰기 표를 나누어준다. 학생들은 자신들이 쓰고 싶은 다양한 주제로 표의 빈칸을 채울 수 있다. 이것은 학생들에게 글쓰기를 선택할 수 있도록 하며, 모든 학생들의 요구를 충족시켜줄 수 있다. 아래의 표에는 작은 그림이 삽입되어 있으며, 학생들에게 음악, 수업과 관련된 책, 편지나 의사소통 방법과 관련한 활동을 포함하도록 과제를 준다. 교사는 손쉽게 다양한 글쓰기 활동을 통합하여 교육과정상의 목표를 달성할 수 있다.

자유 선택 글쓰기

	▤ 멀리 떨어져 사는 친척이나 친구에게 편지 쓰기	
♪ 노래를 작사하여 음악으로 만들기		
		📖 최근에 읽은 책에 대해 독후감 쓰기

쓰기 전 단계

일부 학생들의 글쓰기 능력은 동료들의 글쓰기 능력과 큰 차이가 있다. 어떤 학생들은 쓰기 전 단계(pre-writing stage) 수준에 머물러있을 수 있다. 만약 어떤 학생이 쓰기 전 단계 수준에 있다면, 그 학생의 개별화 교육 계획(IEP)에 따라 비슷한 수준이거나 혹은 보충 활동이 제공될 수 있다.

188. 학생은 교사에게 이야기 내용을 설명하도록 하고, 교사가 글로 쓴다. 학생은 내용을 소리를 내어 읽고 각 단어들의 철자를 베껴 쓰는 연습을 할 수 있다.

189. 학생이 알고 있는 어휘를 이용하여 새로운 단어를 읽을 수 있도록 지도한다.
    1. 학생에게 간단한 문장을 말하도록 한다.
    2. 학생에게 문장을 써주고, 그 단어들을 문장 위에 쓰도록(혹은 덧쓰도록) 한다.
    3. 모든 단어를 습득할 때까지 학생과 함께 그 문장을 크게 읽는다.
    4. 문장을 단어(어절)로 분리한다.
    5. 단어들을 섞은 후 학생에게 문장을 다시 구성하도록 한다.

190. 학생들이 알고 있는 어휘를 활용하여 읽기와 쓰기, 철자 쓰기를 통합하여 지도한다. 다음과 같은 간단한 단계를 따라 하도록 한다. 학생이 교사에게 간단한 이야기를 구술하도록 한다.
    1. 이야기를 각각의 문장으로 나눈다.
    2. 학생들에게 한 문장을 교사가 써준 문장 위에 쓰도록 한다.

3. 문장들을 모아서 최종 이야기로 만든다.

4. 이야기가 완성되면 학생들은 그 이야기를 소리를 내어 읽는 연습을 한다. 만약 학생들이 이야기를 단순하게 암기했다고 생각되면, 문장들을 재배열한 후 학생들이 그 이야기를 다시 읽도록 한다.

5. 학생들이 그 내용은 완전히 익히게 되면, 학생들에게 그 이야기를 녹음하게 하여 그들이 그 내용을 따라 읽을 수 있도록 한다.

6. 학생의 개별 이야기의 단어들은 철자 목록에 포함될 수 있다.

191. 학생들이 쓰기 연습을 할 수 있도록 특별한 용지를 구입한다. 다양한 종이들을 구해서 사용할 수 있을 것이다. 예를 들면 선이 위로 도드라져 올라와 있는 종이, 선이 여러 가지 색으로 되어 있거나 칸의 넓이가 다양한 종이 등을 구해서 사용할 수 있다. 이러한 재료들을 구할 수 있는 좋은 온라인 사이트는 Therapro(*www.theraproducts.com*)이다. **서식 66. 선이 있는 쓰기 학습지**는 많은 학생들에게 도움이 될 수 있는 적합한 양식이다. 만일 이와 같은 종류의 종이가 필요한 학생이 있다면, 그 종이를 구입하는 것보다는 이 양식을 재활용하는 것이 더 쉽고 저렴할 것이다.

192. 학생에게 문제를 적어주고, 말로 답해보도록 한다. 문제와 그 학생의 답을 연필로 적어 준다. 학생에게 답을 펠트펜(felt tip pen)으로 그어 가며 읽게 한 후 그것을 설명하도록 한다. 만일 그 학생이 편지 형태의 글로 보충 학습이 필요하다면, 학생에게 색연필을 이용해서 단어들을 다시 확인하도록 한다. 만일 학생이 단어를 두 번씩 확인하고자 한다면 색깔이 다른 두 개의 색연필을 준다.

193. 학생들에게 미로용지를 주고, 색연필이나 마커펜(marker)으로 미로의 바깥에서 중앙으로 그리고 다시 반대로 길을 그리도록 한다. 학생들이 원한다면 중앙에 그림을 그릴 수 있도록 한다. 이 활동은 집중력을 기르고 글쓰기에 필요한 소근육 협응 능력을 향상시키는 데 도움이 된다.

194. 학생들에게 수채화용 붓과 물감, 종이를 주고, 붓으로 그려진 단순하고 전통적인 일본 캐릭터 그림을 준다. 학생들에게 그 캐릭터의 의미를 설명해주고 일본 전통 캐릭터에 대한 배경 지식을 간단하게 알려준다. 학생들이 붓에 익숙해지도록 물감 대신 물을 사용하게 할 수도 있다. 학생들에게는 캐릭터를 그리는 작업이 재미있고, 연필이나 펜 같은 쓰기 용구를 이용하는 연습이 될 수 있을 것이다. 캐릭터를 그대로 보고 그리는 것이 어렵다면, 학생들에게 그리고 싶은 것을 그리거나 알파벳

중 몇 개의 철자를 그려보도록 한다. 이 활동과 이전 활동은 참고자료에 소개된 학생들에게 균형을 잡아주기(*Creating Balance in Children*), 학습과 행동을 위한 최적의 활동들(*Activities to Optimize Learning and Behavior*)이라는 책에서 수정 발췌한 것이다.

195. 학생들에게 칠판이나 OHP에 있는 자료를 보고 쓰도록 하거나 종이 위에 있는 예시 자료를 보고 쓰는 연습을 시킨다. 학습 능력이 부족한 학생들의 경우 최종 결과물이 동료들의 것과 차이가 날 수도 있다. 이러한 경우, 학급의 다른 학생들에게 설정된 교육과정의 목표 대신 '필기하기'가 학생의 최종 목표가 될 수 있다.

196. 답을 글로 써야 하는 부분에 학생들에게 그림으로 그리도록 한다.

197. 숫자, 글자, 모양을 기록할 때는 학생들에게 자유롭게 쓰도록 하기 전에 여러 가지 참고할 만한 자료를 제공한다.

198. 다감각적(multi-sensory) 재료를 이용하여 소근육 협응 능력을 발달시킨다. 찰흙이나 모래 상자, 푸딩, 면도크림, 줄 긋는 펜, 원형판(template) 등을 이용하여 글자와 숫자를 써보도록 한다. 일부 학생들은 도우미가 필요하기도 하며, 교사가 옆에서 촉구를 해주어야 하는 경우도 있다. 만약 보조교사나 성인 자원봉사자를 활용할 수 있다면, 초기 단계에서 학생들에게 언어적인 촉구가 필요하기도 하며, 학생의 손을 잡고 도와주는 것도 필요할 것이다.

199. 학생들에게 A, B, C와 1, 2, 3 등을 점과 점으로 연결하여 쓰는 활동을 하도록 한다. 다음에 소개하는 웹사이트는 학생들에게 보충자료로 제공할 수 있는 자유롭게 색칠할 수 있는 자료들을 제시하고 있다. 이 사이트들 중에는 회원가입을 해야 하는 경우도 있지만, 회원가입을 하지 않아도 내려받을 수 있는 사이트도 있다.

종교가 기독교인 교사들을 위한 자료들은 방대한 양의 무료 교재와 수백 개의 웹사이트를 연결해주는 유용한 웹사이트가 있다. 이 사이트는 모든 교과/교육과정 영역에서 사용될 수 있다 : *www.teacherhelp.org/color3.htm.*

자료가 풍부한 또 하나의 좋은 사이트는 *www.abcteach.com*이다. 이 사이트는 5,000쪽에 달하는 인쇄 가능한 문서를 제공해주며, 연회비 35달러를 내고 회원가입을 하면 12,000개의 자료를 받을 수 있다.

*www.edHelper.com*이라는 사이트는 수업자료와 주제별 자료, 퍼즐, 그리고 수업시간에 활용할 수 있는 다양한 자료들을 연회비 19.99달러에 제공하며, '모든' 자료를 사용하기 위한 연회비는 39.98달러이다.

Disney는 웹페이지에서 학생들이 활용할 수 있는 온라인 게임과 활동들을 제공하고 있다 : *http://disney.go.com/disneychannel/playhouse/bop/bop_letters.html*

200. 소근육 운동 기술을 발달시키기 위해서는 쓰기 블록을 활용하는 것도 도움이 될 수 있다. 종이나 연필을 사용하지 않고 다음과 같은 다양한 활동들을 통합하여 지도한다.

놀이 찰흙이나 점토를 이용하는 활동들

- 손바닥으로 놀이 찰흙이나 점토를 동그랗게 만들기
- 집게를 이용하여 작은 놀이 찰흙 구슬 만들기
- 놀이 찰흙 구슬을 이쑤시개 위에 꽂아서 조각품 만들기
- 핀셋으로 작은 놀이 찰흙이나 점토 조각 집어 올리기

부가적인 소근육 활동

- 스티커가 있는 용지를 주고 학생들에게 스티커를 벗겨내어 다른 종이에 붙이도록 하기
- 페그 보드(pegboard) 모양 만들기
- 바느질놀이 카드(sewing card)를 가지고 연습하기
- 가위로 오래된 잡지의 그림 오리기
- 물주전자로 교실 화분에 물을 주기
- 구슬, 파스타, 구명구(life saver)나 시리얼 끼우기

201. 글을 쓰지 못하는 학생들을 위해서 교실에 옛날 잡지와 카탈로그를 모아둔다. 학생들에게 교육과정과 관련한 특정 주제를 제시한다. 주제는 학생들의 능력에 따라 다를 수 있다. 단순히 음식, 옷, 색깔 또는 식물 등이 주제가 될 수 있다. 학생들은 잡지 속에서 주제와 관련된 사진을 찾아서 콜라주(collage)를 만들고, 그것을 주제별 새로운 어휘 목록으로 만든다. 좀 더 복잡한 주제로는 날씨, 나무 제품, 전기 제품 또는 포유류가 될 수 있다. 학생들에게 다음과 같은 활동을 하도록 한다.

1. 주제 선정하기(식물)

2. 주제와 관련된 사진 오리기(가정용 식물, 나무, 꽃)

3. 오려낸 사진을 큰 종이 위에 붙여넣기

4. 사진에 이름 붙이기

5. 머리말에 주제를 쓰고, 단어 목록 만들기

6. 단어 목록은 어휘 활동이나 문장 만들기 활동에서 사용할 수 있음

202. 만약 학생들이 글을 쓸 수 없다면, 보조교사나 교사가 학생의 답을 대신 적어줄 수 있다. 학생들은 색연필이나 크레용, 마커 등으로 그 답 위에 덧쓸 수 있다. 학생들의 동기 유발을 위해서 다양한 과제를 제시한다. 다양한 크기나 모양, 질감, 색깔의 종이를 사용하거나 작은 소칠판을 사용하는 것도 좋은 방법이다.

쓰기 시작 단계

203. 만약 학생들이 어떤 문장을 쓸 수 없다면, 학생들에게 묘사하는 단어를 쓰거나 생각을 그림으로 그려보도록 한다. 단어들은 나중에 조합해서 간단한 문장이 될 수 있다.

204. 3단계 혹은 6단계 언어 단계 카드를 활용할 수 있다. 이 카드는 구입하거나 직접 만들 수 있다. 아래의 '눈사람 만들기' 그림을 보고 학생들과 아래 3개의 그림에 대해 토론을 한다. 그렇게 한 다음 학생들에게 단어들을 올바른 순서대로 배열하도록 한다. 학생들이 완성하면 각각의 그림에 대한 문장을 한 개씩 말하도록 한다. 교사(혹은 보조교사)나 학생은 그 문장들을 이용해서 간단한 이야기를 만들 수 있다.

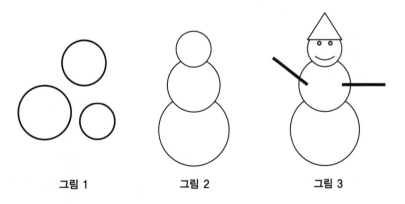

그림 1   그림 2   그림 3

만약 이 과정이 너무 어렵다면, 학생들에게 세 번째 그림부터 시작하여 반대 순서로 (두 번째 그림 → 첫 번째 그림) 한 문장씩 구술하도록 하라. 이 방법은 학생들이 구체적인 그림(완성된 눈사람)에서 시작하여 더 추상적인 그림으로 옮겨가는 데 도움이 될 것이다. 더 수준이 높은 학생들은 혼자서 이 활동을 할 수 있을 것이다.

205. 학생들이 글을 쓰기 시작하면 구체적으로 지시한다. 학생들이 시작할 수 있도록 교사가 먼저 한 개 또는 두 개의 문장을 써준다. 학생들이 글쓰기 능력에 점점 자신감을 갖게 되면 점차 이 구조를 줄여나간다. 일부 학생들에게는 학생이 빈칸을 채울 수 있도록 이야기 틀(Story Frame)을 제공한다. **서식 67. 이야기 틀**을 참고한다.

206. 학생들에게 이야기 시작(Story Starters) 문장을 제시해준다. 학생들과 이야기 시작 문장으로 사용될 수 있는 다양한 형태의 문장에 대해 이야기한다. 그리고 학생들에게 이야기 시작 문장을 각자 하나씩 제출하도록 한다. 각각의 문장을 자신의 아이스크림 막대나 설압자(tongue depressor) 위에 쓰고, 그 막대를 장식된 이야기 시작 통(Story Starter Can)에 넣는다. 만일 어떤 학생이 아이디어를 떠올릴 수 없다면, 그 학생은 이야기 시작 통(Story Starter Can)에서 막대 하나를 선택하게 된다. 다양한 이야기 문장을 만들기 위해서 세 가지의 이야기 통을 만든다. 각 통에 다음 같은 이름을 붙여둔다 : 1번 이야기 시작, 2번 세부적인 문장들, 그리고 3번 끝 문장. 수준이 높은 학생들은 이야기를 만들기 위해서 1번과 2번, 또는 3번 막대기를 선택할 수 있다. **서식 68. 이야기 시작하기**는 이야기 시작 문장으로 활용할 수 있는 예시이다.

207. 단어은행을 만든다. 학생들에게 친숙한 주제를 선택하도록 한다. 특정 주제와 관련된 단어은행을 만들고, 학생들에게 며칠 동안 같은 주제에 대해 글을 써보도록 지도한다. 또 다른 방법은 작은 모둠을 만들고 집단별로 작업을 하도록 하는 것이다. 각 모둠에게 3~5분간 브레인스토밍을 할 수 있도록 한다. 단어은행은 각 모둠의 모든 학생들에게 제공될 수 있다. 학생들은 구조, 문법, 철자에 대해 서로 협력하여 작업할 수 있다. 모둠 구성원을 다양하게 구성한다.

208. 학생들이 아이디어를 떠올리게 되면, 이야기나 주제의 개요를 만드는 것을 도와준다. 학생들은 아이디어의 순서에 따라 개요를 구성하고, 아이디어를 조직할 수 있다.

209. 학생들의 글쓰기를 장려하기 위해 하이쿠(Haiku)와 같은 짧은 시를 쓰도록 하라. 하이쿠는 쓰기 쉽고, 운율이 필요하지 않아서 대부분의 학생들이 재미있어한다. [하이쿠는 5·7·5의 3음절로 된 일본 특유의 단시(短詩)이다] 만약 학생들에게 음절

개념이 너무 어렵다면, 학생들에게 음절 대신 단어 개수로 세 줄의 문장을 쓰도록 한다.

210. 학생들에게 그림이나 사진을 주고 그 물체를 나타내는 단어를 쓰도록 한다. 학생들에게 사전에서 해당 단어들을 찾아보게 한 후 추가적인 설명을 하도록 한다.

211. 다른 학급과 짝을 지어 교실 간 메모(Pal Notes)를 보낸다. 학생들은 이름 대신 번호를 써서 익명으로 메모를 교환할 수 있다.

212. 급우들과 함께 협력하여 이야기를 쓰도록 한다. 이 방법은 학생들이 서로 의견을 공유할 수 있도록 하며, 글쓰기에 어려움을 겪는 학생들이 그 과정을 다른 친구들과 공유할 수 있게 해준다.

213. 학생들에게 이야기 이어가기를 하도록 한다. 첫 번째 학생이 서문을 쓰고, 다음 학생에게 넘겨준다. 두 번째 학생은 문장 하나를 추가하고 다음 학생에게 넘긴다.

214. 학생들의 글쓰기를 권장할 수 있는 기회를 찾는다. 고학년 학생들은 취업을 위한 지원서 준비나 독후감 쓰기 또는 휴가나 여행 책자 만드는 것을 연습할 수 있다. 또는 편지나 농담 쓰기, 만화책 그리기를 좋아할 것이다.

215. 학급신문을 만든다. 학생들이 기사를 쓰고, 만화를 그리고 독후감을 쓸 수 있다. 신문에 '질문' 란을 만들어서, 학생들이 질문을 하고, 학급 내의 다른 학생들이 답을 할 수 있도록 한다. '퀴즈'나 '조언' 같은 주제의 쓰기 란도 학생들의 글쓰기를 장려할 수 있는 좋은 방법이다.

쓰기 과정

학급의 많은 학생들에게 쓰기는 어려운 과제이지만, 특히 장애학생들에게는 더욱 어려운 과제가 될 수 있다. 철자나 문법, 짜임새, 조직, 구두법, 문장 구조, 계열과 주어-동사의 일치 등은 문장이나 문단, 짧은 이야기 속에 포함된 복잡한 요소들의 일부일 뿐이다. 학생들이 능숙하게 글을 쓰기 위해서는 직접적인 설명과 충분한 지도를 통한 연습이 필요하다.

216. 학생들이 기억할 수 있도록 교실에 참고 도표와 다양한 목록을 붙여놓는다. 이때 유용한 도표와 목록은 원고, 알파벳 필기체, 철자가 틀리기 쉬운 단어를, 글쓰기의 단계들(쓰기 전 단계, 작문하기, 교정, 편집 그리고 최종 원고), 전치사, 대문자, 약어, 축약, 쓰기 일일 과제의 표준 예시 자료 등과 같다. 이와 같은 게시물의 대부분은 구입

하거나 직접 만들 수 있다.

217. Adrian Bruce는 무료로 다운로드하거나 인쇄할 수 있는 아름다운 포스터 자료들이 있다(기부도 가능하다). 발음을 표기한 포스터는 이중모음이나 혼성어의 소리를 기억하는 데 어려움이 있는 학생들에게 알맞다. 이 포스터에는 'ight, ck, oa, ea, ou, ow, all, ch, wh, ear, sh, th' 등과 같은 소리들이 포함되어 있다. 모든 포스터는 원색으로 되어있으며, $8\frac{1}{2}'' \times 11''$ 크기의 종이에 인쇄하면 학생들은 개인 포스터 세트를 가질 수 있게 된다. 이와 같은 포스터자료와 읽기게임 같은 참고자료는 www. adrianbruce.com에서 구할 수 있다.

218. 학생들에게 요구할 수업의 목표를 결정해야 한다. 학생들이 수업시간에 어휘 활동이나 아이디어 개발 활동을 했다면 글쓰기의 기법 측면에서의 과도한 수정은 가급적 피해서 그 과정에서 학생들이 낙심하지 않도록 해야 한다. 만일 교사가 작문 기법이나 철자를 강조하였다면 많은 학생들은 안전한 방법을 택할 것이다. 예를 들면 어떤 학생들은 새로운 단어를 사용하지 않거나 실수하는 것이 두려워 훨씬 적은 문장을 쓸 것이다. 심지어는 아무것도 쓰지 않는 학생들도 있을 것이다.

219. 학생들이 글을 쓰기 전에 그들의 아이디어를 조직할 수 있도록 도와주어야 한다. 학생들이 아이디어를 조직하는 데 참고할 만한 자료를 제공해준다. 다음에 제시한 전략들은 다양한 형태의 그래픽 자료와 그 활용 방법이다.

220. 벤 다이어그램은 2개 이상의 사물, 사람 또는 사건을 비교하고 대조하는 데 자주 사용된다. 간단한 벤 다이어그램을 만드는 방법은 학생들에게 종이 가운데에 2~3개의 원을 겹치게 그리도록 한다. 주제들 사이의 유사점은 원이 겹치는 공간에 표시한다. 학생들은 원의 외곽 부분에 대조되는 정보를 기록한다. 3개의 이야기나 사

건을 비교하기 위해서는 3개의 원이 사용된다. 둘 이상을 비교할 때에는 $11'' \times 17''$ 크기의 종이를 사용하여 학생들이 글을 쓸 수 있는 공간을 충분히 확보한다.

221. 학생들에게 작문 지도 작성 기술(Mapping skill) 활용법을 설명해준다. '작문 지도'는 주제와 관련된 핵심 아이디어와 단어들을 포함한다. 작문 지도는 학생들이 이야기의 주제와 문장 간의 관계를 시각화하는 데 효과적이다. 작문 지도를 만드는 방법은 매우 간단하다. 예를 들어 개를 주제로 작문 지도를 만든다면, $8\frac{1}{2}'' \times 11''$ 크기의 종이 가운데에 아래 그림과 같이 '개'라고 쓴다. 이제 종이를 4등분 하여 접고, 나누어진 4개 공간에 개와 관련된 단어를 하나씩 쓴다. 소주제는 다음과 같이 쓸 수 있다 : 먹이주기, 운동하기, 단장하기, 훈련하기. 나누어진 4개의 공간에 각각의 소주제와 관련되는 단어들과 문장을 나열한다. 작문 지도 제작 연습이 끝나면 학생들은 서문을 쓰고, 4개의 소주제를 이용하여 문장을 쓰고, 맺음말 단락을 쓴다. 이야기는 학생들에 맞추어 완전이 체계화된다.

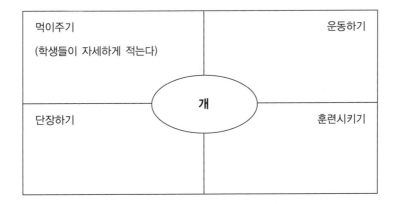

222. 도표는 학생들의 아이디어를 비교하고 대조하기 위해 활용할 수 있다. 하나의 특징만을 비교하기 위해서는 종이 한 장을 접어 한쪽에는 유사점을, 다른 쪽에는 차이점을 열거하도록 한다. 2개 이상의 항목을 비교하기 위해서는 벤 다이어그램으로 비교와 대조를 할 수 있다. 부록에 있는 **서식 71. 비교와 대조-특징**은 특징을 나열하고, 각각의 특징을 3개 항목과 비교하는 데 사용할 수 있다.

223. 연대표는 학생들이 아이디어를 시간순으로 정리하는 데 적합하다. 학생들에게 자기 삶의 연대표를 만들어 보도록 한다. '우리들의 연대표'라는 인터넷 사이트(*www.our-timelines.com/create_ tl_2c.html*)에서 학생들은 역사적 사건들에 대한 맞춤형 연대표를 만들 수 있다. 이 사이트는 중고등학생들에게 적합하다.

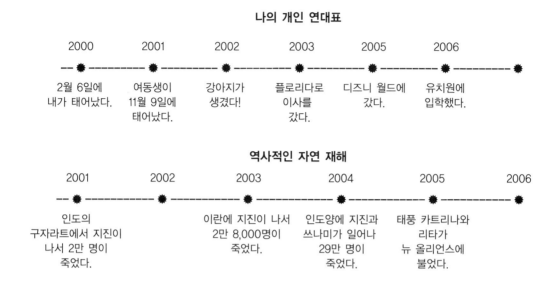

나의 개인 연대표

2000	2001	2002	2003	2005	2006
2월 6일에 내가 태어났다.	여동생이 11월 9일에 태어났다.	강아지가 생겼다!	플로리다로 이사를 갔다.	디즈니 월드에 갔다.	유치원에 입학했다.

역사적인 자연 재해

2001	2002	2003	2004	2005	2006
인도의 구자라트에서 지진이 나서 2만 명이 죽었다.		이란에 지진이 나서 2만 8,000명이 죽었다.	인도양에 지진과 쓰나미가 일어나 29만 명이 죽었다.	태풍 카트리나와 리타가 뉴 올리언스에 불었다.	

224. 글을 쓰기 전에 먼저 이야기 줄거리를 만든다. 학생들에게 잘 정리된 이야기 줄거리를 만들기 위해 다음과 같은 질문에 대해 생각해보도록 한다.

> 주인공은 누구인가?
> 두 번째로 중요한 인물은 누구인가?
> 주인공은 이야기 속에서 무엇을 하기를 원하는가?
> 주인공이 이것을 하게 되면 어떤 일이 발생하는가?
> 이야기의 끝은 어떻게 되는가?

이와 같은 단순한 질문들은 학생들이 생각을 정리하여 이야기의 기본 줄거리를 완성해 나가는 데 도움이 될 것이다.

225. 이야기 지도들을 부록에 첨부하였다. 이야기 지도는 이야기 쓰기를 준비하는 데 사용될 수 있으며, 학생들이 이야기를 읽은 후 정보를 정리하는 데에도 사용될 수 있다. **서식 69.**와 **서식 70. 이야기 지도**는 학생들이 글쓰기 전에 아이디어를 만들어 내는 데에 도움을 줄 수 있다.

226. 학생들에게 각 문단의 시작과 중간, 끝의 중요성을 설명해주어야 한다. 학생들에게 문단을 쓸 때 전환사 단어(transition word)를 어떻게 활용할 수 있는지 지도한다. 저학년 학생들의 경우 문단을 쓸 때 '첫째, 다음으로, 그리하여, 마지막으로' 등의 쉬운 전환사 단어부터 시작한다. 이를 통해 학생들은 그들의 생각을 체계화할 수 있다. **서식 72. 전치사와 전치사 구문**'은 가장 많이 사용되는 전환사 단어와 구문 목록이다. 이들

단어를 사용하여 학년에 가장 적합한 단어와 구문을 넣어 포스터를 만들거나, 학생들이 학습 자료철에 포함할 수 있도록 다시 만든다. 학생들이 단어를 추가할 수 있는 공간이 마련되어야 한다.

227. 학생들로 하여금 친구나 모둠에게 어떻게 전환사를 사용하는지 설명하게 함으로써 전환사의 사용법을 연습할 수 있도록 한다. 초급 수준에서는 샌드위치 만들기나 테니스화 끈 끼우기 또는 어른 소개하기 등과 같은 단순한 연습을 할 수 있다. 중급 수준의 학생들은 바구니를 공 넣기, 화장하기, 탁자 올바르게 정리하기 또는 비디오카메라 이용하기 등과 같은 전문적인 분야를 연습할 수 있다.

228. 편집 과정 연습을 가능한 한 많이 할 수 있도록 한다. 칠판에 '오늘의 문장'을 적어 효과적으로 학생들이 편집 과정 연습을 할 수 있도록 한다. 학생들은 교실에 들어오는 (등교 시 혹은 점심 식사 후) 즉시 그 문장을 베껴 쓰고, 문장을 편집한다. 그리고 그 결과에 대해서 모둠별로 토의한다. 이와 같은 단순한 활동은 하루에 5분이 채 걸리지 않지만, 좋은 연습이 될 수 있다.

> 예제 : susan and john quickly ran into the white house

> 수정 : Susan and John quickly ran into the White House(또는 white house)

이와 같은 상황에서 'white house'는 학생들이 그 집을 하얀 집이나 미국 대통령의 집(백악관)으로 해석하느냐에 따라 소문자나 대문자가 될 수 있다. 각각의 예제에 대해 토의를 할 수 있을 것이다.

229. 수업 시간 중에 주기적으로 이야기 편집 활동을 한다. 학생들의 이야기를 평범하게 만들거나(이름을 생략), 교사 자신의 이야기로 만든다. 모둠을 편성하여 이야기를 편집하고 관련된 규칙을 토의한다.

230. 학생들에게 자신들이 쓴 글을 교정하고 편집하는 것을 지도해야 한다. 개별 과제에 대한 교정 체크리스트를 만들거나 벽에 교정 체크리스트를 붙여둔다. 개별 체크리스트는 학생들의 목표에 맞게 만들어지므로, IEP를 가진 학생들에게 적합하다. 체크리스트는 학생들의 수준에 따라 다음의 일부 또는 전체가 포함될 수 있다 : 대문자/소문자 구문, 맞춤법, 철자법, 띄어쓰기, 문단 들여쓰기, 문장 구분, 묘사 단어. 학생들에게 개인별 점검표 사용과 교실의 도표 사용, 전체 이야기를 살펴보는 것과 최종 편집을 위한 항목별 점검 방법을 가르쳐야 한다. 예를 들어 최종 편집 시에 학생들은 이야

기 전체를 읽고 대문자를 편집한다. 이 작업이 끝나면, 학생들은 점검표에서 대문자 영역을 지운다. 다음으로 학생들은 이야기 전체를 읽고 맞춤법 등이 틀린 부분을 교정한다. 학생들은 모든 항목이 교정될 때까지 이 과정을 계속한다. **서식 73. 교정 체크리스트**는 간단한 양식이며, **서식 74. 교정 체크리스트-2**는 더 수준 높은 학생들을 위해 사용할 수 있다.

231. 글을 쓸 때 오류를 점검하는 방법으로 SPACE 전략을 사용할 수 있다. 교실 벽에 이 전략을 붙여 둔다. SPACE라는 약어는 다음을 의미한다:

> **S**pelling : 철자
>
> **P**unctuation : 맞춤법
>
> **A**ppearance : 상황
>
> **C**apitalization : 대문자 소문자 구분
>
> **E**xtra Areas to Analyze : 분석을 위한 여백

서식 74. 교정 체크리스트-2는 학생들이 SPACE 전략을 실행할 때 사용될 수 있다.

232. 글을 깔끔하고 읽기 쉽게 쓰기 위해서는 실제 생활 속에서 글쓰기를 연습할 수 있도록 한다. 친구에게 편지 쓰기, 감사의 메모 남기기, 입사지원서 쓰기 등의 활동은 깔끔하고 읽기 쉽게 쓰는 것이 중요한 실제 생활 속 상황의 예이다.

233. 학생들에게 이야기를 소리 내어 읽게 하고 이것을 녹음한다. 학생들에게 각 문장을 읽은 후 잠시 멈추도록 한다. 대부분의 학생들은 소리 내어 읽을 때 문장의 연결이나 철자법 오류를 발견할 수 있을 것이다. 학생들에게 충분한 시간을 주어 그들의 이야기를 수정할 수 있도록 한다.

234. 쓰기는 의사소통의 한 수단이므로, 학생들에게 그들의 이야기를 공유하고 보고할 수 있는 기회를 가능한 한 많이 제공해야 한다. 모든 학생들에게 모범이 되는 글을 보고 듣게 해주는 것이 중요하다. 글을 읽는 것에 어려움을 느끼는 학생들에게 연습할 시간도 주지 않고 바로 전체 학생들 앞에서 읽게 하는 것은 좋지 않다.

235. 학생들에게 워드 프로세싱 프로그램을 사용하여 최종 편집을 하도록 한다. 이 프로그램을 사용하게 되면 학생들은 최종적으로 문법과 철자오류를 점검할 수 있을 것이다.

236. 일부 학생들의 경우에는 과제의 양보다는 질을 주의해서 살펴볼 필요가 있다. 주제 문장과 본문, 맺음말을 쓸 때 학생들에게 여러 문장을 쓰기보다는 한 문장이라도 좋

은 문장을 쓸 수 있도록 지도한다.

237. 수업 시간에 보고서를 만들 때는 학생들에게 '빈칸 채우기 양식'을 사용할 수 있도록 한다. '새'를 주제로 한 예문을 다음과 같이 만들 수 있다 :

나의 새는 _____이다. 그 새는 미국의 _____지역에 산다.
그 새는 색깔이 _____색이다.

238. 연구보고서를 작성할 때에는 학생들이 중심 문장을 구성하는 것을 도와주어야 한다. 그리고 학생들에게 세부적인 내용을 찾아보도록 한다. 초급 수준의 경우, 1개의 중심 문장과 여러 개의 보조 문장을 쓰는 것으로 시작한다. 중급 수준의 경우 주제와 학생들의 요구 수준에 따라 5~10개의 중심 문장을 사용할 수 있다. 일부 학생들, 특히 글을 읽는 데 어려움을 가진 학생들의 경우 참고 문헌에 필요한 출처의 개수를 수정해준다.

239. 일부 학생들에게는 긴 연구 보고서가 아닌 다른 대안 형식이 필요할 수도 있다. 예를 들면 한 편의 긴 보고서보다는 여러 편의 짧은 보고서를 쓰도록 하거나 글로 작성한 연구보고서 대신 말로 보고하도록 한다. 학생들은 지속적으로 조사를 하고, 여러 출처의 정보를 정리해야 한다.

240. 그 학생에게 또 다른 양식을 사용하여 최종 과제를 발표하도록 한다. 예를 들면 비디오테이프나 전시, 구술 발표를 통해 학생들이 장점을 발휘할 수 있을 것이다.

철자 문제

철자법은 많은 성인들에게도 어려운 부분이다. 학생들이 겪을 어려움은 이보다 더 클 것이다. 학생들에게 어려운 단어를 수시로 사전에서 찾아보도록 지도한다. 또한 유의어/반의어 사전의 사용법도 지도한다. 교실에 여러 가지 활용 가능한 자료들과 참고자료를 비치해두어야 한다. 가능하다면, 수준별로 된 사전과 유의어/반의어 사전을 비치해둔다. 학생들에게 철자가 틀리기 쉬운 단어 목록을 제공한다. 그리고 학생들에게 컴퓨터에서 문법과 철자 오류를 검토하는 방법을 지도한다.

241. 철자 오류가 많은 글은 첫눈에 창조성이나 확고한 생각이 부족한 것으로 보인다. 학생들에게 소리 나는 대로 쓰도록 한다. 그리고 학생들에게 그 글을 교사에게 읽어주도록 한다. 학생들과 함께 그 글의 틀린 부분을 고친다. 학생들의 모든 노력에 대해

격려해준다.

242. 학생들에게 자신들이 철자법이 자주 틀리는 단어 목록을 만들도록 한다. 학생들은 교사에게 단어를 쓰는 방법에 대해 질문하거나, 참고 서적에서 그 단어를 찾아볼 때마다 각자 개인 사전에 그 단어를 추가하도록 한다. 대부분의 학생들은 같은 단어의 철자를 반복해서 자주 틀린다. 다음의 웹 사이트는 철자법이 가장 많이 틀리는 단어 목록이 포함되어 있다 : *www.yourdictionary.com/library/mispron.html.*

243. 학생들에게 답을 녹음하도록 한 후에, 그것을 받아 적도록 한다. 학생들에게 사전과 유의어/반의어 사전을 사용하도록 권장한다.

필기와 소근육 운동 문제

대부분의 학생들은 아주 훌륭한 아이디어를 가지고 있으며 매우 창의적이다. 하지만 일부 학생들에게는 수준 높은 글을 쓰는 것이 매우 어려운 일이다. 이것은 필기가 서툴거나 소근육 운동 기술이 남들보다 뒤처져 있기 때문이다. 이 학생들은 이것 때문에 종종 아이디어를 종이에 옮겨 적는 데 어려움을 겪고 좌절하기도 한다. 학생의 이와 간은 소근육 문제를 극복하기 위해서 창의력보다는 능숙한 필기를 위해서 짧은 문장이나 불규칙적인 문장을 쓰도록 지도한다. 흥미로운 것은 글쓰기의 문제가 극복이 되면, 이 학생들이 학급에서 가장 창의적인 학생이 되기도 한다는 것이다.

필기 능력의 개발

244. 학생들에게 수용 가능 수준이 무엇인지 분명하게 설명해주어야 한다. 수용의 정도는 과제의 유형에 따라 매우 다르다. 예를 들어 공책 필기를 할 때의 글쓰기 수준은 보고서의 최종본 작성 시의 글쓰기 수준만큼 중요하지는 않다는 것이다.

245. 연필을 정확하게 잡는 방법과 글을 쓸 때의 적절한 위치를 지도한다.

246. 학생들의 연필 그립을 점검한다. 접착테이프나 연필 잡는 도구를 연필에 부착해준다. 만약 종이가 책상 위에서 자주 움직인다면, 테이프로 종이를 고정시킨다. 고학년 학생들에게는 종이를 고정시키기 위해 클립보드를 사용하도록 한다. 참고자료 란에서는 관련 자료를 구입할 수 있는 인터넷 사이트 목록을 제시하였다.

247. 크기가 다른 연필을 사용해보도록 한다.

248. 종이를 올바른 위치에 놓기 위해 테이프를 사용한다.

249. 고학년 학생들에게는 그들이 원하는 넓이의 줄이 그어져있는 종이를 사용할 수 있도록 한다.

250. 저학년 학생들의 경우에는 선의 간격이 넓은 종이로 시작해서 학년에 맞는 줄 간격의 종이를 사용할 수 있을 때까지 줄 간격 크기를 천천히 줄여나간다. 만약 원하는 크기의 줄 간격이 있는 종이(공책)를 문구점에서 구입할 수 없다면, 직접 손이나 컴퓨터를 이용하여 만들거나 복사하여 사용한다.

251. 연필로 학생들의 답이나 이야기를 쓴 후, 학생들에게 색연필로 그것을 따라서 덧쓰도록 한다. 최종 단계에서는 학생들에게 지워지는 펜(연필)을 사용하도록 권장한다.

252. 학생들이 베껴 쓸 수 있도록 칠판이나 OHP처럼 멀리 떨어진 자료가 아닌, 가까이에서 볼 수 있는 자료를 제시한다. 고학년 학생들이 필기체 글씨에 어려움을 겪는다면, 인쇄체 문자나 컴퓨터를 이용할 수 있도록 한다.

253. 학생들에게 알파벳 카드를 나누어주고, 철자의 올바른 형태를 볼 수 있도록 한다. 학생들의 선호도에 따라서 원고나 필기체를 허용한다. 아래 웹사이트는 컬러 인쇄가 가능한 알파벳 문자들을 제공한다 : *www.abcteach.com/ABC/alphaline3.htm*

254. 가능하다면 학생들에게 일부 또는 모든 과제를 써준다. 부모님들은 가정학습 과제에 대해서 어느 정도 예상을 하고 있을 것이다. 어떤 경우에 숙제를 손으로 써야 하고, 또 어떤 경우에 컴퓨터로 타이핑해도 되는지 알 수 있도록 표시한다.

255. 과제의 양을 수정한다. 과제의 양이 너무 많다면, 여러 부분으로 나누어 학생들이 한 번에 한 부분씩 완성할 수 있도록 한다. 양이 많은 과제는 완료하는 데 며칠이 걸릴 수도 있다.

256. 완성된 결과물에 대해서 양보다는 질을 점검한다. 교사가 수준 높은 과제를 요구하는 경우에는 학생들이 과제를 마무리할 수 있도록 충분한 시간을 주어야 한다.

257. 양이 많은 과제의 경우 학생들에게 워드프로세서나 컴퓨터를 사용하도록 한다.

258. 학생들이 수준 높은 글을 쓸 수 있도록 격려해주고, 높은 수준의 글에 대해서는 보상을 해주어야 한다.

259. 쓰기 과제를 짧게 내주고 완성할 수 있도록 추가 시간을 준다.

260. 필요하다면 부모님이나 도우미, 형제자매들이 학생을 위해 답을 대신 써주는 것을 허용해 준다. 답은 학생이 말한 그대로 써야 한다.

결론

이 장에서는 쓰기에 어려움을 겪는 학생들을 위해 쓰기 기술을 향상시킬 수 있는 다양한 방법을 설명하였다. 이들 중 일부 학생들의 경우에는 소근육 운동이 우선적으로 개발되어야한다. 이 학생들이 쓰기를 통해 스스로 표현할 수 있는 수준에 도달하는 것을 돕고 소근육운동을 발달시키기 위한 활동들을 제시하였다. 그리고 학생들이 구술하고 단어들을 따라 쓰고, 또는 컴퓨터를 사용하는 방법에 대해서도 제시하였다. 또한 이 장에서는 문장을 사용하고 단어의 철자를 학습하는 방법을 제시하였다. 글쓰기의 기본 법칙은 이해하였으나 어디서부터 시작을 해야 할지 모르는 학생들에게 이 장에서는 도표, 그림, 도형, 이야기 지도, 연대표 등을 사용하는 방법을 설명해 주었다. 뿐만 아니라 글쓰기와 편집의 기술에 대한 설명과모든 학습 단계별로 훌륭한 자료들을 많이 보유하고 있는 여러 웹사이트의 주소를 제시하였다. 교사는 반드시 학생들에게 글쓰기를 위한 다양한 기회를 제공해야 함을 명심해야 한다.

추가적으로, 이 장에서 제안한 활동에 사용할 수 있는 부록의 10개 양식을 꼭 활용하기를 권한다. 목록은 다음과 같다.

부록 서식

서식 65	알파벳 표
서식 66	선이 있는 쓰기 학습지
서식 67	이야기 틀
서식 68	이야기 시작하기
서식 69	이야기 지도
서식 70	이야기 지도-2
서식 71	비교와 대조-특징
서식 72	전치사와 전치사 구문
서식 73	교정 체크리스트
서식 74	교정 체크리스트-2

교육의 진보는 교사들이 학생들의 발견되지 않은 재능을 인식하고 이들 재능을 최고의 수준까지 활용하는 기술을 개발하는 것에 좌우된다.

- Rudolf Dreikurs

제 7 장

철자

많은 학생들에게 철자는 어려운 과제 중의 하나이다. 학생들이 철자를 익히기 위해서는 구어의 단어를 소리의 계열에 따라 분리하는 능력(음운학적 기술)이 있어야 하고, 철자로 표현되는 소리를 기억해야 한다. 그리고 시각적인 계열을 기억하고 있어야 하며, 철자법에 대한 지식이 있어야 하고 학습한 철자의 패턴을 알고 있어야 한다. 이 장에서는 철자의 여러 측면을 논의하고자 한다. 제6장 쓰기에서는 철자가 학생들의 일일 쓰기 과제에 영향을 줄 때 적용할 수 있는 새로운 전략들을 소개하였다.

> **이 장의 메모_**
> 이 장에서 소개한 여러가지 양식목록이 143쪽에 제시되어 있다. 그리고 부록에는 교사들이 쉽게 활용할 수 있는 양식들을 제시하였다.

학생들의 철자능력을 지원하기 위해서 학생의 독립적인 읽기 수준에 알맞은 단어들을 사용하는 것이 바람직하다. 철자 교육과정을 수정하는 것은 '단순히' 단어 목록의 길이를 조절하는 것부터 적절한 철자 교육 프로그램을 만드는 것처럼 복잡한 과정이라 할 수 있을 것이다.

형식화된 철자 교육 프로그램에 아직 준비되어 있지 않은 학생들에게는 구조화된 교실의 철자 수업시간을 통해서 소근육 운동 기술과 철자와 소리의 결합능력을 발달시키기 것이 필요할 것이다. 어떤 학생들에게는 구어 단어에 대한 소리 구조의 감각을 발달시키기 위해서 음소인식 훈련을 해야 할 필요가 있을 것이다. 학생들이 소리의 구조를 이해하고 분절음을 적용할 수 있을 때 좀 더 발전적인 형태의 철자 프로그램을 적용할 수 있게 될 것이다.

이 장의 '학습 방법' 부분에서는 세 가지 철자 학습 방법을 소개하고 있다.

철자 연습 전략

장애학생들은 최소한의 수정을 통해서 일반학급의 철자 교육과정에 참여할 수 있다. 그리고 준비 시간이 충분하다면 많은 학생들이 철자 학습 목록을 충분히 학습할 수 있다. 그러나 일부 학생들 중에는 철자 시험을 치른 후에 곧바로 그 단어를 잊어버리기도 한다.

261. 동일한 학습 방법이 항상 최상의 교수 전략이 되는 것은 아니다. 만약 학생이 철자를 익히고 기억하는 능력이 부족할 경우 현재의 학습 방법을 점검하고 이 장에서 제시하고 있는 여러 가지 전략들 중의 한 가지를 적용해보는 것이 도움이 될 것이다.

262. 학생들이 정확하게 철자를 연습하게 되면 철자를 완벽하게 익힐 수 있게 될 것이다. 이때 학생들의 연습 활동을 반드시 점검해야 한다! 일단 학생들이 단어를 학습했다면 그 단어의 철자를 기억할 수 있도록 일상적인 쓰기 활동에서 그 단어들을 자주 사용할 수 있도록 유도한다.

263. 학생들의 개별적인 철자 학습 목표를 설정한다. 철자 시험에서 계속해서 실패하는 학생들에게는 학급에서 요구하는 학습 목록 단어 수 대신 주당 2~3개의 단어를 완전히 익히는 것으로 학습 목표를 수정해야 할 것이다. 학습 목표는 학생이 성공을 경험한 후에 서서히 확대시키는 것이 좋다. 만일 학생이 계속해서 실패하게 된다면, 학생의 학습 목록의 단어 수를 늘리도록 기대하는 것은 어려운 일이 될 것이다.

264. 학생이 철자 시험에서 3번 연속 숙달 수준에 도달했다면 단어의 수를 늘리는 것이 필요하다. 그리고 학습 목록에 있는 단어는 지속적으로 반복해서 사용할 수 있도록 지도한다. 다음 내용 중 한 가지를 선택해서 적용하고 학습 수준이 유지될 수 있도록 한다.

선택 1 : 색인 카드를 철자 단어(Spelling Word) 카드와 아는 단어(Word I Know) 카드로 분류하기. 먼저 학생들에게 개인 철자 단어 색인 카드에 단어를 쓰도록 한다. 그 단어의 철자를 말하게 하고, 만일 학생들이 그 단어의 철자를 정확히 말한다면 색인 카드의 뒷면에 확인 도장을 찍어준다. 학생이 3번 연속해서 정확히 그 단어의 철자를 말한다면, 그 단어는 아는 단어 색인 카드 파일로 이동한다. 아는 단어 파일에 있는 색인 카드들은 학생이 그 단어의 철자를 잘 기억하고 있는지 확인하기 위해 가끔 재검토해야 한다. 만일 이때 학생들이 그 철자를 기억하지 못한다면 추가 연습을 하기 위해 그 색인 카드를 다신 **철자** 단어 파일로 옮겨놓는다. 일부 학생들에게는 단어 카드를 아는 단어 파일로 옮길 수 있는 기준을 4~5번 연속해서 확인 도장을 받아야 하는 것으로 수정해야 하는 경우도 있을 것이다.

선택 2 : 단어 **목록표** 만들기. 색인 카드 대신에 철자를 말하게 하고 그 내용을 다음과 같은 단어 목록표에 기록한다. 예를 들면 학생들의 시작 목표가 새로운 단어 4개를 배우는 것이라면 학생들은 매일 단어의 철자를 말하도록 검사받는다. 학생들이 정확히 그 단어의 철자를 안다면 표 안에 확인 도장을 받게 된다. 학생들이 그 단어의 철자를 모른다면 표 안은 비어있게 된다. 학생이 그 단어를 3번 연속해서 시험을 통과했다면, 그 단어는 목록에서 삭제된다. 학생이 만약 그 단어를 학습하지 못했다면 또 다른 새로운 단어와 함께 다음 주 학습 목록에 추가된다. **서식 75. 단어 목록표**는 학생들과 함께 다시 복사해서 사용할 수 있도록 만든 것이다. 해당 주 중에서 학생은 그 단어들을 옆의 동료와 연습하고 복습할 수 있다.

단어 목록표

단어	날짜	1회	2회	3회	4회	5회	통과 여부
when	10/2	☺	☺	☺			○
this	10/2	☺		☺	☺		×
make	10/2		☺	☺	☺		○
seen	10/2		☺	☺		☺	×
this	10/2		☺	☺	☺		○
seen	10/9		☺	☺	☺		○
could	10/9			☺	☺	☺	○
below	10/9		☺	☺	☺		○
play	10/16	☺	☺	☺			○
would	10/16		☺	☺		☺	×
because	10/16	☺	☺		☺		×
house	10/16	☺	☺	☺			○

265. 학생들이 음운 중심으로 학습하는 경우 개별 단어의 유형에 따라 단어의 철자를 단어군(word families)으로 묶는다. 학생이 *at*, *hat*, *pat*, *rat*과 같은 간단한 단어군을 이해하고, 또 이것을 응용할 수 있는 기능을 갖게 되었을 때에는 모음을 변화시킨다. 예를 들어 hat, pat, rat을 *hot*, *pot*, *rot*으로 변화시킨다.

　개별 철자를 플래시카드로 만든다. 자음과 모음을 각각 다른 색으로 만든다. 학생들은 개인 단어 목록을 만들 수 있다. **서식 77. 알파벳 표**는 모음과 자음을 각각 다른 페이지에 작성하도록 하고 있으며, 이것을 재활용하여 다시 사용할 수 있도록 하였다.

266. believe, relieve, achieve 등 'ie'와 같은 어려운 단어 유형도 함께 지도한다. 학생들에게 다른 색으로 '불규칙' 혹은 '어려운 유형'의 단어 플래시카드를 만들도록 지도한다.

bel**ie**ve　　　　rel**ie**ve　　　　ach**ie**ve

267. 학생이 만약 목록에 있는 많은 단어를 읽을 수 없다면 학생들에게 익숙하지 않은 단어를 삭제한다. 그리고 현재 단어 유형과 같은 일반적으로 많이 사용하는 시각 단어(sight word)를 포함한다.

268. 철자 기억술(spelling mnemonics)은 학생들이 어려워하는 단어의 철자를 기억하는데 도움을 줄 것이다. 기억에 문제가 있는 학생들도 이와 같은 어려움을 보이지만, 기억술은 대부분의 학생들에게 효과적인 교수 도구가 될 것이다. 학생들은 자신의 기억 전략을 만들어내는 것을 좋아할 것이다. 다음은 온라인 검색을 통해서 찾아낸 가장 대표적인 예들이다.

> **arithmetic** : A Rat In The House May Eat The Ice Cream
> **because** : Big Elephants Can Always Understand Small Elephant
> **geography** : George's Elderly Old Grandgather Rode A Pig Home Yesterday
> **necessary** : Not Every Cat Eats Sardines(Some Are Really Yummy)
> **ocean** : Only Cats' Eyes Are Narrow
> **rhythm** : Rhythm Helps Your Two Hips Move

269. 학생들에게 가장 많이 틀리는 철자를 기억하게 하기 위해 기억술을 만들도록 지도한

다. 온라인 검색을 통해서 가장 많이 틀리는 철자 100개 목록을 찾아낸다. 사이트 *http://yourdictionary.com/libray/misspelled.html*은 학생들이 단어의 철자를 정확하게 알 수 있도록 몇 가지 기억술과 여러 가지 정보들을 제공하고 있다.

alphaDictionary는 일반적으로 많이 틀리는 단어들의 목록을 제공하는 또 다른 웹사이트인데 단어의 철자를 기억하는 데 도움을 주기 위한 'Memory Medicine(기억약)'이라는 제목의 기억 지원 전략들을 제시하고 있다(*http://www.alphadictionary.com/articles/misspelled_words.html.* 참조). *http://www.alphadictionary.com/articles/misspelled_words.html* 사이트에서 *a lot*과 *allot*, *accept*와 *except*, *advice*와 *advise* 등과 같이 일반적으로 많이 혼동되는 250개의 단어 목록들을 점검할 수 있다. 이러한 전략들은 학생들의 혼란을 줄여줄 수 있을 것이다.

270. 학생들에게 철자에 관한 일상적인 실수를 피하는 방법을 기억할 수 있도록 개인적인 단어 목록표를 만들도록 권장한다. 이와 같은 전략들은 학생들이 단어의 철자를 기억하는 데 도움을 줄 뿐만 아니라 다른 영역에도 긍정적인 영향을 줄 수 있을 것이다. 예를 들면 다음과 같다.

> **a lot** : 두 개의 단어! 당신은 이 문제를 해결하는 데 너무 많은(a lot) 시간을 할애해서는(allot) 안 된다.
>
> **argument** : 나는 논쟁에서 *e*를 잃었다.
>
> **believe** : '*believe*'(믿음이라는 단어)에 '*lie*'(거짓말이라는 단어)가 있다니 믿기 어렵다.
>
> **bookkeeper** : 이 단어에는 3개의 중복 철자가 있다. : *oo kk ee*
>
> **desert/dessert** : *Dessert*는 s가 2개다. strawberry shortcake처럼
>
> **grateful** : *Grateful*(감사하기)은 G 등급(연령에 제한이 없는 등급)이다.
>
> **here/hear** : 당신은 귀(ear)로 듣는다(hear).
>
> **no/know** : 아니요(No). 나는 정확한 답을 알고(know) 있지 못합니다.
>
> **misspell** : 이 단어명의 철자를 잘못 쓰는 것(misspell)보다 더 난처한 것이 무엇일까? mis + spell임을 기억하라.
>
> **mosquito** : 그 모기(mosquito)가 나를 물지 못하게(quit) 말해줘.
>
> **principal** : 우리 학교의 기관장(principal)은 교장선생님(principal)이다. 그는 우리 모두의 친구(pal)이다.

potassium : 기억하라. 차 1스푼(one tea), 설탕 2스푼(two sugars)

there/here : there는 here와 비슷한 단어이다. here에 *t*를 더하면 there가 된다.

together : 만일 당신이 '그녀와 함께(get her)' 간다면 함께(together)하게 될 것이다.

weather : 당신에게는 어떤 날씨(weather)를 좋아하든 그렇지 않든 (whether) 선택권이 없다.

단어 목록 만들기

271. 보충 학습을 위한 철자 단어 목록은 학생의 읽기 수준을 고려해야 한다. 보충 철자 학습 프로그램을 만들 때에는 학생의 기초 독본의 낱말을 포함한다.

272. 교육과정과 학생들의 어휘를 고려하여 단어를 선택한다. 학생들이 일반적인 철자 목록을 학습하는 것이 어렵다면 보충 학습이나 심화 학습을 위한 기대 목표는 변경하는 것이 좋다. 목표는 학생들이 읽었던 단어를 학습하는 것으로 하는 것이 적절하다.

273. 학생들의 기초 독본에서 읽기 단어은행을 선정한다. 단어군으로 단어를 묶고, 시각단어들을 포함한다. 읽기 과정 중에는 이 외의 단어들을 포함할 수도 있다.

274. 컴퓨터로 단어 목록을 3개의 영역으로 분류한다. 즉 음운 단어 목록과 시각 단어 목록, 그리고 음운 단어와 시각 단어 모두 포함하는 목록들이 포함되어야 한다. 학생들 개개인에 따라서 학습 스타일에 맞는 단어 목록들이 있겠지만, 모든 학생들은 동료들과 같은 연습을 할 수 있다. 이것은 학급 전체 학생들의 요구에 맞출 수 있도록 해야 한다.

275. 지난해에 학습했던 철자 목록을 사용하고, 현재 철자 목록의 형식에 작년 목록을 포함한다.

기타 철자 학습 활동

모든 학생들이 형식화된 철자 학습 프로그램에 준비되어 있는 것은 아니다. 일부 학생들에게는 또 다른 철자 학습 활동이 필요하기도 하다. 이 활동들은 학생 혼자 혹은 동료들이나 전문 보조교사와 함께 학습하게 된다. 대표적인 책은 참고자료에 제시된 *Phonemic*

*Awareness: Ready-to-Use Lessons, Activities and Games*이다. 이 책의 각 단원들은
활동에 대한 안내가 자세히 되어 있으며, 음운 인식 기술을 지도하는 데 필요한 모든 것들을
제시하고 있다. 그리고 제목이 *Phonemic Awareness: The Sounds of Reading*인 비디오
는 학급에서 발음인식 훈련을 위해서 협력하는 방법을 보여주는 일종의 지도자 훈련용 비디
오이다.

276. 학생의 활동에 자원봉사자 또는 보조자가 필요하다면, 소리 결합(음운인식)을 지도할
때 15~20분 정도 교사와 함께 지도한다. 먼저 *cat, man, pig, mop*과 같이 3개의 다
른 음을 가진 익숙한 단어로 시작한다. 그리고 간단하고 효과적인 그림을 함께 사용
하는 것도 도움이 된다. 단어의 초성과 중성, 종성을 강조한다. 간단한 예를 제시하면
다음과 같다.

3 음소 단어

1단계 : 고양이 그림을 학생에게 보여준다.

2단계 : 단어의 철자 C-A-T의 소리를 말하는 방법을 보여준다.(C-A-T)

3단계 : 학생에게 질문한다. : "몇 개의 소리가 들리나요?"(3개입니다)

4단계 : 3개의 소리를 각각 말하는 연습을 시킨다. : C-A-T

5단계 : 학생들에게 간단한 표를 제공한다(아래의 예를 보여준다). 그리고 각각의 음
을 듣고 해당하는 칸에 표시하도록 지도한다. 예를 들면, 학생은 'C' 음을 듣고 해
당하는 칸에 표시하도록 요구한다. **서식 76. 음운표**를 오려서 학생들에게 제공한다.

초성(첫소리)	중성(중간 소리)	종성(끝소리)
☺		

6단계 : 학생이 초성, 중성, 종성의 정확한 위치를 표시할 수 있을 때까지 그 과정을
계속한다.

7단계 : 학생이 능숙하게 할 때까지 계속해서 3개의 음소를 가진 단어를 가지고 연습
한다.

학생들이 *cat*이라는 단어의 초성, 중성, 종성을 결정하는 기술이 능숙해지면 또 다른

단어를 가지고 1~7단계를 진행한다.

초성의 변화

이전 학습에서 배웠던 것과 같은 단어를 사용할 때는 첫 음을 변화시켜서 단어의 운율이 비슷한 단어를 만든다. 예를 들어 *cat*은 *mat*, *hat*, *fat*으로 변화될 수 있다. 그리고 그 단어들은 같은 단어군으로 이루어진다는 설명을 한다.

학생이 음의 수준(초·중·종성)에 따라 이러한 기술을 응용할 수 있게 되었을 때 학생은 다음 수준(알파벳의 소리와 그림 문자의 관계)으로 이동할 준비가 된 것이다.

학생들이 자신의 철자 학습 목록을 갖고 있지 않은 경우, 학급의 철자 목록에 있는 단어의 초성 또는 종성에 해당하는 철자를 쓰도록 하는 것이다. 예를 들면 철자 목록에는 다음과 같은 단어들을 포함한다 : *door*, *boat*, *keep*, *went*, *how*, *seed*.

학생들의 IEP 목표는 단어의 첫 자음을 쓸 수 있도록 하는 것이었다. 그래서 학생들에게 다음의 표와 같이 초성을 채우도록 한다. 그리고 나서 학생들에게 종성도 채워 넣도록 한다.

	초성(첫소리)	중성(중간 소리)	종성(끝소리)
1	d		
2	b		t
3	k	e	p
4	w		
5	h		
6	s		

277. 학생들에게 단어 속 소리의 관계를 익힐 수 있도록 하기 위해서는 (그리고 형식화된 프로그램에 준비되지 않은) 철자 목록에 해당하는 알파벳 또는 그림 카드를 제공한다. 예를 들어 수업의 단어가 'manage'라면, 학생들은 'm' 음(또는 철자 *m*)으로 시작하는 그림 카드(man 또는 mat)를 선택하게 될 것이다.

278. 학생들에게 색인 카드에 있는 자음 목록을 제공한다. 철자 단어 받아쓰기를 할 때 학생들은 알맞은 첫 자음 플래시 카드를 선택하여 교사에게 제시한다. 학생들은 첫 음과 끝 음을 모두 학습하기 때문에 첫 자음과 끝 자음을 모두 선택하는 것으로 자신의 학습 성과를 표시하도록 한다.

279. 학생들이 몇 개의 문자와 음을 알게 되면 바로 *a*, *at*, *an*, *am*과 같은 기초적인 시각 단어와 간단한 음운 단어를 지도하기 시작한다.

280. 철자를 친숙한 단어와 연관 지어 지도한다. 학생의 이름과 가족들의 이름, 친구, 동료, 애완동물의 이름이 적당할 것이다. 간단한 문장을 만들 수 있는 철자 목록을 사용한다. 능숙해질 때까지 문장을 연습하도록 한다. 학습한 단어는 글씨쓰기나 작문 활동에 포함한다.

  단어 목록 : Meg, am, is, name

  문장 : I am Meg. My name is Meg. Meg is my name.

281. 한 번에 한 가지 규칙만 지도한다. 교실에 철자 규칙을 게시해놓는다.

연습 활동

연습은 교실에서 매일 이루어진다. 학생들에게 연습 과제를 다양하게 제시한다. 그리고 학생들에게 일일 목표를 적절하게 설정해주어야 한다.

282. 학생들에게 단어를 몇 개의 부분으로 나눌 수 있도록 단어 분석표를 제공한다. 높은 수준의 학생들은 새로운 단어를 만들 때 자신의 단어 목록에서 접두사와 접미사를 더해서 새로운 단어를 만들 수 있다. **서식 52. 단어 분석표**를 복사하여 학생들에게 나누어 준다.

접두사	기본 단어	접미사	합성어
	study	ing	
un	known		
	aware	ness	
	repeat	ed	
	homework		home+work

283. 접두사와 접미사의 의미를 나누어서 지도한다. 이는 특히 아직 형식적인 철자 쓰기 프로그램을 접하지 않은 중·고등 학생들에게 도움을 줄 수 있다. **서식 43. 일반 접두사와 서식 44. 일반 접미사**는 일반 접두사와 접미사를 나타내며, 이를 복사하여 학생들에게 나눠주고, 철자 쓰기 폴더에 넣어 정리하도록 한다.

284. 학생들에게 형광펜을 나누어주고, 기본 단어, 접미사, 접두사에 색칠하게 하여 학생들이 시각적으로 쉽게 구분할 수 있도록 한다. 또는 학생들에게 다른 색상의 펜으로 각각의 음절을 쓰도록 할 수 있다.

285. 학생들에게 학습해야 할 단어에 대한 근접 모델(close-up model)을 제공한다. 많은 학생들이 칠판에 적힌 모르는 단어를 보고 베껴 쓰는 것이 어려웠던 경험이 있을 것이다. 근접 모델은 학생들이 계속해서 칠판에 있는 단어를 보지 않고 기호를 기억해서 종이에 옮겨 적을 수 있도록 도와준다.

286. 학생들에게 추가 연습 시간을 주기 위해서 철자와 필기하기 목표를 결합한다.

287. 철자 연습 활동 과제를 수행할 때는 최소한 10분 정도의 시간을 주어야 한다. 조직화 기술에 있어 어려움이 있는 학생들은 자료를 찾고 조직하는 데 최소한 10분 정도의 시간을 필요할 것이며, 그 후에야 철자 과제를 연습할 수 있을 것이다.

288. 학생들에게 매일 모든 단어를 연습하도록 요구하지 않도록 한다. 어쩌면 학생들에게 너무나 과도한 과제일 수 있다. 학생들에게 매일 2~3단어를 연습하도록 시킨다. 그렇지 않으면 학생들은 긴 단어 목록 때문에 좌절할 수도 있다.

289. 연습 활동은 매일매일 다양하게 한다. 종이와 연필로 하는 활동을 칠판에 분필로 하도록 변경하기도 하고, 모둠의 형태를 바꾸어 소모둠의 형태로 하는 것도 좋다. 혹은 테이프에 녹음하는 것도 좋은 방법이다.

290. 단어 목록이 녹음된 카세트테이프를 학생들에게 제공한다. 학생들은 교실에서 쉬는 시간 동안 연습할 수도 있고 집에서 테이프를 들을 수도 있다. 이러한 카세트테이프는 시험에 결석하는 경우나 재시험을 보는 등 학생들이 필요할 때 사용될 수도 있다. 주초에 예비 검사가 있다면 테이프로 녹음한다. 결석한 학생이나 최종 시험을 위해서 학생들이 테이프로 연습하고 싶어 할 때를 대비해 그 목록들을 녹음한다.

291. 학생들이 단어를 쓰는 동안에도 음소와 음절을 말로 표현하도록 지도한다.

292. 글자 형태와 관련된 단서는 정확한 철자를 기억하도록 하는 데 도움이 된다. 예를 들면 *because*라는 단어의 형태는 처음에는 키가 높은 박스 1개와 6개의 키 작은 박스로 되어 있다. *because*라는 단어의 철자를 쓸 때 주로 하는 실수는 철자 *k*를 삽입하는 것이다. 이때 키가 높은 박스가 한 개 있다는 형태 단서는 학생들이 *k*보다는 *c*를 기억해내도록 도와준다. *cause* 부분을 위한 5개의 작은 박스들은 학생들이 종종 실수하게 하는 많은 변인들(*cuz*, *cuse*, *cuze* 등) 대신에 *cause*를 잘 기억해 내도록 도와줄 것이다.

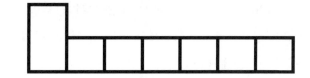

학생들에게 연습 활동 목록을 제공한다. 다음에 제시된 활동들은 학생들에게 복사물로 나눠주고 일주일마다 몇 개의 활동을 선택하도록 할 수 있을 것이다. 혹은 한 학급을 몇 개의 소모둠으로 나누고 각 모둠마다 다른 활동으로 과제를 부여할 수도 있다.

293. **3-D 단어.** 단어 목록에서 몇 개의 단어를 선택해서 점토로 철자를 만든다. 점토로 만들 철자들을 모아서 '멋있는 단어(word of art)'를 만들어본다.

294. **알파벳 단어.** 학생들을 모둠으로 나누고 알파벳 과자를 한 컵 나눠준다. 정해진 시간 동안 학생들이 얼마나 많은 단어를 만들어낼 수 있는지 본다.

295. **알파벳 순서.** 학생들에게 알파벳 순서에 따라 단어를 분류하도록 한다.

296. **암호 해독하기.** 학생들을 소모둠으로 나누고, 자신들의 단어 철자를 암호로 만들게 한다. 학생들은 각각의 철자에 전화기의 버튼과 같은 방식으로 숫자를 부여한 암호를 만든다. 또는 알파벳의 각 철자마다 숫자를 부여한다든지 각각의 철자에 일치하는 단순한 그림을 그린다든지 하는 방식으로 암호를 만들 수 있다. 학생들에게 모둠끼리 철자 목록을 바꿔가며 다른 모둠의 암호를 해독해보도록 한다.

297. **십자말풀이 퍼즐.** 학생들에게 모눈종이 위에 십자말풀이 퍼즐을 만들도록 한다. 이 퍼즐은 연습 활동 과제로 제공할 수도 있다.

298. **컴퓨터 게임.** 학생들의 철자 연습을 위해 시중에 판매되고 있는 소프트웨어를 활용한다. 학교에 소프트웨어가 없다면 인터넷을 검색한다. 인터넷에는 학급의 컴퓨터에서 사용할 수 있도록 특별히 제작된 무료 게임들이 많이 있을 것이다.

299. **일어나서 움직이기.** $8\frac{1}{2}'' \times 11''$ 정도 면적의 판지에 알파벳 철자 세트를 만든다. 각각의 세트들은 각각의 모음이 든 4개의 카드(a-4개, e-4개 등)와 각 자음이 든 2개의 카드로 구성한다. 각 모둠은 완벽한 카드 세트를 갖고 있어야 한다. 교사가 철자 단어를 불러주고, 각 팀은 구성원 모두 함께 움직여서 철자들을 바른 순서로 조합하도록 한다. 만약 학생들이 책상에서 하기를 원한다면 그 알파벳 철자들을 색인 카드로 대체할 수도 있다.

300. **행맨 게임.** 학생들은 여섯 번(머리, 몸통, 두 팔, 두 다리)의 기회를 살려서 단어를 추측해내야 한다.

301. **인간 빙고.** 샤워커튼에 2개의 큰 빙고 '판'을 그린다. 일반적인 빙고 판과 비슷해야 한다. 그리고 학생들을 2개의 모둠으로 나눈다. 철자 목록의 단어들을 포함된 색인 카드를 각각의 학생들에게 나눠준다. 교사가 'B6'와 같이 빙고 숫자를 부른다. 각 모둠은 자신들의 커튼에 있는 빙고 판에 'B6'가 있는지를 확인한다. 만일 그 모둠에 'B6'가 있다면 교사는 'house'와 같은 단어를 준다. 단어 *house*가 있는 색인 카드를 가진 학생은 B6 칸 위에 서서 큰소리로 단어의 철자를 외친다(카드가 보이도록 가지고 있든지, 갖고 있지 않든지 간에). 만약 학생이 정확하게 단어의 철자를 말한다면 그 학생은 빙고 판의 카드 위치에 남게 될 것이다. 첫 번째로 빙고를 해낸 모둠은 그 회기의 승리팀이 된다. 만약 그 빙고 판이 학생들이 서 있기에 너무 협소하다면, 각각의 숫자들을 적을 수 있는 판지 조각들을 학생들에게 제공한다. 이 게임은 많은 교과 영역에 활용할 수 있다.

302. **보석 디자인.** 상급학년 학생들은 공예점의 철자 구슬을 사용하는 것을 더 좋아할 수 있다. 학생들은 철자 구슬을 이용해서 철자 팔찌와 목걸이를 만들 수도 있다. 학생들은 철자 구슬 팔찌나 목걸이를 차고 있다가 새로운 단어를 배우게 되면 실에서 구슬을 풀어 새로운 철자로 팔찌나 목걸이를 만들어 사용할 수도 있다.

303. **글자 조합.** 학생들은 단어를 1인치 정사각형 모눈종이 안에 쓴다. 모음이나 자음에 색칠을 할 수도 있다. 각 단어는 각각의 철자로 나뉜다. **철자 학습** 초보자는 단어의 철자들을 클립으로 함께 철해놓을 수도 있다. 그리고 학생들은 단어들을 차례대로 다시 만들도록 한다. 철자 학습의 심화 단계에 속하는 학생들에게는 전체 철자 학습 목록의 모든 철자들이 들어있는 봉투를 받아서 **단어**를 다시 만들 수 있도록 한다.

304. **재미있는 활동.** 어린 학생들은 면도용 크림을 사용해서 단어 쓰기 연습을 하거나 이젤 위에 핑거 페인팅을 하거나 혹은 인스턴트 푸딩에 단어 쓰기 연습을 할 수 있다. 또한 어린 학생들에게는 여러 가지 색깔의 쌀이나 밀가루가 가득한 쟁반 위에 단어 쓰기 연습을 해서 '쓰기'의 재미를 줄 수 있다.

305. **수동 타자기.** 만약 학급에 오래된 수동 타자기가 있다면, 학생들에게 사용법을 지도한다. 만일 학생들이 실수를 하게 되면, 그 단어를 다시 쳐야 한다. 그리고 이 타자기는 철자를 점검해주는 기능이 없다. 그러므로 학생들이 단어를 치기 전에 좀 더 숙고하게 될 것이다.

306. **대응 카드 찾기.** 색인 카드에서 각각의 단어를 두 세트 준비한다. 책상 위에 그 카드들을 뿌려놓고 학생들이 대응카드를 누가 잘 찾아내는지 관찰하는 것이다. 앞면이 위로

된 카드부터 시작한다. 학생들은 번갈아가며 하나의 카드를 돌려볼 수 있다. 만약 앞면이 보이는 카드와 짝이 맞다면 그 학생은 그 2개의 카드를 갖고, 또 다른 카드를 뒤집으며 두 번째 대응 카드를 찾을 수 있다. 만약 성공하지 못했다면 카드는 다시 엎어 놓아야 한다. 그리고 학생은 다음 기회를 위해 어디에 그 카드가 있었는지를 기억하도록 노력해야 한다. 또 다른 방법으로 학생들은 철자 단어를 카드에 적고 이에 대응하는 두 번째 카드는 단어에 해당하는 삽화를 그릴 수 있다. 그리고 학생들에게 일치하는 그림과 단어의 짝을 찾게 한다.

307. **다양한 의미–단어 추측하기.** 학생들은 유의어 사전에서 단어를 찾고 목록에 각 단어의 동의어 비밀 목록을 만든다. 학생들은 소모둠으로 나뉘어 같은 모둠 동료의 동의어를 찾는다. 예를 들면

목표 단어 : *practice*

동의어는 문장에서 의미의 다른 측면을 나타내기 위해 사용한다.

우리 집에서는 생일을 위해서 특별한 행사(tradition)를 한다.

나는 그 연극을 위해 리허설을 해야(rehearse) 한다.

308. **그림.** 학생들은 단어(명사 중 그림으로 그려질 수 있는)를 표현하는 삽화를 포함해서 재미있는 그림들을 그린다.

309. **시, 이야기, 수수께끼 및 유머.** 학생들은 단어를 이용해 짧은 이야기나 시, 수수께끼, 유머 등을 만들어 학급의 다른 학생들과 공유한다.

310. **퍼즐.** 학생들은 판지 위에 단어를 가지고 그림을 그리거나 디자인한다. 그리고 그 판지를 퍼즐 조각으로 만들어 다른 사람들이 퍼즐을 맞춘다.

311. **무지개 단어.** 학생들에게 빈칸이 있는 문장들을 나눠준다. 학생들은 각 문장의 빈칸에 단어를 쓰고, 다양한 색깔의 크레용, 펠트펜, 색연필로 그 단어들을 따라 색칠해서 무지개 단어를 만든다.

312. **철자 스크램블.** 1인치 타일 혹은 판지(두꺼운 종이)를 구한다. 그리고 그 위에 단어의 철자를 쓴다. 자음과 모음의 색을 달리해서 쓴다. 학생들은 그 타일로 단어를 만든다. 동료들이 학생을 연습시킬 수 있으며, 학생이 철자를 맞추는 과정을 점검해줄 수 있다. 부록의 **서식 77. 알파벳 표**에 있는 모음과 자음을 다른 색의 종이로 복사하여 학생들에게 나누어준다.

313. **재미있는 운율.** 학생들은 단어 목록을 특정한 단어군으로 만든다. 예를 들면 *make*(만

들다), *bake*(굽다), *take*(가지다) 등을 같은 군으로 묶는다. 그리고 단어나 단어군을 이용해서 짧고 재미있는 운율을 만든다. 예를 들면 다음 문장과 같다. "I take what I bake to old Uncle Jake!"

314. **재미있는 문장.** 학생들은 자신의 철자 목록을 이용해서 재미있는 문장을 만든다. 철자 목록의 단어가 1개 들어간 문장을 만든 학생은 1점을 받는다. 두 단어를 포함하는 문장을 만들면 2점을 얻는 방식이다.

315. **집단 철자 게임.** 스펠링 베이스볼(Spelling Baseball)이나 스펠링 다운(Spelling Downs) 등과 같은 철자 게임을 할 때에는 학생 자신의 학습 방식을 사용할 수 있도록 한다. 모든 학생들이 곧바로 소리 내어 단어를 말할 수는 없을 것이다. 학생들에게는 답을 할 때 연필과 종이를 사용해서 단어를 쓸 수 있도록 한다.

316. **창의적인 활동.** 또 다른 방식의 철자 연습을 위해서 다양한 형태를 안내하고 학생들과 여러 가지 방식을 논의한다.

317. **동의어, 반의어, 그리고 동음이의어.** 학생들은 철자 목록 단어의 동의어와 반의어 그리고 동음이의어를 선정한다. 그리고 동료들은 관련 단어를 추측해낸다.

318. **철자 표.** 학생들은 주간 학습 단어들로 철자 표를 만든다. 학생들이 말을 하거나 과제를 할 때 그 단어를 사용하게 되면 자신의 철자 표에 표시한다. 학생들은 철자 표에 표시가 모두 채워질 경우 간단한 보상을 받게 된다. **서식 78. 철자 쓰기 카드**는 교사가 편집하여 활용할 수 있는 예시 자료이다.

319. **이야기 시간.** 학생들에게 철자 목록의 단어들을 사용하여 이야기를 만들고, 그 이야기를 학교 친구들과 공유할 수 있도록 한다.

320. **단어 기차.** 학생들은 철자 목록에서 단어 하나를 선정한다. 그 단어의 마지막 철자를 사용하여 다음 단어를 만든다. 가장 긴 단어 기차를 만들어내도록 안내한다. 예 : train - next - time - elephant - table - egg …

난이도를 좀 더 높인 단계에서는 단어의 마지막 두 글자를 활용하여 다음 단어를 만들어내는 것이다. 예 : train - inside - develop - open - envelope - penny …

321. **발음이 어려운 단어.** 학생들은 철자 목록에 있는 단어를 선정해서 발음이 어려운 단어를 만든다.

322. **유의어 사전.** 학생들은 유의어 사전에서 단어를 찾는다. 그리고 같은 의미를 가진 새 단어 목록을 만든다. 학생들은 새로운 단어들을 가지고 문장을 만든다. 또는 학생들

이 단어를 찾아서 정반대의 의미를 가진 문장을 만들 수도 있다.

323. **물로 단어 쓰기.** 학생들에게 페인트 붓이나 물로 칠판에 단어를 쓰게 한다.

324. **단어 찾기.** 학생들에게 모눈종이에 단어를 쓰도록 한다. 그리고 남는 공간에 여러 철자를 넣어 보도록 한다. 단어 찾기 활동은 다른 동료들과도 함께 할 수 있다.

325. **자음이 빠진 단어.** 학생들에게 자음이 빠진 단어 목록을 만들도록 한다. 예를 들면 *consonant*라는 단어는 '_o_ _o a _ _'로 쓸 수 있다. 이 단어 목록은 변경할 수 있으며, 학생들은 매주 철자 목록의 단어를 사용해서 정확하게 빈칸을 채운다.

326. **모음이 빠진 단어.** 학생들에게 모음이 빠진 단어 목록을 만들도록 한다. 예를 들면 *consonant*라는 단어는 'c_ns_n_nt'로 쓸 수 있다. 이 단어 목록은 변경할 수 있으며, 학생들은 매주 철자 목록의 단어를 사용해서 정확하게 빈칸을 채운다.

327. **단어 퍼즐.** 학생들이 색인 카드에서 찾은 단어를 쓴다. 그리고 그 단어의 철자들을 분리한다. 학생들은 분리한 철자들을 다시 붙여 단어를 만든다.

철자 학습 방법

장애학생들에게 가장 효과적인 방법은 학생들의 장점을 강조하는 것이다. 여기에서는 철자 학습을 위한 세 가지 지침을 제시하였다. 학생의 개인적인 학습 양식에 최대한 부합하는 것을 결정할 수 있도록 다양한 방법들을 적용해볼 수 있도록 학생들에게 기회를 준다. **서식 79. 철자 학습 방법**은 이 세 가지 방식이 제시되어 있으며, 이를 복사하여 학생들에게 나눠 주고, 철자 쓰기 폴더에 넣어 정리하도록 할 수 있다.

학습 방법 1. 시각 중심 학습자들을 위한 방법

328. 이 방법은 학생들의 시각적 역량에 초점을 맞추고 있다. 이는 청각장애학생이나 청지각 과정에 어려움이 있어 시각적 양식에 의존하는 학생들에게 적합한 방식이다.

- 먼저 학생들에게 교사가 단어를 소리 내어 읽을 때 해당 단어를 보도록 한다.
- 그리고 나서 그 단어를 읽고, 철자를 쓰고, 그리고 다시 읽는 과정을 통해서 철자를 학습한다.
- 눈을 감은 채로 단어의 철자를 두 번씩 말해보도록 한다.
- 마지막으로 단어를 써보도록 한다.

학습 방법 2. 청각 중심 학습자들을 위한 방법

329. 만일 새로운 단어를 학습할 때 청각적인 기술에 많이 의존하는 학생이라면 다음의 방법들이 철자 학습 프로그램에 적용될 수 있을 것이다. 이 방법들은 시각장애나 소근육 운동능력에 장애가 있는 학생들에게 적합한 방식이다.

   - 학생에게 교사가 단어를 읽어주고, 철자를 말하고 쓰는 과정을 잘 관찰하도록 한다.
   - 학생은 교사가 위의 과정으로 지도한 이후에 단어의 철자들을 반복해서 말하고 쓴다.
   - 교사가 다시 그 단어를 말하는 것을 듣고 나서 단어를 다시 반복해서 읽는다.
   - 학생은 교사의 도움 없이 그 단어의 철자를 말한다.

학습 방법 3. 다감각 중심 학습자를 위한 방법

330. 단어를 보고, 덮고, 철자를 써보고 확인하는 방법은 다감각적인 접근을 선호하는 학생들에게 적합한 방식이다.

   - 먼저 학생들은 단어를 보고 발음한다.
   - 큰 소리로 그 단어의 철자를 말한다.
   - 단어를 손으로 가리고 쓴다.
   - 정답과 학생이 쓴 단어를 비교한다.

   만일 학생이 정확하게 단어를 썼다면 3번 정도 그 단어를 연습한다. (만약 그 단어가 틀렸다면 그 학생은 전 과정을 다시 반복한다)

331. 학생들에게 다양한 프로그램을 경험할 수 있도록 한다. 학생들은 개인적인 요구에 맞는 학습 방법을 선택할 수 있을 것이다. 만약 학생들이 최종 과제의 결과가 미비하다면 다른 학습 방법을 시도해보도록 권고한다.

332. 주기적으로 학생들이 단어를 바르게 학습할 수 있도록 동료친구들이나 교사 또는 보조교사와 함께 연습하도록 한다. 학생 혼자서 철자 연습을 할 때에는 바르게 학습하고 있는지를 수시로 확인해야 한다.

333. 학생들에게 철자학습을 위한 주간 계약서를 작성하도록 한다. 그 계약서에는 다양한 형태의 활동이 포함되어 있으며, 학생들의 다양한 요구를 수용할 수 있도록 되어야 한다. 학생들이 주말 동안에 완료해야 하는 활동들을 간단하게 점검해주거나 강조한

다. 여분의 시간이 생기면 학생들은 추가 활동을 선택할 수 있다. 이러한 발전 학습은 보다 심화 단계에 있는 학생들에게 확대하여 요구될 수 있을 것이다. **서식 80. 철자 학습 계약서 예시**를 참고한다.

철자 평가

철자 평가는 일부 학생들에게는 상당히 큰 부담이 될 수 있다. 학생들은 그 단어의 철자 쓰기 학습을 해야 할 뿐만 아니라 단어 읽기 학습도 해야 하기 때문이다. 소근육 협응능력에 어려움이 있는 학생들이 가독성이 있는 쓰기 과제를 수행하기 위해서는 많은 노력이 필요하기 때문에, 실제로 철자 쓰기 과제는 학생이 회피하는 과제이다. 일부 학생들은 평가 과정에서 다른 학생들과 보조를 맞추는 것도 어려울 것이다.

334. 평가는 가능하면 일찍, 그리고 자주 하는 것이 좋다. 철자 시험을 가능하면 주초에 시행하도록 한다. 예를 들면 수요일이나 목요일 정도가 좋다. 시험을 통과한 학생들은 나머지 시간 동안 더 다양하고 심화된 활동을 할 수 있으며, 그렇지 않은 학생들은 다음 날 다시 시험을 볼 수도 있다. 그리고 학생들에게는 실수한 단어만 다시 시험을 보도록 한다.

335. 소근육 협응에 문제가 있는 학생을 위해서 글로 답을 쓰는 것 대신 구술 평가로 대체하도록 한다. 학생들이 일반교사에게 제출할 수 있도록 학생들에게 점수가 적힌 색인 카드나 문서를 준다.

336. 필요한 경우, 특히 소근육의 운동 능력에 중증 장애가 있는 학생들을 위해서 답을 적어 준다.

337. 묵음(silent letter)을 지도할 때에는 학생들에게 각 단어의 글자 수와 같은 단서를 제공한다. 이것은 발음 중심의 학습자가 묵음을 기억하도록 하는 데 도움이 될 것이다.

338. 일회성의 총괄 평가보다는 매일매일 몇 개의 단어를 지속적으로 평가하도록 한다.

339. 학생들이 통합학급에서 분리되어 특수학급에서 학습하는 시간에는 특수교사 혹은 보조교사와 시험을 보도록 한다.

340. 만일 학생이 정보를 처리하는 과정에 긴 시간이 필요하다면, 학생에게는 평가 방법을 사전에 녹음한 녹음자료로 제공한다. 학생은 테이프를 정지하고 필요한 시간 동안 단

어에 대해 다시 생각해본다.

341. 만일 학생들이 철자의 순서를 자주 바꾼다면, 그 단어의 철자를 구술하도록 하고 정확한 답을 할 경우에는 보상을 해준다.

342. 기능이 낮은 학생들에게는 올바른 철자의 플래시 카드(단어 지각을 목표로)를 선택할 수 있도록 한다.

343. 단어 지각 철자 검사를 한다. 학생들에게 4지선다형 문제지를 준다. 올바른 단어에 동그라미를 치도록 한다.

목표 단어 : cat   1. car   mat   cat   sat

목표 단어 : man   2. mat   make   man   mom

344. 학생들에게 단어 목록을 제공하여 단어와 해당하는 그림을 짝짓도록 한다.

성적 기록하기

사전 검사와 사후 검사 성적을 기록한다. 두 단계로 평가하는 것을 고려한다. 하나는 사전 검사와 사후 검사 간의 발전 정도에 기초한 점수와 백분위로 평가하는 것이다.

345. 학생들이 사전 검사와 사후 검사 성적을 비교해서 자신의 철자 학습 과정에 대한 자기 점검을 할 수 있도록 권장한다. 많은 학생들이 자기점검 기술에 의해서 동기부여가 될 수 있을 것이다.

346. 학생들에게 매주 철자 쓰기 목표를 설정하도록 한다. 학생이 학급에서 요구하는 백분위에 들지 못했다고 하더라도 학생 개인의 목표가 달성되면 보상을 준다.

347. 개별화 교육 계획에 따른 평가나 기준에 대해 변화를 주어야 한다.

결론

이 장에서는 학생들에게 다양한 철자 학습법과 단어 기억법을 제시하고, 이를 위한 플래시 카드나 단어 형태를 이용한 기억술, 알파벳 과자, 철자 구슬 액세서리, 시와 퍼즐 등과 같은 철자 지도를 위한 다양한 아이디어를 제시하였다. 교사는 이 외에도 철자 연습을 위한 다양한 활동들을 할 수 있을 것이다. 음운인식과 단어군, 접미사와 접두사 등의 여러 가지 방법에 대한 유의 사항을 제시하였다. 또한 서로 다른 학습 양식을 위한 세 가지 학습 방법을 제시하였으며, 철자 평가를 위한 다양한 전략과 장애학생들을 위한 대안 평가 방법을 살펴보았다. 이 장에서 제공된 활동과 전략들, 그리고 아래 부록의 서식 목록들을 잘 활용한다면, 학생들의 철자 학습에 많은 도움을 줄 수 있을 것이다.

부록 서식

서식 43	일반 접두사	
서식 44	일반 접미사	
서식 52	단어 분석표	
서식 75	단어 목록표	
서식 76	음운표	
서식 77	알파벳 표-모음/자음	
서식 78	철자 쓰기 카드	
서식 79	철자 학습 방법	
서식 80	철자 학습 계약서 예시	

기회를 확대하라. 사람은 그것을 채우기 위해 발전되어갈 것이다.

– Eli Ginzberg

노트:

> 결국, 학습을 통해서 남는 것은 실제 우리가 실행해본 것이다.
>
> — Johann Wolfgang Von Goethe

제 8 장

수학

수학에서의 어려움은 여러 가지 양상으로 나타난다. 수학에 어려움을 보이는 학생은 동료들과는 완전히 다른 학습 특성을 나타내기도 한다. 일부 학생들은 정보처리 과정에서의 어려움을 보이기도 한다. 수학 장애학생은 일반적으로 단기기억(short-term memory) 혹은 작동기억(working memory)의 문제로 인해서 정보를 오랫동안 저장할 수 없어 문제해결을 위한 다음 단계로의 이동에 어려움을 보인 다. 뿐만 아니라 수학 장애학생들은 장기기억에서의 문제로 인해 이전에 학습한 학습 기술이나 기억하고 있던 수학적 사 실을 기억하지 못하는 경우도 있다. 수학적 능력은 기존의 수 학 학습 기술을 기초로 하기 때문에 기초 학습 기술이 부족한 (혹은 기억력에 문제가 있을지도 모르는) 학생은 상위 수준의 수학 학습에 어려움을 갖게 된다. 또한 이들 중 많은 학생들은

이 장의 메모_

이 장에서 소개한 여러 가지 양식 목록이 169쪽에 제시되 어 있다. 그리고 부록에는 교 사들이 쉽게 활용할 수 있는 양식들을 제시하였다.

복잡한 단어 문제도 해결하는 데 어려움을 보인다. 대부분의 학생들은 문제 속의 다양한 단 계를 완성하기 힘들고, 특정한 단어를 이해하는 데 어려움을 느낀다. 또한 문제를 해결하는 데 필요한 다양한 형태의 연산 과정을 수행하는 데에도 어려움을 가지고 있다. 이들은 종종 소근육 운동에도 문제가 있어서 수학 문제를 보고 쓰는 것을 어려워 한다. 또한 많은 학생들 은 칸에 맞추어서 숫자를 쓰거나, 서로 무관한 숫자들을 보고 베껴 쓰는 것도 어려워 한다. 청각적 처리 과정, 시각적 처리 과정, 순서에 대한 기억, 정보를 단기기억에서 장기기억으로

변환시키는 기술들 외에도 다양한 요인들이 수학 학습에 영향을 끼치게 된다.

기초 수학 기술을 지도할 때, 어떤 학생들에게는 그 원리를 설명하기 위해 구체물이 필요한 경우도 있다. 그리고 답을 구하면, 종이에 옮겨 적을 때까지 단기기억에 그 정보를 저장하고 있어야 한다. 하지만 기억력에 문제가 있는 학생들에게 이 작업은 결코 쉽지 않다. 어떤 학생들에게는 구체물이 오히려 혼란을 초래하기도 한다. 그들은 구체물과 수학 문제에 관한 연관성을 깨닫지 못한다. 반면 다른 학생들에게는 구체물이 시각화하고 개념을 이해하도록 돕는 데 매우 중요한 역할을 하기도 한다. 이와 같은 학생들의 문제에 대한 인식은 교사들에게 학생들이 겪는 어려움의 원인을 이해하고 파악하는 데 도움을 주며, 학생들에게 적절한 수학 학습 전략을 결정하는 데 도움을 줄 것이다.

학급의 교육과정을 분석하는 것도 중요한 일이다. 초등학교 단계에서는 수학 시간에 매일 새로운 개념이 제시되기도 한다. 그리고 수학에 어려움을 겪는 학생들이 연습할 수 있는 시간을 충분히 제공하지 못한다. 비록 수학 개념이 계속되는 수업을 통해서 반복 학습이 되기는 하지만 장애학생들이 개념들을 내면화할 정도의 충분한 연습 기회가 주어지지는 못한다. 학습한 기술이 며칠 후에 다시 제시되었을 때 몇몇 학생들은 새로운 개념으로 느낄 수도 있고 거의 생각해내지 못할 수도 있다. 그러므로 이와 같은 학생들에게는 개념에 대해 다시 설명해주어야 하며, 매일 반복 연습을 할 수 있도록 지도해야 한다.

학년이 올라갈수록 많은 학생들이 수학 학습에 어려움을 겪는다. 이것은 그들이 보다 높은 수준의 수학 학습을 위한 기초 개념과 기술들을 완벽하게 습득하지 못했기 때문이다. 예를 들어 덧셈, 뺄셈에 대한 기초 기술을 완벽하게 습득하지 못했다면 곱셈과 나눗셈을 학습하기는 어려울 것이다. 학년이 올라감에 따라 사전에 습득해야 할 기술들이 점차 많아지며, 장애학생들은 점점 뒤처지게 된다.

수학 수업에서 장애학생을 대상으로 그들에게 필요한 서비스를 제공할 때에는 제4장의 일일 과제와 제11장의 학급 평가가 도움이 될 것이다. 이 두 장은 수학의 여러 가지 영역에 대한 실용적인 아이디어를 제공해주고 있다.

일반적 교수 전략

348. 많은 장애학생들은 추상적인 개념 학습을 어려워한다. 많은 학생들이 "왜 이런 것을 공부해야 하나요?"라고 질문한다. 이와 같은 경우 새로운 수학 개념을 '실제 생활' 속에서 소개한다. 수학을 일상생활에서 활용하는 방법에 대해 학생들과 함께 브레인

스토밍을 하고 학급만의 수학 개념 목록을 만든다. 그리고 지속적으로 이 목록을 추가해나가며, 학생들이 일상생활 속에서 수학을 활용할 수 있는 방법을 발견할 수 있도록 함으로써 목록을 점차적으로 추가한다. 다음은 생활과 관련해서 학생들과 함께 수학 개념을 학습할 수 있는 활동이다.

- **덧셈, 뺄셈, 소수** : 저금 및 통장 확인
- **평균** : 주별, 월별, 연도별 평균기온에 대한 날씨 보고서, 야구의 타율, 보고서 최종 등급
- **도형** : 자연이나 교실, 건축물 내부의 모양
- **그래프** : 시험 점수, 한 달간의 날씨 변화, 일주일 동안 구입한 식품의 종류에 따른 개별 식습관, 참고자료에 있는 *Creating Balance in Children: Activities to Optimize Learning and Behavioral*란 책에는 음식의 색깔별 막대그래프 만들기 활동을 제시하고 있다. 얼마나 많은 녹색, 빨강, 노랑 음식을 학생들이 생각할 수 있을까? 이와 같은 활동은 여러 가지 유형의 그래프 만들기 활동으로 응용할 수 있다.
- **측정** : 요리 레시피에 포함된 여러 가지 재료들의 양을 조절할 때, 새 가구의 크기를 측정하거나 새 방에 가구를 배치할 때, 나무제품을 만들 때
- **비율** : 옷 가격의 할인 금액 계산, 저축액의 이자 계산, 스포츠팀의 여러 가지 통계(타율, 승률 등)
- **시간** : 대중교통 시간표, TV 시간표, 근로 시간표

349. 학생들에게 칠판의 문제를 보고 쓸 때나 일일 과제를 할 때 문제를 가지런히 정렬하여 쓸 수 있도록 모눈종이를 제공한다. 만일 그래프용지를 사용할 수 없다면, 공책을 옆으로 돌려서 세로줄이 생기도록 한다. 이것은 공간지각이나 시각처리에 어려움이 있는 학생들에게 매우 유용하다. 모든 학생들이 사용할 수 있도록 사각형의 크기는 1인치에서 1센티미터인 그래프용지를 사용한다.

350. 학생들에게 칠판의 문제를 보고 적도록 할 경우에는 문제의 번호를 문제와 떨어뜨려서 제시한다. 예를 들면

$$(1)\ 6 \times 3 = 18 \qquad (2)\ 9 \times 7 = 63$$

351. OHP 필름용 컬러 유성펜, 칠판용 색분필과 마커는 수학 문제의 중요한 부분을 표시하는 데 사용할 수 있다. 문제를 제시할 때에도 역시 색 표시를 사용할 수 있다. 예를

들면 초록색은 문제의 시작을 나타내는 색으로 정할 수 있다.

352. 색 표시는 새로운 기술을 지도할 때에도 중요하다. 학생들에게 중요한 부분에 주의를 집중할 수 있도록 할 수 있다. 예를 들면 숫자를 배열할 때 일, 십, 백의 자릿수를 다른 색으로 표현할 수 있다.

353. 청각이나 시각 장애학생들에게는 음성과 지문을 함께 제공하여야 한다. 숙제를 칠판에 적어준 다음에는 학급 홈페이지에도 올리고, 매주 과제 안내문을 가정으로 보낸다.

354. 학생들에게 추상적인 개념을 지도할 때에는 관계를 이해시킬 수 있는 그림이나 도표, 시각자료를 활용하여야 한다.

355. 학생들이 어려워하는 문제의 유형이나 원인을 파악한다. 예를 들어 배수에 관한 어려움 때문에 학생이 나눗셈을 어려워하지 않는가? 또는 덧셈, 곱셈, 뺄셈에 어려움이 있진 않은가? 만일 그렇다면 학생들에게 이에 필요한 특정 기술을 지도해주어야 한다. **서식 81. 수학 오류 분석표**는 학생의 기초 기술을 확인하기 위해 사용할 수 있는 점검표이다.

356. 새로운 수학적 개념을 지도할 때 처음부터 완벽하게 계산을 해야 한다고 생각할 필요는 없다. 먼저 개념을 지도하고, 그 과정을 이해할 수 있도록 해야 한다. 구체물이나 도표들은 많은 학생들에게 도움이 될 것이다. 숫자 선이나 모형, 자, 시계, 실제 돈 등과 같은 보조 도구들은 학생들이 문제를 시각화하는 데 도움을 줄 것이다.

357. 시중에 판매되고 있는 많은 수학 문제집에는 한쪽에 덧셈과 뺄셈, 곱셈과 나눗셈 문제가 서로 혼합되어 제시되어 있다. 학생들에게 같은 종류의 문제에 모두 표시하게 한다. 학생들은 새로운 유형의 문제를 해결하기 전에 먼저 비슷한 문제들(예 : 덧셈 등)을 완전하게 익혀야 한다.

358. 한 번에 한 가지 기술만 지도한다. 만일 한 단원에서 해결해야 하는 과제가 여러 가지 유형의 연산 과정이 포함되어 있다면, 다음 연산 기술을 지도하기 전에 먼저 충분한 연습을 할 수 있도록 한다. 이 책의 참고자료에 제시된 많은 웹사이트를 참고하면 수학 학습지를 재구성할 수 있을 것이다.

359. 학생들에게 수학에 관련된 개념들 간의 관계를 설명하고 지도한다. 그리고 학생들에게 일정한 규칙이나 법칙을 찾도록 도와주어야 한다. 이 학습은 학생들이 숫자들 간의 관계를 정립하는 데 도움을 줄 것이다. 또한 학생들이 기본적인 개념들을 기억하기 어렵다면, 계산기를 사용할 수 있도록 허용해준다. 부록의 **서식 82. 덧셈 · 뺄셈표**

와 **서식 83. 곱셈표**는 이 학생들을 위해 편집하여 활용할 수 있다.

360. 가능하면 항상 학생들에게 수학 문제를 구체물을 조작하여 해결하는 방법을 보여준다. 이때 각 단계를 학생들에게 설명해준다. 또한 학생들이 연습할 때에는 각 단계를 스스로 설명하도록 요구한다. 그리고 교사는 학생들의 설명을 잘 들어야 한다. 그렇게 하면 교사는 학생들의 사고 과정을 이해할 수 있게 될 것이다. 또한 학생들이 어려워하는 이유에 대한 분석도 용이해질 것이다.

361. 학생들이 재출한 과제물을 분석한다. 반복적인 오류를 알 수 있는가? 아래에 제시된 것은 일반적인 덧셈의 두 가지 오류 사례이다. 학생들은 각 문제를 어떻게 생각하고 있는가?

14＋2＝34 (오류는 세로 셈을 할 때 자릿수의 위치를 잘못 배치한 것이다.)
11＋9＝19 (이 경우 학생은 12부터 세어야 하는데 11부터 세었을 것이다.)

정확한 것은 알기 위해서는 학생에게 풀이 과정을 직접 설명하도록 한다.

362. 학생들이 풀이 과정을 다시 쓸 필요가 없도록 학습지에 충분한 공간을 마련한다. 소근육 운동능력이 부족한 학생들에게는 한 페이지에 4문제 정도만 제시해서 학생들이 풀이 과정을 쓸 수 있도록 충분한 공간을 마련해주어야 한다. 이 학생들에게는 문제의 수를 가급적 적게 제시한다. 학생들에게 학습지에 풀이 과정이 충분히 나타날 수 있도록 자세히 제시하도록 요구한다.

363. 수업할 때 학생에게 공책이 필요한 경우에는 필기할 내용의 복사본을 제공한다. 복사본은 교사가 만들어줄 수도 있고, 동료가 간결하고 깨끗하게 정리해서 학생에게 제공할 수도 있다. 혹은 동료 학생에게 먹지를 주어서 복사본을 만들게 할 수도 있다.

364. 학급 과제의 경우 학생에게 과제를 완성할 수 있도록 추가 시간을 제공한다. 학생이 과정을 이해하고, 문제를 능숙하게 해결할 수 있게 되었을 때 다음 과제를 할 수 있도록 한다.

365. 학생들이 수업 시간에 모든 과제를 시작할 수 있도록 허용한다. 그리고 학생이 집에 돌아가기 전에 과제를 이해했는지 점검한다.

366. 교재가 쓰고 버릴 수 있는 것이 아니라면, 교재를 확대해서 학생이 복사된 부분에 쓸 수 있도록 한다.

367. 학생들이 덧셈, 뺄셈, 곱셈, 나눗셈 과정을 이해했을 때에는 표나 도표, 계산기들을 사용하는 것을 허용한다.

368. 덧셈, 곱셈표를 사용할 때 학생들에게 L자 모양으로 잘라서 준다. 이것은 학생들이 열과 행의 교차점을 찾을 수 있도록 도와줄 것이다.

369. 복습을 자주 할 수 있도록 하고 이전에 지도했던 기술들을 강화해준다. 수학 수업을 시작할 때 전 시간에 배웠던 개념을 복습한다. 그리고 학생들이 전 시간에 배웠던 내용을 이해하고 있는지 점검해야 한다. 만약 학생들이 이해하지 못했다면 다시 반복하여 지도해야 한다. 수학에서는 특히 이 과정이 중요한데, 수학의 새로운 기술은 대부분 이미 배웠던 개념을 기초로 하고 있기 때문이다.

370. 많은 장애학생들은 과제에 대한 즉각적인 피드백이 필요하다. 수학 학습 센터는 이전에 지도했던 개념을 점검하고 강화하는 데 훌륭한 방법이 될 수 있다. 아래에 제시된 수학 학습 센터들은 간단한 방법으로 설계할 수 있다. 그리고 이 센터에는 다양한 수준의 활동들이 포함되어 있기 때문에 다양한 능력을 갖춘 모든 학생들이 쉽게 참여할 수 있다. 자기 점검 학습지를 제공할 수도 있으며, 집단별로 협력 학습도 가능하다. 다음은 교사가 활용할 수 있는 수학 학습 센터에 관한 사례들이다.

- **레스토랑** : 다양한 레스토랑의 주문용 메뉴를 모은다. 학생들은 그중 한 가지 메뉴를 선택하고, 음식들을 몇 가지 고른다. 그리고 세금과 팁이 포함된 총 음식 가격을 결정한다. **서식 84. 메뉴 카드**는 교사가 제작할 수 있는 카드의 예시자료이다. 학생들은 메뉴를 사용하고 카드 뒷면의 지시를 따른다. 학생들은 계산기를 이용해서 자신의 계산을 확인할 수 있다. 여러 장의 카드를 만든다.

- **상점** : 장난감 가게, 비디오점, 옷 가게, 식료품점 등 여러 가지 상점을 만든다. 그리고 다양한 카탈로그나 신문, 광고지를 모은다. 고학년 학생들에게는 특별 세일을 포함하도록 할 수 있고, 구매를 기록하기 위한 개인 수표를 제공할 수 있다. 또는 수준이 높은 학생들에게는 신용카드를 사용하도록 하며, 한 달 이자와 함께 지불할 돈을 계산하게 한다. 가게놀이는 학생들이 물건을 구입하거나 특별한 지시가 있는 카드를 제공할 수 있다.

- **가구 센터** : 학생들에게 가구 카탈로그 모음집을 제공한다. 학생들은 자신의 예산에 맞추어 자신이 꿈꾸는 방을 만들거나 집에 가구를 배치할 수 있다. 고학년 학생들은 실제로 자신의 방의 수치를 측정하고 그에 맞는 물건들을 구입할 수 있다. 학생들은 가구의 길이와 폭이 적힌 설명서를 보고 그래프용지 위에 방 배치도를 만들 수 있다.

- **조작 활동 센터** : 이 센터에는 지오보드나 탱그램, 여러 가지 블록들을 비치해놓는다(지오보드, 탱그램 등의 여러 아이템들이 있는 사이트를 찾아본다. 이 책의 참고자료를 참조).
- **컴퓨터 센터** : 이 센터에서는 복습에 필요한 수학 관련 컴퓨터 프로그램과 현재 수학 과제 해결을 위한 프로그램들이 있다. 등록 용지와 시계, 타이머를 비치해두고, 모든 학생들이 참여할 수 있도록 한다.
- **수 세기 센터** : 숫자들, 트레이서나 본뜨기 도구 등을 비치한다. 작은 물체들을 이용하여 일대일 대응 활동에 사용할 수 있다. 퍼즐, 색종이, 점 연결하기(connect the dots) 그림 등을 함께 사용할 수 있다. 카드 게임과 자릿값 활동(place value activity)도 적절한 활동이 될 수 있다.

371. Teacher File Box(*www.teacherfilebox.com/index.aspx*) 웹사이트에서는 유치원부터 6학년 학생들을 위한 3만여 개가 넘는 활동들을 검색할 수 있어 원하는 자료를 빠르게 찾을 수 있다. 만약 이미 만들어진 수학 센터를 원한다면 이 사이트에서 수학 센터들을 찾을 수 있다. 비록 이 사이트가 유치원부터 6학년 학생들을 위한 사이트이지만 나이 많은 인지장애 학생들에게도 사용할 수 있다. 현재 가격은 월 9.99달러이다.

372. 학생들에게 돈의 개념에 대해 가르칠 때에는 진짜 화폐 혹은 가짜 화폐를 모두 사용할 수 있다. 시각처리 과정에 장애가 있는 학생들에게 학습지를 통해서 동전들의 차이를 말해주기는 힘들다. 다양한 종류의 동전들을 세는 과정에서 어려움을 느끼는 학생들을 위해 다음과 같은 방법을 사용해보는 것도 좋다. 예를 들면 손톱광택제를 이용해서 5센트짜리 동전에 빨간 점을 칠한다. 10센트짜리 동전은 2개, 25센트짜리 동전은 5개를 칠한다. 학생들은 5단위로 세는 것은 쉽게 한다. 결국 세는 과정은 5단위 세기로 변화된다. 학생들에게 다음과 같이 돈 세기를 지도할 수 있다.

Quarter	+	Dime	+	Penny
5, 10, 15, 20, 25		30, 35		36

373. 학생들은 교실 가게를 이용해서 돈을 사용하는 연습을 한다. 교실 가게에 종이와 연필, 폴더, 자, 컴퍼스, 각도기 등 학교생활에 필요한 학용품들로 상품들을 진열한다. 학생들은 가게 운영을 맡을 수도 있고, 학교에서 필요한 물건들을 구입할 수도 있다. 학부모들도 이와 같은 활동을 좋아한다. 예를 들면 학생들이 컬러펜과 같은 물건들이

필요할 때, 부모들이 돈을 보내주면 학생들은 교실 가게에서 이 물품을 구매할 수 있다.

374. 수학의 기초 영역에 대한 과제 분석표를 만들어라. 이 점검표는 수학 영역 중 학생들이 어려워하는 영역을 확인하는 데 활용될 수 있다. 학생들의 일일 과제에 대한 오류 유형을 점검한다. 만일 학생이 어떤 문제나 풀이 과정에 대해서 굉장히 어려워한다면, 학생에게 각 단계를 말로 설명하도록 요구한다. 일부 학생들은 어떤 단계를 생략하기 때문에 어려움을 겪거나 한 단계를 잘못해서 문제를 해결하지 못하는 경우도 있다. 오류 유형은 보통 불충분한 지식, 잘못된 풀이 과정, 효과적이지 못한 전략 사용 등과 같은 영역에서 나타난다. **서식 81. 수학 오류 분석표**는 덧셈, 뺄셈, 곱셈, 나눗셈, 십진법에서 사용할 수 있는 점검표이다.

문제해결 과정과 어휘 문제

375. 문제해결 활동은 문제의 답보다 문제해결 과정을 강조한다. 많은 학생들은 자신의 답이 잘못될 것에 두려워 적극적으로 참여하려 하지 않는다.

376. 문장제 문제인 경우에는 각 단계에 번호를 붙인다. 만약 교사가 제작한 시험지를 사용하는 경우에는 한 줄에 한 문장만 제시한다. 그리고 중요한 단어에는 표시를 해준다.

377. 문장제 문제를 지도하고 풀이할 때에는 간단한 단어를 사용한다. 문제와 관계가 없는 단어들은 모두 제거한다. 문장제 문제와 관련 있는 핵심 어휘들을 지도한다.

378. 수업 시간에 문장제 문제의 풀이 과정을 표로 만든다. 다음은 풀이 과정의 예시이다.

1단계 : 먼저 문제를 처음부터 끝까지 읽는다.

2단계 : 문제를 해결하는 데 필요한 것이 무엇인지 알기 위해 다시 읽는다.

3단계 : 핵심 단어를 찾는다. 핵심 단어들 중에는 '모두 함께, 같이, 모두 합쳐, 떠났다, 썼다, 남았다' 등이 있다. 문제를 해결하는 데 필요한 절차를 결정한다.

4단계 : 문제를 다이어그램이나 그림으로 나타낸다.

5단계 : 문제를 식으로 쓴다.

6단계 : 문제를 풀기 전에 답을 예상해본다. 만약 예상한 답이 타당하다고 판단되면 문제를 풀기 시작한다.

379. 다음의 전략들은 문장제 문제를 푸는 데 도움이 될 것이다. 이 전략들을 사용하는 방

법을 설명하고, 학급 포스터를 만든다. 그리고 학생들에게 문장제 문제를 풀 때 이 전략들을 사용하도록 권장한다.

- 답을 예상한다.
- 답을 추측하고 확인한다.
- 그림을 그린다.
- 문제를 거꾸로 풀어본다.

- 문제를 몇 개의 부분으로 나눈다.
- 표나 도표를 만든다.
- 문제의 유형을 찾는다.
- 목록을 만든다.

어휘의 사전 지도

수학에서는 특별한 수학 용어들을 사용한다. 수학 용어들은 대개 기호들로 구성되어 있어 학생들에게 익숙하지 않고, 보통의 읽기와는 매우 다른 형태를 가지고 있다. 학생들은 문장의 모든 용어를 모른다고 해도 몇 개의 단어들을 읽게 되면 문장의 의미를 이해할 수 있다. 수학은 학생이 기호를 잘못 이해하게 될 경우 문제를 해결하지 못할 수도 있다. 학생들에게 수학 용어를 평소 학교생활에 가능한 한 많이 사용할 수 있도록 해야 한다.

380. 일일 활동에 수학 용어를 사용할 수 있도록 한다. 예를 들면 다음과 같다.

> "우리 학급의 학생 수는 28명입니다. 그리고 3명이 결석했습니다. 현재 출석한 학생 수를 알기 위해서 문제를 어떻게 만들어야 할까요?"

> "협동학습 집단을 구성해야 합니다. 오늘은 우리 반을 네 모둠으로 나누려고 합니다. 28명의 학생들이 있습니다. 각 모둠에는 몇 명의 학생들이 들어가야 할까요? 모든 모둠을 똑같은 수로 나눌 수 있을까요? 그렇습니다. 우리는 똑같이 7명씩 네 모둠으로 나눌 수 있습니다. 각 모둠은 우리 반의 몇 퍼센트에 해당할까요?"

> "15분 후에 점심시간입니다. 지금 몇 시죠? 다른 방법으로 점심시간을 말할 수 있을까요?"

> "우리 반 학생들의 1/2이 금요일 현장학습 참가 신청서를 가지고 왔습니다. 1/2은 50%와 같습니다. 신청서를 제출한 학생들의 수는 14명입니다."

381. 수학 문장제 문장을 만든다. 학생들이 답해야 하는 질문 목록을 칠판에 적는다. 이 질문은 문장 속에 포함된 수학 용어들이 포함될 수 있으며, 수학 다이어그램이나 문제 해결에 관한 질문이 될 수도 있다.

382. 학생들은 자신의 수학 저널에 자신의 기억력 과제를 그림으로 그리거나 만드는 것을

좋아할 것이다. 다음에 몇 가지 예를 제시하였다. 이 외에도 더 다양한 예들을 학생들이 만들거나 인터넷에서 찾아 볼 수 있다.

- **갤런, 쿼트, 파인트, 컵**. 그림은 학생들에게 정보를 기억하는 데 도움을 줄 수 있다.

  갤런 = 4쿼트, 쿼트 = 2파인트, 파인트 = 2컵

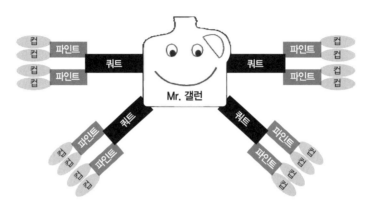

- **장제법**. 이 가족의 목록은 학생들이 장제법의 단계를 기억하는 데 도움을 줄 것이다.

  Dad – Divide(나누기)   Sister – Subtract(빼기)

  Mom – Multiply(곱하기)   Brother – Bring Down(나머지 넘기기)

- **분수. 나눗셈**. 분수 나눗셈의 단계를 기억하라.

  <u>K</u>ids <u>C</u>an <u>R</u>un [Keep, Change and Reverse(그대로 두기, 바꾸기, 뒤집기)]

  <u>K</u>eep the first fraction. 앞의 분수는 그대로 둔다.

  <u>C</u>hange the sign from divide to multiply. 나눗셈 기호를 곱셈 기호로 바꾼다.

  <u>R</u>everse the last fraction. 뒤의 분수를 뒤집는다.

- **중앙값**. 길은 중앙에 중앙값이 있다.(길을 반으로 나눈다.)

- **돈**. 다음에 제시한 수학 시는 한 교사가 온라인에 올린 것을 사용하도록 허락한 것이다. 원래의 출처는 알려지지 않았다.

  페니, 페니, 매우 쓰기 쉽다. 갈색, 1센트의 가치가 있지.

  니클, 니클, 은색에 뚱뚱해. 5센트의 가치. 난 알고 있지.

  다임, 다임, 작고 날씬해. 10센트의 가치가 있다는 것을 기억해.

  쿼터, 쿼터, 가장 크지. 25센트의 가치가 있다고 들었어.

- **분자와 분모의 혼동**

  <u>N</u>aughty <u>D</u>ogs jump up and down!   불량개가 아래위로 뛴다.

  n<u>U</u>merator <u>U</u>p/<u>D</u>enominator <u>D</u>own   분자는 위, 분모는 아래

383. 학생들에게 중요한 수학 용어를 분리해서 지도한다. 학생 자신의 수학 용어 사전을 만들도록 한다. 이 사전에는 용어를 시각화 한 간단한 그림이나 예시 자료, 그리고 문제 해결을 위한 단계들이 포함되도록 한다. 만일 학생들이 자신의 수학 저널이 없다면 이 사전에 기억 보조 도구를 더 포함시킬 수 있다. 이것은 학생들에게 간편한 참고서가 될 수 있다. 다음은 이 사전에 포함할 수 있는 간단한 예시이다.

- **가수**(addend) : 함께 더해지는 수들을 가수라고 부른다. 답이 합계이다.

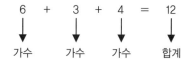

- **유사성**(alike) : 이 모형들은 모두 같은 색깔과 4개의 변을 가지고 있기 때문에 비슷하다.

- **할인가격**(discount) : 물건의 실제 가격에서 빠지는 금액

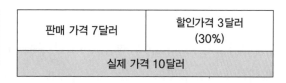

384. 참고자료에는 서로 연관된 수학 사전의 웹사이트들이 제시되어 있다. 학생들은 이 사이트들에 접속해서 수학 용어들을 찾아볼 수 있고, 자신의 수학 사전을 위한 아이디어를 서로 주고받는 글들을 볼 수 있다.

385. **수학 용어들.** 다음 웹사이트는 수천 개의 수학 용어들의 목록이 알파벳 순서대로 나와 있다. 교사는 이 사이트를 이용해서 수학 용어를 쉽게 설명할 수 있으며, 학생들은 그들이 원하는 용어를 찾아볼 수 있다.

www.mathwords.com/a_to_z.htm

다음은 예각에 관한 예이다.

예각. 90도 이하의 각. 둔각과 각도를 함께 보라(이 사이트에 밑줄이 있는 모든 단어들은 클릭하면 부가 설명을 볼 수 있다).

여러 가지 수학 활동들

386. 학생들에게 숫자 쓰기를 지도할 때에는 학생들에게 숫자 쓰는 방법을 소리 내어 말하도록 한다. 예를 들면 학생이 숫자 7을 쓰는 방법을 학습할 때에는 다음과 같이 말하도록 한다. "나는 먼저 짧은 선을 왼쪽에서부터 시작해서 오른쪽으로 긋고, 그 다음 기울어진 선을 밑으로 긋는다." 숫자 3을 쓸 때에는 "나는 왼쪽에서부터 오른쪽으로 반원을 만든다. 그리고 같은 방법으로 한 번 더 한다."라고 말한다.

387. 학생들에게 수학 개념을 반복하여 학습할 수 있도록 지도하고, 끊임없이 연습할 수 있도록 지도한다. 이때 수학 게임이나 컴퓨터 게임은 학생들의 다양한 학습자료를 제공할 수 있다.

388. 학생들에게 수직선*을 지도할 때에는 학생들이 수직선 위를 걸을 수 있도록 긴 테이프를 교실 바닥에 붙여놓는다. 이것은 방향성에 대한 학습에도 도움이 될 것이다. 또한 수직선을 학생의 책상에 붙여놓거나 수학 폴더에 비치해서 학생들이 필요할 때 참고할 수 있도록 한다.

389. 학생들에게 수직선을 덧셈과 뺄셈, 수 세기 등에 사용하는 방법을 설명한다. 이것은 수에 대한 인식이 잘못되어 있는 학생들에게 수의 형식을 알도록 하는 데 중요한 참고 자료로 사용될 수 있다. 나이가 많은 학생들은 수직선을 사용하는 것을 부끄러워할 수 있다. 그러한 학생들에게는 교실의 시계를 사용하는 방법을 설명해주는 것도

* 수직선(數直線, number line)은 일정 간격으로 숫자가 표시된 직선이다. 1차원의 좌표계라고도 할 수 있다. 수직선은 양방향의 모든 실수를 포함하고 수직선 위의 모든 수의 집합은 실수의 집합으로 기호 R로 표시된다. 주로 음수를 포함한 간단한 덧셈과 뺄셈을 가르칠 때 사용된다. 숫자 0이 원점으로 표시되어 있으며, 원점을 기준으로 양수와 음수가 서로 대칭으로 표현된다(출처 : 위키백과).

좋다. 손목시계나 자도 같은 목적으로 사용될 수 있으나 수직선이 가장 좋은 자료일 것이다.

390. 색깔 화살을 학생들의 학습지에 표시해서 계산 방향을 알 수 있도록 지도한다. 종종 학생들은 읽을 때처럼 수학 계산을 오른쪽(일의 자리)에서 왼쪽으로 하는 대신에 왼쪽에서 오른쪽으로 하려고 한다.

391. 수학 문제의 세로행 사이에 줄을 그어주어서 학생들이 문제의 정확한 세로행을 알 수 있도록 해준다.

392. 학생들이 계산을 시작하는 위치를 알 수 있도록 네모를 쳐주거나 진한 색으로 '일의 자리'를 표시해준다.

393. 학생들의 세로셈 계산을 위해 가로선 대신 세로선을 공책에 그어준다. 혹은 그래프용지를 사용하는 것도 쉽게 활용할 수 있는 방법이다.

394. 학생들이 직접 계산할 수 있는 학습지를 구입한다. 이것은 소근육 운동기능에 장애가 있는 학생들이 문제를 다시 베끼지 않아도 되도록 하기 때문에 실제 풀이 과정에 시간을 더 할애할 수 있도록 할 것이다.

395. 학습자 중심으로 판단해야 한다. 수학의 기본적 개념들을 학습하고 기억할 수 있는 학생들에게는 계산기를 주기 전에 스스로 계산할 수 있는 충분한 시간을 주어야 한다. 반면 수학적 기초 개념에 대한 학습과 기억에 극히 어려움이 있는 학생들에게는 처음부터 계산기를 주는 것이 더 바람직할 수도 있다.

대안적 수학 활동

일부 학생들은 학급의 다른 학생들과 같은 교육과정을 절대로 수행해 나갈 수 없는 경우가 있다. 교사들은 이 학생들의 개별화 교육 계획(IEP)의 목적과 목표를 확인해야 한다. 그리고 이 학생들에게 지원이 필요한 경우에는 현재의 수업 활동에 적합한 보충자료를 제공한다. 다음의 전략들은 보조교사나 또래 교사들과 함께 할 수 있는 활동들이다.

396. 수학시간에 배우는 기술들이 '기능적' 생활 기술인지 고려한다. 기능적 생활 기술들은 학생들의 독립적인 생활에 도움을 준다. DeAnna Horstmeier 박사의 **다운증후군 및 실행중심 학습자를 위한 수학 교수**(*Teaching Math to People With Down Syndrome and Other Hands-On Learners*)라는 책은 훌륭한 참고 도서이다. 이 책에는 풍부한 게임과 활동 자료들이 있다. 이 책은 학급의 지적장애 학생들에게 꼭 필요한 자료라고

할 수 있다. 자세한 내용은 참고자료에 제시되어 있다.

학생들이 수 개념뿐만이 아니라 수의 대응 관계도 알고 있는지 점검한다. **서식 85. 숫자와 수학 기호들**은 숫자들과 기초적인 수학 기호들을 제시하고 있다. **서식 86. 수의 대응 관계**는 학생들의 일대일 대응 관계에 대한 이해를 점검할 수 있는 간단한 그림들을 제시하고 있다.

397. 학생들이 자유롭게 개별적으로 사용할 수 있도록 교실 내에 자율 학습 자료들을 비치해 둔다. 이 교구들은 상자 안에 보관하며, 학생들에게 이 상자들이 비치되어 있는 장소를 안내한다. 이 상자 안에는 주사위, 자기 점검 기능이 있는 계산기, 플래시 카드, 시계 활동 자료들, 퍼즐, 분류 활동 자료들, 색지 등을 비치한다. 모든 활동들은 학생들이 개별적인 자율 학습 활동으로 진행되지만 교사들이나 동료들이 점검할 수 있도록 한다.

398. 교실 내에 학생들의 자율학습을 위한 개별 수학 활동 상자를 만든다. **서식 64. 교육과정 수정**은 수학 활동 상자를 이용한 활동 자료로 사용할 수 있다. 다음은 이 서식의 예시자료이다.

수행 일자 : 2010. 1. 10
개별화 교육 계획 목표 : 학생들이 숫자 0~9를 이해한다.
학생들이 숫자들과 물건들을 일대일 대응시킬 수 있다.

시간	일자와 활동	학생의 기대 목표	부가 정보 및 메모
매일 9:00~ 10:00	2010. 1. 10 **숫자 이해 활동상자** 학생들은 상자안의 다양한 활동을 통해서 0~9까지 숫자를 익힌다.	학생들이 일일 과제를 완성한 후 교사와 동료에게 과제를 검사받기 위해 손을 든다.	특수교육에서 제공한 **1, 2, 3 활동 상자** 교사와 동료는 결과를 점검하고 기록한다.
	숫자 퍼즐	1. 학생은 퍼즐을 지원을 받지 않고 완성한다.	학생은 퍼즐을 동료의 도움으로 완성하였다.
	일대일 대응	2. 학생은 2개의 물건을 달걀 그림의 각각의 칸에 넣는다.	학생들은 12개의 칸 중 8개의 칸을 정확히 채웠다.
	숫자카드 학생들은 숫자카드를 대응시킨다.(1-1, 2-2 등)	3. 학생은 카드를 일치시키고 손을 든 후 교사의 검사를 기다린다.	학생들은 0, 1, 2, 3, 숫자를 정확히 일치시켰다. 목표에 도달했다. 　내일은 4, 5를 추가한다.
	1. 11 1, 2, 3에 관한 활동을 계속 진행한다.	동일한 활동을 한다.	

399. 학급의 일반학생들과 같은 교육과정과 같은 교육 내용에 관한 보충자료들을 제공한다. 예를 들면 교사가 '다시 모으기' 활동으로 덧셈을 지도하고 있다면, 장애학생은 덧셈의 기초 개념을 학습한다. 일반교사가 그 학생에게 다양한 방법으로 질문을 하고, 특정 문제에 대한 답을 지도한다면, 그 학생은 수업 시간 중 토론에 참여하고 답을 말할 수 있으며, 일반학생들과 같이 조작활동 자료들을 사용할 수 있을 것이다.

400. 수업을 학생의 개별화 교육 계획의 목표와 연관시킨다. 학생의 목표가 수를 인식하는 것이라면 일일 과제를 이용하거나 학급의 교과서를 활용하여 연습할 수 있도록 한다. 학생의 목표가 숫자를 정확하게 쓰는 것이라면 학생은 일반학교 교과서를 이용해서 학습할 수 있을 것이다.

401. 학생들을 직접교수법으로 지도하기 위해 보충교재를 주문한다. 직접교수법은 교사가 주도적으로 수업을 진행하고 있을 때 적용할 수 있는 방법이다. 자율 학습 시간 중에는 학생들이 이 보충교재를 통해 과제를 완성할 수 있을 것이다.

402. 지역 상점에서 값이 저렴한 '숫자 연결하기(dot-to-dot)'교재를 구입한다. '숫자 연결하기' 활동은 숫자의 순서나 수를 인식하는 데 도움을 준다. 이러한 책들은 온라인으로도 구매가 가능하다. 참고자료에 제시한 웹사이트를 참고한다.

403. 학생들을 숫자의 형태를 따라하기 판이나 템플릿을 사용하여 지도한다.

404. 숫자 카드 세트를 만든다. 카드를 숫자의 순서를 익히는 데 사용하도록 한다. 카드들은 일대일 대응, 적은 숫자부터 큰 숫자 순서 정하기, 숫자 인식하기 등과 같은 활동에 사용한다. **서식 85. 숫자와 수학 기호**를 활용하고 경우에 따라 수정해서 사용할 수 있다.

405. 학생들에게 수학 기호 카드를 제공한다. 학생들은 이 카드들로 방정식을 만들 수 있다. 학생들은 방정식을 종이에 쓸 수도 있다. **서식 85. 숫자와 수학 기호**는 이 활동에도 이용될 수 있다.

406. 다양한 모양의 조개나 구슬, 씨앗, 파스타와 단추를 수집한다. 이 자료들을 박스나 가방에 넣어둔다. 이것으로 사물의 분류나 정리 등과 같은 활동에 사용한다. 이 자료들은 일대일 대응 활동에도 사용할 수 있다.

407. 다양한 재료들을 분류하고 집합 개념을 지도할 때 달걀판을 이용한다. 집합의 개념은 덧셈, 뺄셈을 소개하는 데 사용할 수 있다.

408. 학생들에게 계산기 사용법을 지도한다. 학생들에게 교과서의 문제 중 일부는 계산기

를 사용하는 것을 허용한다.

409. 학생들에게 학습한 날짜순으로 학습지를 정리하도록 한다.

410. 일반학급 수학 시간에 이루어지는 평가와 일일 과제, 보상 등을 장애학생들에게도 동일하게 적용한다.

411. 장애학생이 학급의 다른 학생들과 함께 할 수 있는 게임을 만든다. 이러한 활동들은 쉽게 수학 학습 센터에도 활용될 수 있다(전략 370 참조). 그리고 다양한 또래 집단을 선정한다.

학생을 위한 보조 도구

412. 다단계 연산 과제를 지도할 때에는 학생들에게 안내서가 될 수 있도록 각 단계의 풀이 과정을 써준다. 교사가 작성한 풀이 과정 안내서 옆에 학생들이 실제로 볼 수 있도록 예시자료를 제공해서 학생들이 그 자료와 교사가 제시한 안내서를 비교할 수 있도록 한다.

413. 학생들이 수학 참고서로 사용할 수 있도록 작은 소책자를 만든다. 소책자는 수업 시간에 학습하는 수학의 기초적인 개념이 포함되어야 한다. 학생이 수학 학습 중 어려운 경우 참조할 수 있도록 한다. 각 단계의 수학 용어와 도표들이 포함되도록 구성한다.

414. 학생의 책상과 수학책에 수직선(number line)을 붙여준다. 이것은 학생들에게 덧셈과 뺄셈에 도움을 주며, 학생들의 숫자 모양을 교정하는 데에도 도움을 줄 수 있다. 또한 숫자를 거꾸로 세는 것이 어려운 학생에게도 도움이 될 것이다.

415. 교실에 있는 시계의 눈금을 12까지의 수직선으로 이용해서 지도한다. 이 방법은 책상에 수직선을 붙이는 것을 선호하지 않는 학생들에게 도움이 될 것이다.

416. 2개의 수직선을 만든다. 오른쪽으로 향하는 화살표를 제시한 선은 덧셈 수직선으로, 왼쪽 화살표를 제시한 선은 뺄셈 수직선으로 정한다. 이 표는 학생들에게 수 개념을 내면화할 수 있도록 도와줄 것이다.

덧셈 수직선

1	2	3	4	5	6	7	8	9	10	11	12	13	14	15
→	→	→	→	→	→	→	→	→	→	→	→	→	→	→

뺄셈 수직선

1	2	3	4	5	6	7	8	9	10	11	12	13	14	15
←	←	←	←	←	←	←	←	←	←	←	←	←	←	←

417. 숫자를 쓰는 것이 매우 어렵다면 학생들이 숫자 도장이나 컴퓨터를 사용하는 것을 허용한다.

418. 연산 과정과 개념을 모두 이해했다면, 장애학생에게 모든 연산 문제에 대해서 계산기를 사용하도록 허용한다.

419. 장애학생이 교재의 진도를 알 수 있도록 메모지를 붙여둔다.

420. *Touch Math*는 연산 과정에 어려움이 있는 학생들에게 적용할 수 있는 아주 좋은 프로그램이다. 터치 포인트 혹은 검은 점이 숫자 1~9까지 찍혀있다. 학생들은 덧셈이나 뺄셈을 위해 앞으로 혹은 뒤로 점들을 하나씩 짚어 가며 계산한다. Touch math는 덧셈, 뺄셈, 곱셈, 나눗셈에 사용될 수 있다. (Innovative Learning Concepts, Inc in Colorado Springs, CO: *www.touchmath.com* 참조)

연습 게임들

421. 교실이나 가정에서도 반복 훈련과 연습 없이도 기초적인 수학 개념을 학습할 수 있는 간단한 수학 게임을 할 수 있다. 다음은 교사들이 추천하는 게임들이며, 이 게임은 여러 가지 방법으로 활용될 수 있다.

- **2개 카드 집기 게임.** 덧셈과 뺄셈, 곱셈을 복습하는 데 사용될 수 있는 간단한 게임

준비물 : 서식 87. 2개 카드 집기 게임
색지에 카드들을 복사하여 몇 개의 조각으로 자르고 코팅한다. 한 학생이 한 세트의 카드를 소지하며, 다양한 색깔로 카드를 만들면 분류하기 쉽다.

게임 방법 : 두 학생이 두 세트를 가지고 함
- 각 학생은 색지 카드를 한 세트씩 받는다.

- 학생들은 카드를 섞는다.
- 첫 번째 학생이 두 번째 학생으로부터 카드 2장를 뽑아서 뒤집어놓는다.
- 두 번째 학생도 똑같이 한다.
- 학생들은 자신이 가져온 카드의 숫자를 더하고 합계가 큰 학생이 점수를 얻는다.

변형

- 세 카드 뽑기 덧셈 : 각 학생이 3장의 카드를 뽑고 합계가 가장 큰 사람이 게임 점수를 얻는다.
- 뺄셈 : 차가 가장 작은 학생이 점수를 얻는다.
- 곱셈 : 곱이 가장 큰 학생이 점수를 얻는다.
- 수 세기 : 덧셈을 할 줄 모르는 학생들은 별을 모두 세는 것으로 덧셈을 할 수 있고, 거꾸로 세는 것으로 뺄셈을 할 수 있다. 또는 카드의 숫자를 인식하고 단순히 숫자를 크게 말하는 것으로도 사용할 수 있다.

422. **비치볼 던지기.** 덧셈과 뺄셈, 곱셈을 연습하는 데 활용될 수 있는 게임

준비물 : 0~9의 숫자가 쓰인 비치볼

게임 방법

- 학생들은 서로에게 공을 던진다.
- 공을 잡은 학생들은 엄지손가락에 가장 가까이 있는 숫자들을 본다.
- 학생은 큰 소리로 문제를 내고 대답한다. 예를 들면, '3×6=18'이라고 말하고 공을 패스한다. 만약 학생이 답을 모르면 "도와줘."라고 말하고 다른 학생에게 공을 넘긴다.
- 모든 학생들이 놀이를 할 수 있으며 정해진 시간이 끝날 때까지 놀이를 계속한다.

변형

- 수학 : 학생들은 공에 있는 두 개의 숫자를 더하거나 빼기, 곱하기를 할 수 있다.
- 덧셈, 뺄셈, 곱셈을 하지 못하는 학생들은 공을 잡고 숫자를 크게 말할 수도 있다.
- 어휘 : 공에 숫자 대신 철자를 쓴다. 주제를 정한다. 학생은 엄지손가락에 가장 가까운 곳에 있는 철자 중 하나로 시작하는 단어를 말해야 한다.

423. **자릿값 굴리기.** 임의의 숫자들을 넣어 가장 크거나 작은 숫자를 만드는 것으로 자릿값

을 연습하는 게임

준비물 : 10면 주사위(숫자 0~9). 10면 주사위가 없으면 6면 주사위를 사용한다. 각 학생들에게 나눠 줄 자릿값 표

게임 방법 : 각 학생에게 자릿값 표를 나누어준다.

- 학생들에게 게임의 목적을 설명한다.
- 주사위를 굴리고 숫자를 큰 소리로 말한다.
- 학생들은 자릿값 표의 칸들 중 하나에 숫자를 적는다.
- 주사위를 다시 굴리고, 두 번째 숫자를 부른다. 학생들은 다시 한 번 자릿값 표에 숫자를 적는다.
- 모든 칸이 다 채워지면 학생들은 답을 보여준다.
- 기준(가장 큰 수, 가장 작은 수)에 맞는 학생이 이긴다.

변형

- 자릿값 표는 어떤 크기로도 만들 수 있다. 어린 학생들은 세 칸짜리 자릿값 표를 사용하지만 상급생들은 교사가 판단한 만큼의 칸수를 사용하면 된다.
- 수 연습 : 일부 학생들은 단지 숫자 쓰기 연습을 하는 용도로 자릿값 표를 사용해도 좋다.

424. **수학 릴레이.** 이 게임은 덧셈, 뺄셈, 곱셈 연습 활동에 사용된다. 시작하기 전에 학습 내용을 결정하고 학생들에게 무엇을 하게 될 것인지 안내한다.

준비물 : 학생들이 제자리에서 볼 수 있을 만큼 큰 $3'' \times 3''$ 격자판을 만들기에 충분한 그래프용지 2장

게임 방법

- 학생들을 둘 또는 그 이상으로 모둠을 나눈다.
- 각 모둠마다 $3'' \times 3''$ 격자판을 만들고 가로 방향으로 칸 안에 숫자를 쓴다.
- 학생들에게 각 모둠에서 한 사람만 칠판에 나올 수 있다는 것을 설명한다. 다음 학생은 그 모둠원이 자리에 앉을 때까지 일어날 수 없다.
- 1번 학생이 칠판에 나가 격자판 안에 숫자를 쓴다.
- 2번 학생이 칠판에 나가 격자판의 인접한 칸들 중 하나에 두 번째 숫자를 쓴다.
- 3번 학생은 문제에 답을 해야 한다.

- 만약 틀린 답을 쓰면, 다음 학생이 실수한 것을 바르게 고쳐야 한다.
- 격자판을 먼저 정확하게 완성한 팀이 이긴다.

1 6 학생 1	2 4 학생 2	3 10 학생 3
4	5 3 학생 4	6
7	8 7 학생 5	9

변형

- 모둠을 능력 수준에 따라 나눌 수 있다. 예를 들면 수학 활동 시 학생들에게 항상 1번 칸을 시작하고 단지 가로나 세로로 칸을 채우도록 시킬 수 있다.
- 능력이 높은 학생들은 가로와 세로로 읽을 수 있는 문제들을 해결하게 한다.
- 수학능력에 큰 차이가 있는 학생들을 다른 학생들과 짝지어 팀으로 활동하게 한다. 한 학생이 답을 제시하면, 다른 학생은 표에 숫자를 써넣는다.

425. **분수광** 이 게임은 분수를 익히는 데 사용된다.

준비물 : 학생용으로 교사가 제작한 단어 목록

게임 방법

- 학생들에게 설명서를 나누어준다.

한 번에 분수 하나(기초 수준)

제시한 단어를 둘로 나누게 한다. : GRID와 DEFEAT

GRID의 처음 1/2을 쓰고 DEFEAT의 두 번째 절반을 덧붙인다.

새로운 단어는 무엇인가? GREAT

제시한 단어를 둘로 나누게 한다. : GAME와 FELT

GAME의 두 번째 1/2을 쓰고 FELT의 두 번째 절반을 덧붙인다.

새로운 단어는 무엇인가? MELT

분수 뒤섞어 맞추기(상위 수준)

제시한 단어를 넷으로 나누게 한다 : PRACTICE. 또 다음 단어를 다섯으로 나눈다 : RAISE.

PRACTICE의 처음 1/4을 쓰고, RAISE의 끝에서 4/5를 덧붙인다.

새로운 단어는 무엇인가? PRAISE

제시한 단어를 반으로 나누게 한다 : TREK. 다음 단어를 셋으로 나누게 한다 : STAIRS. 다음 단어를 여섯으로 나눈다 : ACTION.

TREK의 첫 번째 반을 쓴 후 STAIRS의 두 번째 1/3, ACTION의 마지막 1/6을 덧붙인다.

새로운 단어는 무엇인가? TRAIN

변형

■ 학생들은 급우들과 함께 나누어 자신만의 분수광 단어를 만들 수 있다.

426. **봄날의 수학.** 이 활동은 학생들이 수학 문장제 문제를 만들고 동시에 교실 밖을 즐기게 한다.

준비물 : 학생 1인당 클립보드, 종이, 연필 각 1개.(학생들이 수학 문제에 삽화를 넣고 싶어 하면 색연필이나 크레용을 추가한다)

게임 방법 : 학생들에게 자신들이 본 것과 관계된 문장제 문제를 만들게 한다. 학생들은 자신이 만든 문제들을 공유하고 다른 학생들이 답을 알아낼 기회를 제공한다.

나는 흰나비 한 마리와 옆에서 날갯짓하는 노랑나비 두 마리를 보았습니다. 내가 본 나비는 모두 몇 마리일까요?

세 학급이 밖에서 놀고 있었습니다. 한 학급은 24명이었고, 다른 학급은 28명이었는데, 세 번째 학급은 아직도 놀고 있었습니다. 그래서 나는 몇 명인지 셀 수가 없었습니다. 나는 세 번째 학급의 학생 수가 26명일 것이라고 생각합니다. 운동장에서 놀고 있던 학생은 모두 몇 명 이었을까요?

나는 교직원 주차장에서 10대의 차를 보았습니다. 주차장에는 바퀴가 모두 몇 개일까요?

변형

- 학생들에게 반드시 곱셈 문제 하나를 쓰고 이를 나눗셈 문제에 적용하기 위해 고쳐 쓰도록 하는 것과 같은 구체적인 지침을 제공한다.
- 학생들이 수학 문제에 삽화를 그릴 수 있다.

가정학습 과제

수학 과제를 내줄 때에는 학생이 이해했는지를 확인하는 것이 중요하다. 그러므로 항상 학생들에게 가정학습 과제를 수업 중에 시작할 수 있도록 허락하고, 하교하기 전에 학생들이 이해하고 있는지를 확인한다. 과제의 목적은 수업에서 학생들이 배운 것을 보충하고 강화해주기 위한 것이다. 만약 학생들이 수업 시간에 배운 개념을 완전히 익히지 못했다면 과제를 할 수 없을 것이다. 만약 이러한 경우라면, 학생의 과제를 면제해주거나 과제를 재검토하는 대안을 마련해야 한다. 제5장에서 제시한 서식도 역시 수학 과제에 사용될 수 있다. **서식 58.~서식 64.**까지는 다양한 과제 학습 용지들과 과제 일지, 우선순위 점검표, 교육과정 수정 자료들을 제시하고 있다.

427. 교실에서 숙제를 시작하도록 허락하고 학생이 하교하기 전에 개념을 이해하고 있는지 확인한다.

428. 가능하다면 학급 홈페이지에 과제를 올리고, 학생이 필요하다면 가정에서 참조할 수 있도록 한다. 부모들 또한 홈페이지에서 학급 과제를 알 수 있도록 한다.

429. 학생에게 가정학습 과제에 대한 분명한 지침과 요구를 안내한다. 아마도 학생은 집에서 숙제를 할 때 계산기를 사용할 수 있거나 과제의 일부분만 완성할 것으로 예상할 수 있다. 부모들은 홈페이지에 올린 것들과 학생이 수행한 과제가 다를 수 있다는 것을 알고 있어야 한다.

430. 학생들이 과제를 이해하도록 새로운 단어는 사전에 모두 지도한다.

431. 가정학습 과제의 핵심 단어들을 강조한다. 학생에게 지시사항을 명확하게 제시하고 학생이 각 과제를 자신이 이해한 말로 표현하도록 요구한다.

432. 학생이 과제를 완수하는 데 필요한 보충자료들이 가정에 있는지 확인한다. 필요한 보충자료들은 수직선과 자, 시계, 곱셈표, 그래프용지, 계산기, 프로젝터, 컴퍼스 등이 포함될 수 있다. 학기가 시작될 때 학부모들에게 준비해야 하는 자료 목록을 나누어

준다.

433. 필요하다면 학생의 수준에 맞도록 과제 요구 시간을 조정한다.

434. 학생이 계산기를 사용하도록 허락한다.

435. 만약 학생이 알림장을 사용한다면, 숙제를 정확하게 적었는지 다시 한 번 확인한다.

평가 전략

평가 절차는 학생의 개별화 교육 계획에 기록되어야 한다. 다음은 구체적인 수학과 평가 전략들이다. 이 외에 장애학생을 위한 적절한 전략들은 제11장 학급 평가에서 다시 제시할 것이다.

436. 제한 시간이 있는 시험을 보는 경우에서 컴퓨터 프로그램을 사용한다. 만약 3분 이내에 곱셈 문제를 풀어야 한다면 학생에게 컴퓨터에서 6분간 풀게 하고 그 결과를 둘로 나눈다. 이는 제한 시간에 대한 상당히 정확한 결과를 나타낼 것이다. 또한 학생에게 컴퓨터에 적응할 수 있도록 약간의 추가 시간을 허용한다.

437. 제한 시간이 있는 시험의 점수를 기록할 때에는 발전된 부분을 찾는다. 평가 등급을 글로 기록하는 대신에 학생들에게 제한 시간이 있는 시험 결과를 그래프로 나타낸다. 대부분의 장애학생들은 제한 시간이 있는 시험에서 많은 좌절을 경험하게 된다. 그렇게 된다면 학생들의 성적이 저조할 수밖에 없을 것이다. 그렇지만 시험 결과를 그래프로 나타냄으로써 학생들은 향상을 기대할 수 있게 된다.

438. 학생에게 다음과 같은 문제해결에 관한 질문에 대해 답을 말로 설명하도록 하고 이를 바탕으로 평가한다.

　　　문제 풀이 방법을 설명할 수 있나요?
　　　문제 풀이 과정을 보여줄 수 있나요?

439. 수학 포트폴리오를 만든다. 학생에게 최종 과제에 대한 평가를 받을 수 있도록 가장 잘한 과제들을 보관하도록 한다.

440. 만약 학생이 수학 문제해결에 어려움을 가지고 있다면 시험을 보는 동안 계산기를 사용하도록 허용한다.

441. 시간제한이 있는 시험은 가급적 피한다.

442. 만약 교사가 평가지를 직접 제작한다면, 평가지에 풀이를 할 수 있는 충분한 공간을 마련하고, 비슷한 유형의 문제들을 함께 묶어주며, 지시문을 분명하고 간결하게 한다.

443. 이 외에 추가적인 전략은 제11장 학급 평가와 학생의 개별화 교육 계획에 제시하였다.

결론

제8장은 수의 언어에 관한 것이다. 학생들이 학습해야 하는 새로운 어휘는 새로운 개념뿐만 아니라 계산하는 방법과 문제 풀이 방법이다. 이러한 학습은 학생들에게 흥미를 줄 것이며, 이 장에서 제시한 다양한 전략들로 더 쉬워질 것이다. 조작 활동, 시각자료, 수학 게임을 창의적으로 사용하는 것은 학생들에게 수학 개념들을 생생하게 끌어내어 개념을 더 구체화하며, 이해하기 쉽게 한다. 수학은 중요한 삶의 도구이며 학생들은 그들의 삶에서 그 기능과 의미를 알게 된다면 더 쉽게 학습하게 될 것이다. 이 장에서는 수학과 실제 상황을 관련시키고, 학생들이 수와 수학적 용어를 학습하기 위해 알아야 하는 것을 기억하는 데 도움을 주는 전략들을 제시하였다.

이 장을 위한 부록의 서식은 수학 카드 게임 등에 활용할 수 있는 수 차트, 수학 기호, 놀이용 카드가 포함되어 있다. 14개의 서식 목록에는 특별히 수학에 관계된 것뿐만 아니라 다른 교과에도 도움이 되는 앞 장의 서식들도 포함되어 있다.

부록 서식

서식 58	미완성 과제
서식 59	과제 기록장
서식 60	일일 과제
서식 61	일일 가정학습 일지
서식 62	과제 우선순위 점검표
서식 63	주간 계획표
서식 64	교육과정 수정
서식 81	수학 오류 분석표
서식 82	덧셈 · 뺄셈표
서식 83	곱셈표
서식 84	메뉴 카드
서식 85	숫자와 수학 기호
서식 86	일대일 대응
서식 87	2개 카드 집기 게임

한 사람의 상수는 다른 사람의 변수가 된다.

– Susan Gerhart

노트:

제 9 장

조직화 기술

"난 내 숙제를 찾을 수가 없어요. 난 내가 숙제를 제출한 걸로 알고 있어요. 난 숙제를 했
다니까요!" 이 말이 익숙하게 들리는가?

학생들은 그들의 특별한 요구에 적합한 과제를 완성할 수는 있지만, 과제를 잃어버리거
나 찾지 못하는 등 관리능력이 부족한 경우가 많다. 일부 학생들은 시간 관리나 물리적 공간
을 조직하는 데 어려움을 겪기도 한다. 또 어떤 학생들은 구두 지시나 글로 제시된 지시사항
을 따를 수 없기 때문에 조직화 능력이 부족한 것처럼 보이기도 한다.

이 장에서는 학생의 물리적 환경 관리에 초점을 맞추고자
한다.

이 장의 메모_

이 장에서 소개한 여러 가지
양식 목록이 181쪽에 제시되
어 있다. 그리고 부록에는 교
사들이 쉽게 활용할 수 있는
양식들을 제시하였다.

학급환경의 조직화

교사 개인의 조직화 기술을 생각해보자. 교사 자신은 시간과
공간을 어떻게 조직하고 있는가? 지금, 학급의 환경을 한번 둘
러보자. 교실이 잘 조직화되어 있는가? 학급의 사물과 교수 학습자료들, 교과서들이 특정한
공간에 잘 배치되어 있는가? 학생들이 과제를 제출할 수 있는 지정된 공간이 있는가? 학습
에 도움이 되는 좌석 배치인가? 보조교사와 자원봉사자가 그들의 물건을 정리할 공간이 있

는가? 이와 같은 것은 학급 환경을 평가하는 데 매우 중요한 요인이 된다. 학급이 조직화되어있지 않다면 학생이 조직화되어있는 것을 기대하기는 매우 어려우며, 학생에게 그러한 기대를 하는 것은 모순된 것이다.

444. 학기가 시작되는 첫번째 날에 학생들에게 다음과 같은 내용을 안내한다.

아침 등교하기. 학생들이 등교해서 교실의 자기 자리에 앉아서 바로 시작해야 하는 특별한 활동들을 제시한다. 예를 들면 아침 일기 쓰기 혹은 칠판에 적혀있는 내용을 옮겨적기 등과 같은 활동을 제시한다. 이러한 활동은 학생들에게 자리를 잡고 학습을 준비하는 데 도움이 될 것이다.

교과 시간의 이동. 어떤 학생들에게는 이동 시간을 인식하도록 신호를 줄 필요가 있다. 예를 들면 음악 틀기, 불을 켜거나 끄기, 벨 울리기 등과 같은 신호이다. 이와 같은 신호들은 학생들에게 자료를 준비하고 다음 과목이나 활동을 준비할 시간이라는 것을 알려 준다.

교실에서 이동하기. 통행증이 준비되어 있는가? 어디에 놓아두는가? 언제 학생이 일어나 이동할 수 있고, 언제 학생은 자리에 앉아있어야 하는가?

휴식 시간. 휴식 시간이 있는가? 학생들은 휴식 시간에 무엇을 하는가?

445. 학급환경을 조직화한다. 학생들이 일일 과제를 제출하거나 과제를 늦게 제출할 때, 그리고 집에 가져갈 학습자료들을 놓아두는 특정한 공간들을 마련한다.

446. 학급 조직화 작업에 대해 학생들에게 역할을 나누어줌으로써 학생의 지원을 받는다. 학생들에게 역할을 설명하고, 역할을 분배하기 전에 학생들과 해야 할 일을 의논한다. 학생들이 어떤 역할은 다른 역할보다 좀 더 선호할 수도 있으므로 역할을 매주 바꾸어주는 것이 필요하다. **서식 88. 학급 관리자**에는 이와 같은 학생들의 역할들이 포함되어 있다. 학생의 이름을 쓰고, 학생들에게 배당된 대로 장소에 체크하며, 관리자의 지위는 돌아가며 맡게 된다. 만일 학급에 이 외 특정한 역할이 있다면 목록에 더 추가한다.

알림장 관리자 : 이 학생은 다른 학생들이 알림장에 과제를 썼는지 점검하는 책임이 있다. 일과가 끝날 때 과제를 썼는지 점검하는 시간을 정한다. 이 알림장 관리자는 학생이 과제를 올바르게 썼는지 알림장을 빠르게 점검한다. 특별한 도움이 필요한

학생들은 교사가 점검한다. 만일 과제가 학급 홈페이지에 게시된 경우, "학급 홈페이지를 보세요." 정도로 간단히 쓰면 될 것이다. 만일 학생에게 알림장이 없다면, **서식 59. 과제 기록장**, **서식 60. 일일 과제**, 혹은 **서식 61. 일일 가정학습 일지**를 학생에게 제공한다.

칠판 관리자 : 이 관리자는 수업이 끝난 후 칠판을 깨끗이 정리하여 다음 시간을 준비할 수 있도록 한다. 학생은 화이트보드에 쓸 마커, 칠판에 쓸 분필과 지우개를 점검하고 확인하여야 한다. 만약 OHP 필름이 사용되었다면, 그것도 깨끗하게 정리한다. OHP 필름 폴더를 만들어 하나씩 분리해서 넣어둔다.

학급 관리자 : 학급 관리자는 교실이 잘 정돈되어 있는지 감독한다. 듣기 센터, 읽기 센터, 학습 센터와 같은 공동 학습 지역의 바닥이나 테이블에 남겨진 물건들을 치우는 것도 이 관리자의 역할이 될 수 있다. 학급 관리자는 식물에게 물을 주거나 물고기와 애완동물을 관리할 수도 있다.

컴퓨터 관리자 : 이 학생은 교실에서 컴퓨터를 사용하기 전에 켜졌는지 확인하고 일과가 끝난 후 컴퓨터를 끄는 역할을 한다.

분단의 첫째와 마지막 관리자 : 어린 학생들은 분단의 첫 번째에 있는 것을 좋아하는 경향이 있다. 이 역할 배당의 목적은 제일 앞에 서는 문제로 다투는 것을 방지하기 위한 것이다. 분단의 제일 마지막 사람은 불을 끄고 문을 닫는 역할을 맡는다.

과제 관리자 : 이 학생은 과제를 나누어주고 모으며, 학생들이 과제를 제출했는지 점검하고, 과제를 선반에 놓거나 폴더에 끼워둔다. **서식 89. 학급 가정학습 과제 일지**가 숙제를 다시 돌려줄 때 증빙자료로 사용된다. 각 학생에게 번호를 부여한다. 이것은 목록에서 학생이 번호를 쉽게 찾도록 하며, 비밀을 유지할 수 있도록 도와준다. 과제 관리자는 날짜별 해당 칸에 표시한다. 이것은 현장학습 양식과 같은 필수적인 자료를 점검하는데도 사용할 수 있다.

학습지 관리자 : 일일 과제를 수거 하거나 학습지를 나누어주는 역할을 담당한다.

대리 도우미 : 이 역할을 맡은 학생은 결석한 학생이나 맡은 역할을 할 수 없는 학생의 역할을 대신 한다. 이 학생은 심부름을 하거나, 메시지를 전달하거나 교사가 필요하다고 생각하는 다른 일들을 돕기도 한다.

기타 역할 담당자 : 종종 교실에선 특별한 역할들이 있다. 이러한 역할을 담당할 담당자의 이름을 붙이고, 그 역할을 설명하고 목록에 추가한다.

447. 장애학생에게 학교의 간편 지도를 나누어준다. 그 지도에 숫자를 붙이고 교실 위치를 표시한다. 장애학생이 도움이 될 수 있도록 가장 빠른 길을 지도에 표시한다.

448. 칠판에 오늘의 일정을 적고, 가능한 한 그 일정에 따르도록 한다. 일부 학생들은 정해진 일정이 없으면 생활하기가 어려운 경우가 있기 때문에 다음 일정에 대해 예상할 수 있어야 한다. 또한 학생들이 시간을 말할 수 있는지 확인해야 한다. 종종 학생들은 집에 디지털시계만 있어서 바늘시계를 볼 수 없는 경우도 있다. 학생들에게 시간을 말하는 방법을 지도한다.

449. 글을 읽을 수 없는 학생에게는 일정을 그림으로 그려주는 것도 좋은 방법이다. 학급 일정의 한쪽에 그림 일정표를 게시하거나, 학급 활동 사진을 찍어 그 사진을 게시한다. **서식 90. 그림 일정표**는 학생들을 위한 개인별 일정표를 만들 때 사용될 수 있는 간단한 아이콘이 포함되어 있다.

450. 학급 일정에 이동 시간을 포함시킨다. 학생들에게 이동 시간에 재료를 정리할 수 있도록 한다.

451. 모든 학생들이 사용할 학습 준비물을 교실의 중앙에 보관한다. 학생들에게 이 자료들은 하루 동안 사용할 재료임을 명확하게 안내한다. 자료들 중 학생들이 사용하지 않게 될 자료가 있다면, 학생들과 분리해서 두거나 교사용 자료 영역에 보관한다.

452. 학생들이 몸을 돌리지 않고도 칠판을 잘 볼 수 있도록 자리를 배열한다. 또한 매일 지원을 받아야 하는 학생들을 위한 특별한 자리배치도 고려한다. 이 학생들은 그들이 학급 전체에 방해를 하지 않고도 지원을 받기 용이한 자리에 배치해야 한다. 이 학생들은 중앙에 앉는 것 보다 가장자리에 앉는 것이 더 좋은 경우도 있을 것이다.

453. 모든 유인물에는 제목을 붙여서 학생들에게 제공한다. 이것은 학생들이 유인물을 해당 폴더에 넣어 보관하는 데 도움을 줄 수 있다. 예를 들면 사회학습 시간의 유인물들이 국어학습 폴더에 들어가게 되는 것을 방지할 수 있다.

454. 색깔 코드 표를 만들어서 게시판에 붙여 안내한다. 각각의 색깔은 특정 과목을 나타낸다. 예를 들면 읽기-빨강, 수학-파랑 등이다. 학생들에게 작은 색깔 원모양 스티커를 각 교과의 유인물 오른쪽 구석에 붙여 파일에 철할 수 있도록 한다. 이것은 쓰기 과제일 경우에 특히 유용한데, 사회 과목의 초고 숙제와 국어 과목의 초고 숙제가 비슷한 주제일 때 혼동하기 쉽기 때문이다.

455. 학부모들을 위한 주간 학습 폴더도 조직화에 도움이 된다. 교사가 매주 같은 요일에 가정으로 학습 폴더를 보낸다면, 학부모들은 주간 달력, 주간 안내장과 철자 리스트 등을 찾아보기 시작할 것이다. 학부모들은 이와 같은 학습이 매주 이루어짐을 알 수 있게 되고, 자녀들의 가방을 언제 점검해야 하는지 알게 된다.

456. 부모들에게 가정에서도 학생들의 학업에 대해 조직화할 수 있도록 안내한다.

457. 부모들에게 자녀가 숙제를 마치면 과제를 학교 가방에 넣어 준비할 수 있도록 지도를 부탁한다. 그리고 간식도 등교하기 전날 밤에 미리 준비하도록 안내한다.

458. 종종 교사들은 주간 안내나 과제 등을 학급 홈페이지에 게시한다. 대부분의 부모들이 학급 홈페이지에 접속하여 확인한다고 하더라도 그렇지 않은 부모들도 있기 때문에 학부모와 소통할 수 있는 대안을 갖고 있어야 한다.

학생 조직화

조직화하는 것은 여러 가지 측면에서 필요한 일이다. 생활을 잘 조직화한다면 필요한 것이 무엇인지, 어디에 있는지, 어떻게 하면 빨리 찾을 수 있는지 알게 된다. 그러나 이처럼 생활을 잘 조절하고 정리하지 못한다면 당연히 어려움을 겪게 될 것이다. 대부분의 어른들은 자신의 일을 정리하고 조절하는 방법을 알고 있다. 종종 우리는 너무 할 일이 많다고 느낄 때, 간단한 '작업 목록'을 작성한다. 가장 우선적으로 해야 하는 일들을 점검하고 나면, 업무에 대한 스트레스가 한결 적어진다. 학생들도 그들의 생활이 잘 정리되거나 조직되어 있지 않았을 때 좀 더 긴장하게 된다. 예를 들면 숙제를 모두 끝마쳤지만 잊고 집에 두고 왔을 때, 종종 좌절감을 맛보게 된다. 이와 같은 일들이 몇 번 반복되게 되면, 어른들은 간혹 학생이 숙제를 했다는 것을 믿지 않는다. 학생은 결국 모든 숙제를 마치기는 해도, 점점 포기하게 되거나 꾸물거리게 되고, 혼란스럽게 된다. 다음에 제시한 내용은 이와 같은 학생들에게 도움을 주기 위한 전략이다. 한 학생에게 효과적인 전략이 또 다른 학생에겐 반드시 효과적일 수는 없다. 그렇지만 학생들에게 여러 가지 전략을 제공하게 되면 가장 효과적인 방법을 결정할 수 있게 될 것이다.

459. 많은 학생들은 조직화하는 방법을 배워야 한다. 학생들에게 자신의 개인적인 조직화 전략을 논의하고 공유할 수 있는 시간을 갖도록 한다. 학생들에게 여러 가지 방법들의 목록을 제시하고, 여러 가지 방법을 적용해보도록 한다. 어떤 경우는 그러한 방법

들이 전혀 필요가 없을 수도 있다. 하지만 어떤 전략이 학생에게 효과적이라면, 그 방법을 사용하도록 한다. 간혹 어른들은 서류 파일들을 책상 위에 놓거나 혹은 책상 옆에 두기도 한다. 그 사람이 자신이 필요한 서류 파일을 빨리 찾을 수만 있다면 아무런 문제가 되지 않는다. 이것은 학생들에게도 마찬가지다. 한 학생에게 필요한 것이 다른 학생들에겐 전혀 무의미할 수도 있다.

460. 각각의 과목을 색깔별로 분류한다. 사무실에서 사용하는 폴더 박스를 구매해서 학생 개인 폴더로 제공한다(또는 학생들이 구입하도록 한다). 폴더에 교과서를 색깔별로 정리하도록 한다. 만약 수학 교과서가 푸른 계통이라면 파란색 폴더를 사용한다. 만약 전체 학급이 모두 같은 색깔을 가지고 있다면, 학급 내 다른 학생들을 시각적으로 관찰할 수 있다.

461. 개인별 과목 폴더를 만든다. 교과 영역에 따라서 각각 색깔별로 분류한다. 그리고 각각의 폴더에 연필, 펜, 종이 그리고 다른 필요한 물품을 보관한다. 칸이 2개 있는 경우 폴더 2개를 묶어서 칸을 4개로 만들 수 있다. 칸이 4개인 경우 과제가 여러 단계로 된 과목에 유용하게 사용할 수 있다. 작문 과제의 경우 4칸 폴더가 매우 유용하게 사용할 수 있다. 예를 들면 다음과 같이 간단히 각 칸에 제목을 붙인다. [1 : 작문 아이디어], [2 : 초고본 자료], [3 : 최종본 자료], [4 : 평가가 끝나서 집으로 가져갈 수 있는 완성 과제].

462. 만약 폴더가 오히려 학생들에게 혼란을 줄 수 있다면, 플라스틱 폴더가 달려있는 3공 노트를 사용한다. 이것은 학생이 한곳에 모든 자료들을 보관할 수 있도록 해준다. 과제를 제출해야 할 때까지 학생들에게 모든 과제를 3공 노트에 보관하도록 한다. 모든 학습지에 구멍 3개를 뚫는다. 칸이 있는 폴더는 최종 보고서를 깔끔하게 보관할 수 있도록 한다. 학생들의 과제 학습지도 보관할 수 있다. 만약 학생들이 과제알림장을 사용하지 않는다면, **서식 59. 60. 61.**을 새로 편집하여 사용할 수 있다.

463. 주름이 있는 아코디언 파일을 사용한다. 이 파일은 3~12개 혹은 그 보다 많은 칸으로 구성되어 있을 것이다. 각각의 파일에 제목을 붙인다. 교과 학습뿐만 아니라 파일에는 가정통신문이나 방과 후 활동 안내문 등 다양한 내용으로 구성될 수 있다. 이와 같은 방법으로 과학 칸에는 모든 과학 관련 서류를 정리하고, 수학 칸에는 모든 수학 관련 서류를 정리한다. 만약 학생이 학습지를 어디에 보관해야 할 지 잘 모른다면, 파일에 정리하도록 지시한다. 교사는 그 이후에 서류를 정리할 수 있도록 도움을 줄 수 있다. 이것은 학습지 등의 문서들을 잃어버리거나 보관을 잘못하지 않도록 도움을 줄

것이다.

464. 학생들에게 책상이나 사물함을 적어도 1주일에 한 번은 정리하도록 요구한다. 학생들이 보관하고 있는 문서들을 세 가지로 분류하도록 한다. 예를 들면 폴더에 들어갈 것과 집에 가져갈 것, 그리고 버릴 것 등으로 분류하도록 한다. 또한 학생들에게 연필을 깎아서 보관하도록 하고, 쓸모없는 연필이나 볼펜, 사물함 바닥이나 책상 바닥을 어지럽히는 물건들을 버리도록 한다.

465. 학생들은 간혹 사물함에서 물건을 찾는 것을 어려워한다. 정리하는 것을 어려워하는 학생들에게는 하루 중 사물함 사용을 줄이도록 하는 것도 좋은 방법이 될 수 있다. 학생들에게 자료를 오전용과 오후용으로 나누어 가지고 다닐 수 있도록 한다. 오전에 사용할 모든 책과 폴더들로 나누고(사물함 안에 가방이나 박스 안에 넣어두도록 할 수도 있다), 오후에 사용할 물건들로 나누어둔다. 혹은 오전에는 빨간색 폴더, 오후에는 파란색 폴더로 나누어 분류하는 것도 좋다. 과제가 있을 때에는 해당 책과 폴더를 사물함 제일 위에 넣어둔다.

466. 책상과 사물함을 정리할 때, 학생들에게 '지금 즉시 정리하기' 전략을 사용하도록 한다. 즉 물건을 잃어버리지 않기 위해 자료들을 바로 정리하도록 노력한다. 예를 들면 학생들이 시간표를 받으면 학생들은 곧바로 알맞은 곳(폴더나, 3공 노트)에 시간표를 넣어야 한다. 만약 학생이 시간표를 책상에 넣어두었다가 나중에 시간표를 찾는다면, 학생은 '지금 즉시 정리하기' 전략을 사용하지 않은 것이다. 학교에서 제공되는 문서들은 '지금 즉시 정리하기' 법칙을 사용하면 잃어버리는 경우가 줄어들게 된다.

467. 학생들은 한 과제를 여러 번 다시 시작하기도 하며, 파지나 쓰레기를 책상 서랍에 넣어 두기도 하며, 끊임없이 쓰레기통에 버리러 간다. 파지를 버릴 가방을 의자 밑에 두면 책상을 자주 떠나거나 주위를 자주 흐트러뜨리지 않고 쓰레기를 즉시 처리할 수 있게 될 것이다.

468. 학생들에게 과제 알림장을 사용하도록 한다. 그리고 '과제 제출 기한'에 대해 안내한다. 학생들에게 과제 제출 기한을 고려하여 시간이 얼마나 걸릴지를 생각하여 우선순위를 정할 수 있도록 지도한다. 학생들은 시간 개념을 이해하기 위해 일일, 주별, 월별 달력이 필요한 경우도 있을 것이다.

469. 학생들에게 과제가 부과되면 각 과제가 완료되는 데 걸리는 시간을 목록으로 만든다. 복잡한 과제인 경우 각 단계에 따라서 날짜를 자세하기 알려준다. 각 과제의 제출 기한에 따라서 학생들이 단계에 맞추어 진행하는지 점검한다. 부록의 **서식 59. 과제 기**

록장는 이와 같은 목적으로 사용될 수 있다.

470. 학생에게 '일일 과제' 학습지를 제공한다. 학생들이 오늘 해야 할 과제를 기억할 수 있도록 해줄 수 있다. **서식 62. 과제 우선순위 점검표**는 학생들이 해야 할 일의 순서를 정하는 데 도움이 될 것이다.

471. 학생들의 과제를 점검할 때 학급 동료들을 활용한다. 학급 동료는 학생이 과제를 폴더에 바르게 넣거나 과제를 끝마치는 것을 도와줄 수 있다. **서식 54. 학습 도우미**를 사용할 수 있을 것이다.

472. 숙제하는 것을 자주 잊어버리는 학생에게는 집에 전화를 하거나, 메시지를 남기거나, 문자 메시지를 보내주고, 휴대전화 메시지 또는 이메일을 보내는 것을 허용한다. 그리고 학생들에게 과제가 있는 과목과 그 페이지를 써놓도록 권장한다. 10대 청소년들은 숙제하는 것은 자주 잊어버리지만 항상 휴대전화나 컴퓨터 메시지는 확인한다. 그리고 그들은 메시지와 친구들의 전화번호 등을 저장할 수 있는 전자기기를 가지고 다닌다. 마찬가지로 숙제도 그 기기 안에 저장할 수 있을 것이다.

473. 학생들에게 자신의 조직화 전략을 생각하고 개발하도록 요구한다. **서식 91. 당신의 조직화 수준은?** 이 학생들 자신의 생활 방식을 평가하는 데 사용할 수 있는 간단한 체크리스트이다. 이 체크리스트를 사용한 후에, 학생들은 **서식 92. 나의 목표**를 사용하여 자신의 목표를 설정할 수 있다. 학생들은 자신의 변화를 점검할 수 있고, 몇 주 내에 자신의 발전된 변화를 볼 수 있게 될 것이다.

474. 요즈음 많은 학교에서는 노트북 컴퓨터를 학생들에게 공급하기도 한다. 이와 같은 경우에는 학생들에게 과제물을 컴퓨터 폴더에 저장하고 디스크에 백업하는 것을 지도해야 한다(한곳에 저장하면 오류가 날 수도 있으므로 여러 곳에 자료를 백업하도록 지도한다).

475. 학생들에게 교과서를 집에서도 활용할 수 있도록 여분의 교과서를 갖추도록 한다.

476. 학생에게 포스트잇 메모지를 제공해서 교사가 내준 과제를 적어놓을 수 있도록 한다. 그리고 이 메모지를 책상에 넣어두었다가, 과제가 끝나면 떼어 버리거나 알림장에 붙여놓는다.

477. 과제나 기억해야 할 일을 점검할 수 있도록 간단한 일일 체크리스트를 만든다. 학생은 이것을 책상 위나 공책 안에 붙여놓는다. 과제를 마치면 그 체크리스트에서 과제를 지운다. 만일 과제가 아직 남아 있다면, 체크리스트를 알림장에 스테이플러나 테이프로 붙여놓는다.

478. 학교 일과 중에 과제를 모두 마치게 되면, 다음날까지 기다리지 말고 바로 제출하도록 한다. 학생이 완성한 과제를 정리하는 파일 폴더를 가지고 있다면, 완성된 과제를 그 안에 넣어 정리하도록 한다.

479. 비닐 지퍼락 주머니를 사용해서 책상 속에 있는 연필, 크레용, 마커와 각종 물건들을 정리할 수 있도록 한다. 조직화 기술이 부족한 학생들은 책상과 사물함에 이와 같은 주머니가 여러 개 필요할 것이다. 학생들은 주기적으로 주머니를 다시 정리하거나 새로 구입하여 정리하도록 한다.

480. 조직화 기술이 부족한 학생들에게는 새로운 과목을 시작하기 전에 자료들을 제자리에 넣고 정리할 시간을 주어야 한다. 시각 또는 청각 신호를 사용하여 학생들이 시간의 변화를 알 수 있도록 해야 한다. 불을 깜박인다거나 벨 울리기, 음악 틀기 혹은 손뼉 치기 등 여러 가지 방법으로 신호를 주어야 한다. 일단 신호를 주고 나서 학생들에게 2~3분 정도 여유를 주어 물건들을 치우고 다음 활동을 준비하도록 한다.

481. 만약 학생이 행동을 점검하거나 등하교를 관리하는 학교 심리학자나 사회복지사의 도움을 받고 있다면, 그들에게 교실에 방문하도록 요청한다. 이와 같은 방법은 학생들에게 학급에서 수업 시간의 중요성이나 수업의 끝과 시작의 중요성을 알 수 있도록 하는 데 도움을 줄 것이다.

482. 학생이 일과를 마칠 때에는 칠판에 쓰여 있는 과제를 적고 알림장을 반복해서 점검할 수 있도록 10분 정도 시간을 더 주어야 한다. 이 시간에 교사는 또 다른 어려움이 있는 학생들의 알림장을 점검할 수도 있다.

483. 학생들에게 자신의 혼잣말(self-talk)을 조절할 수 있도록 지도한다. 종종 조직화 기술이 부족한 학생들은 좌절감을 느끼고, "나는 이것을 못 해.", "나는 이해할 수 없어.", "나는 절대 그것을 할 수 없어."와 같은 부정적인 생각을 하게 된다. 학생들이 깊게 숨을 쉬고, 긍정적인 말들, "나는 할 수 있어, 나는 이해할 수 있어, 천천히 그리고 집중하자." 등과 같은 말을 반복하도록 연습시킨다. 지시 사항이 복잡할 때는, 학생이 각 단계를 말로 표현하도록 지도한다.

484. 걸어놓을 수 있는 폴더나 숫자가 쓰여진 파일 폴더, 혹은 메일박스를 학생들에게 나누어준다. 과제를 계속해서 잃어버리는 학생들은 완성한 과제를 즉시 폴더 안에 넣어 잃어버리지 않도록 지도한다. 종종 이 과제물들은 학교와 집을 오가는 사이에 없어지곤 한다.

485. 대부분의 학급은 학급 홈페이지를 운영한다. 가정학습 과제와 그 외의 관련 정보들은

학생과 부모가 모두 접속이 가능한 학급 홈페이지에 게시할 수 있다.

486. 부모에게 협조를 구해서 과제를 할 수 있는 특정한 시간을 정하도록 한다. 그리고 학습 준비물 목록을 가정으로 보내서 부모들이 무엇이 필요할지 알도록 한다. 이때 목록을 구체적으로 제시해주어야 한다. 모든 가정에 계산기나 각도기, 자가 있는 것은 아니다.

487. 학부모 면담 혹은 가정방문을 할 때, 부모들에게 일일 학습 시간을 규칙적으로 정하도록 요구한다. 만약 학생이 가정학습 과제가 없다면, 이 시간은 독서나 청소, 폴더와 가방 정리 등의 시간으로 활용할 수 있을 것이다.

가정학습 과제 조정하기

교사가 학생들에게 가정학습 과제를 제시할 때에는 그 과제가 학생들에게 의미가 있어야 하며, 학생들이 과제를 이해할 수 있도록 해야 한다. 또한 학생들은 과제가 점수화된다는 것을 알게 될 때 더 책임감을 갖게 될 것이다.

488. 항상 수업 준비를 하지 못하는 학생들에게는 학교용과 가정용 두 세트의 교과서를 준비하도록 한다. 이것은 "나는 과학책을 집에 두고 왔어요!"라는 변명을 하지 않도록 해줄 것이다.

489. 학생들에게 알림장이나 과제 일지를 사용하도록 한다. 부록에 학생들이 참고할 수 있는 과제 일지를 제시하였다.

490. 학생들에게 기억해야 할 중요한 내용을 교과서에 첨부할 수 있는 스티커형 메모지(예 : 포스트잇)를 제공하도록 한다.

491. 가정학습 과제 폴더를 마련한다. 왼쪽 포켓에는 일일 가정학습 과제가 기록되어 있는 과제 일지를 넣어둔다. 아직 '진행 중인' 과제는 끝날 때까지 왼쪽 포켓에 남겨둔다. 과제를 마치게 되면 과제 일지에 표시를 하고 오른쪽 포켓으로 옮겨 넣어둔다. 각 과목별로 폴더를 나누어 사용하는 것은 중등 단계에서 활용하며, 초등학생들은 하나의 폴더를 사용하는 것이 좋다.

492. 학생들에게 컴퓨터로 과제를 했을 경우 반드시 '백업'하도록 지도해야 한다. 대부분의 워드프로세스 프로그램은 자동저장 작업을 수행할 수 있도록 되어 있다. 과제 파일을 학교에 가져오도록 할 경우 복사본은 가정에 남겨두도록 한다.

결론

이 장은 조직화 전략이 부족한 학생들에게 도움을 줄 수 있는 여러 가지 전략들을 제공하고 있다. 이러한 전략은 여러 가지 이유에서 매우 유용하지만, 가장 중요한 것은 학생들에게 보다 나은 조직화 전략을 갖도록 해서 학생들의 스트레스를 줄이고 학생들의 수행 전체에 발전을 가져올 수 있다는 것이다. 예를 들면 폴더를 적절하게 잘 활용하고, 색깔 코드 활용, 기억 노트 활용, 목록화, 시간 관리 기술 등과 같은 전략은 학생들이 제 시간에 과제를 올바르게 마치는 기술을 갖게 하고, 과제를 잃어버리지 않고 준비할 수 있도록 도와준다. 보다 나은 조직화 전략은 학생들이 올바른 자료를 준비할 수 있도록 하며, 정해진 시간에 과제를 적절하게 완성할 수 있도록 한다. 학생들에게 교실을 관리하는 역할을 맡기는 것은 그들에게 자신감을 갖도록 하며, 교실을 조직화 할 수 있도록 해준다. 교사가 가정에서 부모들이 지원할 목록을 작성하는 것은 학생들의 조직화 능력에 많은 도움을 준다. 이 장에서 제시한 여러 가지 전략들을 이용하여 학생들에게 교실에서 편안한 감정을 느낄 수 있도록 해주어야 한다. 아래에는 교사들이 새로 편집하여 사용할 수 있도록 부록에 제시한 양식 목록들이다.

부록 서식

서식 54	학습 도우미
서식 59	과제 기록장
서식 60	일일 과제
서식 61	일일 가정학습 일지
서식 62	과제 우선순위 점검표
서식 88	학급 관리자
서식 89	학급 가정학습 과제 일지
서식 90	그림 일정표
서식 91	당신의 조직화 수준은?
서식 92	나의 목표!

당신이 원하는 것을 얻기 위해서는 불필요한 것을 멈춰야 한다.

– Dennis Weaver

노트:

제 10 장

교수-학습 방법

학생들은 학교생활의 대부분을 교사가 강의하는 수업자료를 듣는 활동을 하게 된다. 중등 과정 이후 학생들은 하루의 대부분을 교실에서 교사의 강의를 들으며 보낸다. 이와 같은 과정은 청각적 정보처리 능력과 필기하기, 그리고 주의집중 능력에 어려움이 있는 학생들에게는 좌절감을 줄 수 있는 어려운 경험이 될 수 있다.

이 장에서는 교사 자신의 교수 방식 분석을 강조한다. 그리고 장애를 가진 학생들의 요구를 고려하여 적용할 수 있는 몇 가지 전략들을 제공할 것이다. 이 장에서는 구두 지시나 문어 지시 방법에 대해 논의하고자 하며, 학생들의 듣기와 필기 기술을 개선하는 데 도움을 줄 수 있는 몇 가지 전략을 제공할 것이다.

수업 방식에 관한 자기 평가

교사로서 자신의 수업 방식을 스스로 평가해보는 일은 매우 중요하다. 이러한 자기 평가는 다양한 방식으로 이루어질 수 있다. 일부 학교에서는 동료 평가 방식을 도입하고 있다. 이 평가 프로그램은 교사들로 하여금 동료 교사를 관찰하고 서로 아이디어를 제안하는 시간을 갖도록 한다. 또는 학교 자체적으로 공식적인 평가 시스템을 적용하기도 한다. 일부 교사들은 개인적으로 자신의 수업을 녹화하고 자신의 수업 방식을 스스로 평가하기도 한다. 교사가

> **이 장의 메모_**
>
> 이 장에서 소개한 여러 가지 양식 목록이 197쪽에 제시되어 있다. 그리고 부록에는 교사들이 쉽게 활용할 수 있는 양식들을 제시하였다.

어떤 평가 방법을 선택하든, 교사 자신의 수업 방식을 평가하는 것은 매우 중요한 일이다. 이것은 교사가 자신이 개선해야 할 영역을 확인할 수 있도록 하며, 수업 기술을 좀 더 향상시켜 학생들이 더 잘 학습할 수 있도록 한다. **서식 93. 자기 평가 기록지**는 간단한 자기 평가 양식이다. 짧은 시간 동안 체크리스트를 읽어보고, 대집단 대상 수업 중에 일어나는 상황을 점검한다. 어떤 영역에서 개선이 필요하다면, 목표를 정하고 스스로에게 도전해보는 것이 필요하다.

493. 교실의 좌석 배치가 수업에 도움이 되는가? 교실의 좌석 배치에 대해 생각해보자. 학생들이 의자를 돌리지 않고도 교사를 볼 수 있는가? 학생들이 교사를 보기 위해 의자를 돌려야 한다면, 필기를 할 수 있도록 반드시 클립보드(필기할 수 있는 받침대)를 제공해야 한다. 어떤 학생들은 교사의 수업을 잘 보거나 듣기 위해 교사와 더 가까운 곳의 좌석 배치가 필요할 수 있다. 혹은 주의가 쉽게 산만해지는 학생들은 교실문이나 창문에서 멀리 떨어진 좌석에 배치해야 한다. 또한, 주의를 흐트러뜨리는 물건들도 모두 치우는 것이 도움이 될 것이다. 그리고 복도쪽에서의 소음을 줄이기 위해 교실문도 닫는 것이 좋다.

494. 학생들이 수업 시간에 새로운 정보에 대한 학습의 목표를 알고 있는가? 학생들이 학습 목표를 이해하지 못하거나, 본 수업의 내용과 학습 목표 간의 관계를 이해하지 못하면, 학습 내용을 기억하는 것은 쉽지 않을 것이다. 학습 목표를 이해하도록 하는 것은 매우 중요한 일이다.

495. 수업을 시작할 때 학생들에게 수업의 목적과 목표를 설명하는가? 칠판에 수업 목적과 목표를 제시하거나 학생들에게 수업 계획서를 나누어주는 것은 학생들에게 가장 중요한 교수자료에 초점을 맞출 수 있도록 할 것이다.

496. 수업을 시작할 때 학생들에게 지난 시간에 설명했던 중요한 내용과 어휘 등 학생들이 학습한 내용을 다시 요약해서 제시해주는가? 이것은 학생들에게 앞서 학습한 내용을 상기시켜줄 수 있을 것이다. 그리고 기존에 학습한 정보에 새로운 지식을 더 추가하여 학습할 수 있을 것이다. 기억력이 아주 짧은 학생들에게는 단순히 지난 강의를 몇 분 복습하는 것만으로도 기억력이 증진될 것이다.

497. 수업은 시작점과 종결점이 명확한가? 학생들이 수업에 집중할 수 있도록 수업 시간에 학습할 내용을 제시하는가? 수업이 끝날 때 중요한 내용을 요약하는가? 이 모든 전략들이 학생들이 흥미를 유지하고, 정보를 기억하도록 도와줄 것이다.

498. 수업에 유머를 활용하는가? 수업과 관련된 유머는 기억력을 증가시킨다고 알려져 있다.

499. 교사의 수업 진행 속도는 적절한가? 너무 느리거나 빠른가, 아니면 적절한가? 제공된 수업 자료에 따라 교사의 수업 속도는 다양하게 해야 한다. 학생들이 노트 필기를 하는 상황이라면 속도를 늦추고, 필기를 할 수 있도록 시간을 주어야 한다.

500. 발음은 분명한가? 수업을 할 때, 자연스러운 구절과 문장 구조를 사용하는가? 제시하고 있는 정보가 논리적이고 이해할 수 있는 계열성을 갖고 있는가?

501. 학생들에게 설명할 때, 학생들이 잘 이해할 수 있도록 하는가? 배경지식을 제공하고 기존에 학습한 개념을 정리해주는 것은 학생들의 이해력을 향상시키는 데 도움이 될 것이다.

502. 수업 전에 교사 자신의 생각을 구조화시키는가? 그리고 수업을 할 때 그 상태를 유지하는가? 주제에 집중하고, 학생이 수업 목표에서 벗어나는 질문을 할 때 방향을 다시 본 수업의 주제로 돌려놓아야 한다. 일단 주제에서 벗어나면, 일부 학생들은 영원히 길을 잃게 된다.

503. 수업을 멈추고 학생들이 이해했는지 확인하기 위해 질문을 하는가? 학생들이 수업 내용을 잘 이해하고 있는지 지속적으로 확인하는 것은 매우 중요하다. 수업과 관련된 질문을 많이 해야 한다. 그리고 수업 내용을 학생들이 자신의 말로 바꾸어 표현할 수 있도록 기회를 주어야 한다. "질문을 하지 않는 것은 어리석은 일이다."라는 학습 분위기를 조성한다. 학생들이 혼란스러워 하는 것처럼 보일 때는 언제든지 정보를 반복하여 제시해주고, 강의 내용을 요약해주어야 한다.

504. 학생들의 이해를 돕기 위해서 시각 보조자료, 도표 그리고 실제 사례 등과 같은 보충 자료를 제공하는가? 이러한 보충자료들은 시각중심 학습자에게 많은 도움을 줄 것이다.

505. 학생들이 제시된 정보를 숙지하고 이해할 수 있도록 충분한 시간을 제공하는가? 질문을 할 때, 학생들이 생각하고 답을 구할 수 있도록 적어도 10초 이상 기다려 주어야 한다. 질문을 한 후에 학생들이 교사의 신호가 있을 때까지는 손을 들지 않도록 한다. 이것은 학생들에게 답을 하기 위해서 더 많은 시간을 생각을 할 수 있도록 하며, 정보를 천천히 처리하는 학생들에게도 답을 생각해내도록 할 수 있을 것이다.

506. 학생들이 칠판에 적힌 것을 노트에 필기할 수 있는 시간을 제공하는가? 학생들에게 노트 필기가 필요하다면, 학생들이 필기하는 데 필요한 중요한 요점을 설명한 후, 필

기할 수 있는 시간을 제공한다. 노트 필기를 할 수 없는 학생들을 위해서는 중요한 내용의 개요나 학생들이 추후에 다시 공부할 수 있도록 강의 요약본을 제공한다.

507. 강의와 관련된 예제를 가능한 한 많이 제공하려 하는가? 학생들에게 눈을 감게 한 후 강의 내용을 시각화하도록 요구한다. 강의 내용을 시각적 이미지로 만들어 보도록 하는 것은 학생에게 정보를 더 잘 기억할 수 있도록 할 것이다.

508. 학생들에게 수업과 관련된 정보만을 제공하는가? 가능하면 대명사 보다는 명사를 사용하는가? 강의 중 대명사를 자주 사용하게 되면 일부 학생들에게 혼동을 줄 수도 있다. 특히 수업을 잘 이해하지 못했거나 수업을 시작할 때 집중을 하지 않았거나, 혹은 주제가 너무 빨리 전환 되었다면 일부 학생들에게 혼란을 줄 수 있다.

509. 학생들이 노트 정리를 해야 할 경우에 어휘를 간단하게 제공해주는가? 중요한 정보는 OHP 필름이나 색분필, 다양한 색깔의 보드마커를 사용하여 강조해주는 것이 도움이 될 수 있다.

510. 수업자료를 시각적으로 제시하여 중요한 낱말이나 구, 단계들을 강조하는가?

511. 수업 내용을 짧게 끊어서 설명해주고, 학생들에게 정보를 요약하도록 하는가? 그리고 적절한 시기에 학생들이 이해했는지 확인하고 이전에 배운 개념과 관련시키기 위한 질문을 하는가?

512. 학생들에게 지속적으로 수업과 관련된 단서를 제공하는가? 예를 들면 "이것은 꼭 기억해라, 시험에 나올 것이다.", "이것은 중요하다. 그러므로 공책에 적어두어라." 등이 있다. 이러한 전략은 시험 전에 복습을 할 때에도 사용될 수 있도록 해야 한다. 특히 학생들에게 도움이 될 수 있는 정보를 말해주어야 한다. "이것을 기억해두어라.", "이것은 시험에 나올 것이다.", "이것을 꼭 적어 두어라. 이것에 대해 시험을 볼 것이다."와 같은 단서를 제공해주어야 한다.

513. 모든 학생들이 토론에 참여할 수 있도록 질문의 수준을 다양하게 하는가? 이것은 사회적 기술, 듣기 기술 등에 어려움이 있는 학생들에게는 매우 중요한 것이다. 학생들 개개인의 목표는 다르지만, 모든 학생들이 참여할 수 있도록 질문의 수준을 조정해야 한다.

514. 동료들이 "정확한 답을 한 번도 해 본 적이 없다."고 생각되는 학생들을 위해 특별한 조치를 취하고 있는가? 이와 같은 인식은 그 학생들에게 문제를 사전에 제공해주어 미리 준비를 시켜주는 것으로 변화시켜 줄 수 있다. 그 학생들이 무슨 질문을 받을지 정확히 알 수 있도록 수업 시작 전에 준비시켜 주어야 한다.

515. 통과 또는 참여하기! 나무 막대에 모든 학생들의 이름을 적어놓는다. 질문에 답을 할 경우 그 학생의 이름이 적힌 막대를 빼놓는다. 학생들에게 매 수업 시간마다 한 번의 '통과'를 할 수 있는 기회를 허용한다. 학생들은 자신의 이름이 언제 불릴지 모를 때 참여가 증가한다.

516. 집단 전체가 답변을 할 수 있도록 함으로써 학생들이 적극적으로 참여할 수 있도록 강조한다. 수업에 학생들이 집단 전체가 답변할 수 있도록 하는 방법에는 여러 가지가 있다.

- **개인 칠판** : 학생들에게 개별적으로 작은 칠판과 헌 양말, 분필을 제공한다. 학생들은 혼자서 또는 짝과 함께 간단한 답을 칠판에 적는다. 학생들에게는 답을 적을 수 있도록 시간을 충분히 준다.
- **색인 카드** : 각각의 학생들에게 개별적으로 색인 카드를 2개씩 제공한다. 이 카드들은 집단 활동 중 질문에 답을 하는 데 사용된다. 교사가 질문을 하면, 학생들은 자신의 카드를 들어서 답변을 한다.

참	거짓
동의합니다.	동의하지 않습니다.

- **엄지손가락 들기/엄지손가락 내리기!** 이 방법은 수업시간 중 학생들이 적극적으로 참여할 수 있도록 하는 간단한 방법이다. 그리고 앞서 강조한 바와 같이 학습이 부진한 학생들에게는 답을 할 수 있는 시간을 충분히 주어야 한다.

말로 지시하기

학생들은 매일 많은 지시를 받게 된다. 많은 학생들은 그와 같은 지시를 적절하게 처리하지 못하기 때문에 학교에서 어려움을 겪는다. 이와 같은 문제는 부주의나 청각적 처리 과정의 어려움, 기억력 부족, 듣기 기술의 부족, 수용언어 능력의 제한, 혹은 정보를 정리하는 능력의 부족 등과 같은 원인 외에도 다양한 원인에 의해서 이와 같은 어려움을 겪게 된다. 문제의 원인이 무엇이든, 이러한 문제는 해당 학생에게 좌절감을 주는 경험이 될 것이다.

517. 학생에게 지시하기 전에 학생이 집중을 하고 있는지 점검한다. 그렇지 않다면 잠시 멈추고 학생이 집중할 때까지 기다려주어야 한다. 이때 학생과 눈을 맞추는 것이 중

요하다.

518. 교사의 구두 지시 형식을 변경한다. 학생들에게 글로 된 지시문을 함께 제공해서 학생이 구두 정보에 대한 참고가 될 수 있도록 해야 한다.

519. 관련이 없는 내용은 제외하고 지시한다. 가능한 간결하고 단순하게 설명하는 것이 좋다.

520. 단순한 용어를 사용한다.

521. 말로 설명할 때에도 가능하면 시각적인 자료를 사용한다.

522. 길고 복잡한 지시는 한두 단계로 나누어 제시한다. 지시 내용이 복잡하다면, 다음 단계의 지시를 하기 전에 학생들이 첫 번째 단계를 완전히 수행하도록 한 후에 지시한다.

523. 다단계 지시를 하는 경우 학생을 지도할 또래 교사를 선정한다.

524. 학생이 과제를 시작하기 전에 교사의 지시를 이해했는지 반드시 확인해야 한다. 교사 혹은 또래 친구에게 지시 내용에 대해 다시 설명하도록 요구해서 학생이 이해했는지 점검한다.

525. 시청각 자료를 함께 활용하여 설명한다. 예를 들면 칠판이나 화이트보드, OHP 또는 플립차트를 이용한다.

526. 지시 내용을 읽을 수 없는 학생들을 위해 글과 함께 관련 그림도 제시한다.

527. 여러 단계의 실험과 설명, 활동의 각 단계들을 사진으로 찍어둔다. 그 사진들을 서류철에 시간 순서대로 붙여둔다. 시각적인 도움이 필요한 학생들은 이 서류철을 사용할 수 있을 것이다. 추후에 다시 사용할 수 있도록 단원별로 지시사항을 파일로 정리한다.

528. 일일 과제를 테이프에 녹음해서 학생이 필요할 때 여러 번이고 반복해서 그 내용을 들을 수 있도록 한다. 과제 제출 기한도 함께 녹음한다.

529. 학생이 청각에 장애가 있다면, 구두로 설명할 때 도움을 줄 수 있는 또래친구를 정해 준다. 그리고 학생이 인터컴 메시지*를 통해 도움을 받을 수 있도록 한다. 학생이 이해했는지 여부를 항상 확인해야 한다.

 * 전화기 모니터의 메시지

글로 지시하기

530. 지시문은 순서대로 제시한다. 지시문의 내용이 여러 단계로 제시해야 하는 경우, 각 단계의 번호를 정한다.

531. 학생들이 과제를 공책이나 알림장(과제 공책)에 옮겨적을 수 있도록 충분한 시간을 제공한다. 학생이 멀리 앉아서 보고 옮겨적을 수 없는 상황이라면 다른 친구의 학습 지를 보고 적을 수 있도록 하거나 그 학생을 위해 지시문을 대신 써줄 또래친구를 정 해준다.

532. 가능하면 시각적인 자료나 모형과 함께 지시문을 제시한다.

533. 학생이 도움을 요청하기 전에 처음부터 끝까지 적어도 두 번 정도 지시문을 읽도록 요구한다. 학생이 주요 단어와 문장에 밑줄을 긋거나 표시할 수 있도록 여분의 시간 을 충분히 준다.

534. 지시문이 과제의 시작 부분에 제시되어 있다면 과제마다 색을 표시하여 구분이 될 수 있도록 한다.

535. 항상 학생이 과제를 시작하기 전에 학생이 이해했는지 확인한다.

536. 만일 학생이 시각장애가 있다면, 시험에 대한 안내나 과제, 중요한 설명을 항상 글과 함께 말로도 설명해준다.

537. 시각장애 학생들을 위해서 인쇄물의 명암을 높여 잘 보이도록 인쇄물 위에 노란 아세 테이트 필름을 올려놓는다.

538. 지시문을 검고 뾰족한 펜으로 지적하면서 설명해준다. 그리고 저시력 학생들을 위해 서 인쇄물을 진하게 복사한다.

539. 시각장애가 있는 학생들을 위해서 명암이 뚜렷한 검은색 마커와 화이트보드를 사용 한다.

노트 필기 기술

노트에 필기하는 것은 매우 어려운 과정이다. 최근 강의나 워크숍에 참여해서 노트 필기를 해야 했던 경우를 생각해보면 이해가 될 것이다. 제공된 강의계획표에 강의 내용을 적는가? 아마 녹음기를 가져가서 녹음을 했다면, 차 속에서 듣거나 혹은 집에서 조용한 시간에 들을 수 있었을 것이다. 중요한 단어나 문장을 적는가? 아니면 전체 내용을 그대로 적는가? 어쩌면 내용을 일반화할 수 있다면 챠트나 그래프로 나타내기도 했을 것이다. 강사가 "이것은 중요합니다!"라고 말했을 때에는 그 모든 내용을 적으려고 애썼을 것이다. 노트 필기는 단순한 기술이 아니다. 그것은 학생들이 정보를 청각적, 시각적으로 처리하고 문자의 형태로 정보를 표현하는 또 다른 기술이 필요한 것이다. 학생들이 노트 필기를 성공적으로 하기 위해서는 듣기 기술을 시작으로 다양한 전략들을 습득해야 한다.

540. 교사가 강의하는 동안에는 책상 위의 모든 불필요한 것들을 치우도록 해야 한다. 학생들의 책상 위에는 잘 깎여진 두 자루의 연필과 종이, 형광팬 정도만 놓도록 한다. 이 외 모든 다른 자료들은 치우도록 한다.

듣기

541. 듣기(listening)는 학생들이 갖추어야 하는 중요한 기술 중 하나이다. 대부분의 학생들은 자신만의 선택적인 듣기 전략을 사용한다. 다음은 학생들과 함께 논의하고 지도해야 하는 듣기 전략들이다.

542. 듣기는 쉽지 않은 기술임을 학생들에게 설명한다. 학생들이 강사가 설명하고 있는 내용에 집중하고 정신이 산만해지지 않도록 노력하는 것이 중요하다. 바람직한 청자는 그 주제를 알고 있을 때에도 열심히 듣는다. 그들은 새롭게 학습할 내용이 무엇인지 알아보기 위해 잘 듣는 것이다. 잘 듣기 위해서는 연습이 필요하다!

543. 학생들에게 자신의 개인적인 듣기 기술을 분석하도록 요구한다. 음악을 듣거나 라디오를 들을 때, 혹은 TV를 볼 때 집중하지 못하는 학생이 있는가? 아마도 그런 학생은 한 명도 없을 것이다! 학생들에게 이와 같은 전략을 학교에서 배우는 과목에도 적용해야 함을 강조해야 한다. 학생들이 들을 수 없는 것이 아니다. 즉 그들은 종종 선택적 듣기를 하고 있는 것이다!

544. 학생들과 함께 교실에서 집중에 방해가 되는 것에 대해 토론한다. 학생들은 집중에 방해가 되는 것을 피하는 방법을 배워야 한다. 노트 넘기는 소리나 사람들이 속삭이는 소리, 그리고 여러 가지 종이들이 움직일 때 나는 소리 등과 같이 교실에서 나는 여러 가지 소리들을 무시하는 것은 어려운 일이다. 그러나 바람직한 청자는 이러한 방해물들을 무시하는 전략을 익혀서 강사의 강의 내용에 집중하게 되는 것이다.

545. 강의의 목적에 대해 이해하도록 하는 것이 중요하다. 학생들이 목적을 알지 못하면 집중해서 듣는 것이 어려울 것이다.

546. 학습은 전적으로 학생 자신의 책임임을 강조한다. 즉, 강의 내용을 학습하는 것은 전적으로 학생 자신에게 달려있으며, 수업이 즐겁거나 재미있는 것은 교사의 책임이 아니라는 것이다. 어떤 과목은 재미있을 수 있다. 하지만 모두 그렇지는 않다. 전달하려는 내용이 중요하지만 교사가 그것을 전달하지 않을 수도 있다. 학생들은 스스로 책임감을 가지고 있어야 하며, 수동적인 청자가 되어서는 안 된다고 강조해야 한다.

547. 학생들이 그 과목(또는 강의 내용)을 좋아하지 않더라도 강의 내용을 잘 들어야 함을 강조한다.

548. 주요 개념에 집중해서 듣는 것의 중요함을 강조한다. 어떤 사실들은 주요 개념을 뒷받침한다. 학생이 주요 개념을 이해하는 데 어려움이 있다면 교사에게 개요를 제시해 달라고 요청하도록 해야 한다. 학생들은 적극적인 자세를 배워야 하며, 필요할 때 도움을 요청하는 것을 두려워해서는 안 된다.

노트 필기하기

549. 학생들에게 듣는 동안 메모를 하도록 한다. 종종 학생들은 교사의 강의 내용을 모두 기억할 수 있을 것이라 생각하지만 적어놓지 않으면 잊어버리게 된다는 것을 설명해 주어야 한다.

550. 학생들에게 공식이나 정의, 그리고 구체적인 사실을 제외하고 나머지 내용에 대해서는 학생 자신의 언어로 정리하여 필기하도록 지도한다.

551. 수업 시간을 활용하여 학생들에게 필기하는 방법을 지도해야 한다. 이 기술은 학생들이 성인이 되어서도 필요한 매우 중요한 기술이다.

552. 필기할 때 사용할 수 있는 일반적인 약어를 지도한다. 학생들이 약어를 사용할 때 주의해야 할 점은 일관성이 있어야 한다는 것이다. 수업시간 중에 일반적인 약어 목록을 개발하고 약어를 사용하는 연습을 하도록 한다. 그리고 교실에 약어 목록을 게시해 놓는다.

553. 학생들에게 필기를 할 때 만일 한 단락 내에서 같은 문장이 반복된다면 그 문장을 또 쓸 필요는 없다는 것을 이해하도록 한다. 마찬가지로 만약 한 단어로 같은 의미가 표현될 수 있다면 그 구절은 건너뛰어도 된다.

554. 학생들이 주요 개념이나 주제를 놓쳤다고 해서 필기를 멈추지 않도록 지도한다. 정보는 추후에 또 보충할 수 있을 것이다. 어떤 문제가 걱정되어 강의 중 다른 친구에게 물어보는 것은 다음에 나오는 더 중요한 포인트를 놓칠 수 있다는 것을 명심하도록

해야 한다.

555. 때로는 편안히 듣는 것도 좋다. 학생들은 항상 모든 내용을 집중해서 기록할 필요는 없다. 모든 수업 내용을 필기할 필요도 없다. 중요한 내용만을 기록해야 한다는 것을 지도해야 한다.

556. 공간을 남겨두는 것도 문제가 되지 않는다. 이러한 여분의 공간에는 추후에 세부 내용을 보충할 때 사용할 수도 있다.

557. 필기한 수업 내용에는 날짜를 기록하도록 한다. 이것은 필기한 것을 나중에 정리하는 데 도움이 될 것이다. 그리고 필기는 노트에 하도록 지도한다. 필기를 묶여있지 않은 낱장의 종이에 하는 경우 잃어버릴 수도 있기 때문이다.

558. 필기한 내용을 자주 살펴보는 것이 추후에 정보를 기억하는 데 도움이 된다는 것을 학생들에게 알려 주어야 한다. 실제로 필기한 내용을 매일매일 읽어보는 것이 시험 전날 밤에 모든 내용을 공부하려고 하는 것보다 더 기억이 잘될 것이다.

559. 학생들에게 수업 전에 토론 주제 목록을 제공한다. 이것은 학생들이 세부적인 내용들에 신경을 쓰지 않고 일반적인 주제에 초점을 맞추도록 하는 데 도움이 될 것이다. 학생들은 같은 페이지 위에 바로 필기를 할 수 있을 것이다.

560. 강의하는 동안 "이것을 기억해라.", "이것은 중요하다.", "받아 적어라." 등과 같은 말을 해서 주요 핵심 내용에 대한 단서를 제공한다.

561. 잠시 시간을 주어 그림을 그리게 하는 것도 좋은 방법이다. 어떤 학생들은 매우 시각적인 특성을 갖고 있다. 수업 중 적절한 시기에 학생들에게 잠시 시간을 주고 수업 내용을 그림으로 그리게 한다. 학생들이 그림을 그리는 과정에서 학습한 내용의 세부 사항들을 생각할 수 있도록 하는 것이 필요하다.

562. 핵심 주제의 개요를 칠판에 제시해준다. 학생들은 먼저 중심 내용을 적고 수업 중에 세부 내용들을 필기할 수 있다.

563. 수업 전이나 수업 중 주요 핵심 내용을 칠판이나 오버헤드 프로젝터(overhead projector)에 제시해준다. 설명이 끝나면 즉시 아래와 같은 기법을 사용하여 수업의 주요 개념들을 강조한다.

564. 학생들에게 공책 한 장을 반으로 접도록 한다. 접은 종이 왼쪽 면에는 칠판에 적혀있는 주요 핵심 내용을 필기하도록 한다. 각각의 주요 핵심 내용 사이에 세 줄씩 남기도록 한다. 수업이 끝났을 때 학생들이 기억하는 세부 내용들을 되도록 많이 빈칸에 적도록 한다. 학생들이 서로 쓴 것을 비교하고 정보를 공유할 수 있는 시간을 준다.

565. **서식 94. 개요**는 네 가지 주요 생각과 그에 대한 네 가지 세부 내용을 쓸 수 있도록 한 간단한 개요 양식이다. 부분 개요 양식도 이 양식을 활용해서 만들 수 있다. 교사는 부분 개요 양식에 학생들을 위해서 미리 몇 가지 정보를 제시해줄 수 있다. 예를 들면 이 부분 개요 양식에 학생을 위해서 주요 핵심 내용과 세부 내용들을 일부 제시해 놓는다. 그 학생은 빠진 내용을 채워 넣으면 된다. 물론 학생이 필기를 해야 하지만 몇 가지 정보는 이미 제공해준다는 것이다.

566. 코넬법(Cornell Method)은 코넬대학의 Walter Pauk에 의해 개발되었는데, 널리 사용되고 있는 방법이다. 이 방법은 학생이 수업 시간 중에 필기하는 경우뿐만 아니라 복습할 때에도 활용될 수 있다. 이것은 조직적이고 계열성이 강한 수업에 가장 효과적인 방법이다. 먼저 학생은 한 페이지를 세 부분, 즉 주요 생각, 세부 내용 그리고 요약으로 나눈다. 수업하는 동안 학생은 세부 내용 부분에 필기를 한다. 수업이 끝난 후에 학생은 필기한 내용을 다시 복습하고 수업 내용을 상기할 수 있는 내용들을 주요 생각 부분에 쓴다. 수업을 상기할 수 있는 내용들은 질문이나 주요 생각과 다이어그램 등이 포함될 수 있다. 페이지의 마지막 부분은 요약 부분이다. 이 부분에 학생은 몇 개의 간단한 문장으로 수업 내용을 요약한다. 이 방법에 대해서 추가적인 정보를 원한다면 인터넷에서 코넬법(Cornell Method)를 검색하면 된다.

다음은 필기하기를 위한 코넬 방법을 적용한 노트 지면 배치 방식이다.

단계2-주요 생각 수업 내용을 상기시키는 것 주요 생각 다이어그램	단계1-세부 항목 (학생들은 수업 시간에 이곳에 기록한다.)
단계3-요약 학생들은 수업 내용을 요약해서 몇 가지 문장으로 기록한다.	

567. 동료들과 정보를 비교하고 대조할 때, 학생들이 완성할 수 있는 차트나 벤다이어그램을 제공한다. **서식 47. 비교와 대조 조직자**는 이와 같은 경우에 사용할 수 있는 양식이다. **서식 46. 사건의 연결 조직자, 서식 48. 사실과 의견** 등과 같은 학생들의 노트 필기 기술에 도움이 될 수 양식들이 부록에 추가로 제시되어 있다.

568. 일부 학생들에게는 일반적인 노트 필기 기술 대신 도식을 사용하는 것이 도움이 될
수 있다. 간단한 마인드맵을 사용해서 학생들에게 내용들을 간단히 적을 수 있도록
한다. 이것은 쓰기 속도가 느린 학생들에게 좋은 전략이며 키워드만 사용하도록 한
다. 다음의 예들은 학생들이 쉽게 변형하여 사용할 수 있다.

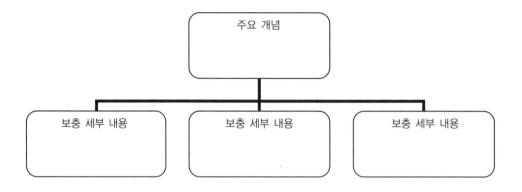

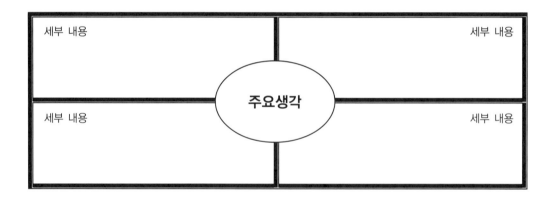

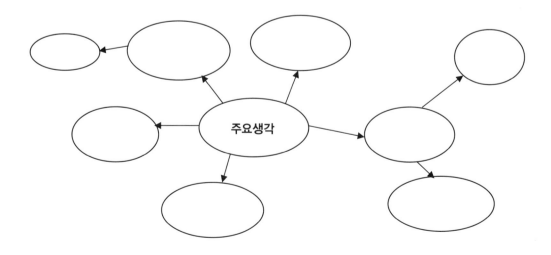

569. 연대순으로 정보를 설명해야 할 때 학생들에게 시작과 끝 시점이 포함된 연표를 제공한다. 일부 학생들에게는 추가적으로 참고 시점이 더 포함될 필요가 있을 것이다.

570. 연표는 수평적인 형태 혹은 수직적인 형태로 작성될 수 있다. **서식 95. 연표**(타임라인)는 수직적인 형태의 연표이다. 수직 연표는 날짜가 중앙의 세로 행에 제시되고 주요 사건들이 한쪽 또는 양쪽 면에 열거되어 있다. 아래의 연표 예는 1990~1995년의 미국의 주요 사건을 열거하고 있다. 이 연표는 왼쪽에 정치적 사건을 열거하고 오른쪽에 기타 유명한 사건들을 열거하고 있다.

미국 역사의 중요 사건들

정치적 사건	날짜	기타 유명 사건
걸프전을 이끌어낸 이라크의 쿠웨이트 침공	1990	허블 우주망원경 지구 궤도 진입
걸프전	1991	오클랜드 산의 화재 폭풍
미국 대통령 선거	1992	로스앤젤레스 폭동
		허리케인 '앤드류' 플로리다와 LA 강타
빌 클린턴 대통령 당선	1993	세계무역센터 폭파로 6명 사망
		Davidian 지부, 텍사스 주 웨이코에 고립
북아메리칸 자유무역협정	1994	Northridge 지진으로 LA에서 57명 사망
공화당이 상하원 의원들의 감독권을 얻다	1995	오크라호마 시 폭발사건
		TWA 비행기 롱아일랜드에서 폭발하다

571. 전체적인 생각을 완성할 충분한 시간이 없다면, 학생들에게 핵심 단어를 적도록 권장한다. 강의하는 동안 들은 내용이나 혹은 책에서 읽은 내용을 모두 적을 필요가 없다는 것을 학생들에게 이해시킨다.

572. 시각적인 보충자료를 제시할 때에는 학생들이 그 자료를 노트에 적을 수 있도록 시간을 충분히 준다. 수업의 정리 단계에서 학생들이 자신이 적은 내용과 시각적 보충자료를 비교할 수 있는 시간을 주어야 한다. 자료가 복잡한 경우에는 학생들에게 간단히 정리된 유인물을 제공한다.

573. 만일 학생이 노트 필기를 하지 못한다면 또래에게 먹지(carbon paper)를 사용하도록

해서 그 학생을 도와주도록 하거나 내용을 복사해서 사용할 수 있도록 허용한다. 그렇지만 학생은 수업 중에는 계속해서 필기를 하도록 노력해야 하며, 최대한 적극적으로 수업에 참여하도록 해야 한다.

574. 수업의 정리 단계에서 학생들이 소그룹으로 서로의 필기 내용을 비교할 수 있는 시간을 준다. 이 과정에서 학생들은 학습한 개념들을 보충하고 완전히 이해하지 못한 부분을 명확하게 하는 데 도움이 될 수 있다.

575. 수업의 정리 단계에서는 수업 내용을 요약해준다. 학생들에게 강의 내용의 주요 핵심들을 열거하거나 발표하게 해서 수업을 마무리한다. 학생들에게 자신이 필기한 내용 중 중요한 부분을 찾아 형광펜으로 표시해놓도록 한다.

576. OHP(overhead projector)를 사용할 때 저시력 학생의 경우에는 슬라이드가 벽에 영사되는 동안 오버헤드 프로젝터(overhead projector)를 직접 보도록 허용한다.

577. OHP(overhead projector)는 청각장애 학생들에게도 도움이 될 수 있다. OHP는 학생이 제시되고 있는 내용을 보면서 동시에 교사의 입술을 읽을 수 있기 때문이다.

578. 자료를 설명할 때에는 동시에 내용을 녹음한다. 이것은 강의에 대한 보충이 필요한 학생들에게 도움이 될 것이다. 또한 이 녹음자료는 결석한 학생에게도 도움이 될 것이다.

579. 필기를 할 수 없는 학생들에게 수업 중 토론된 주요 부분들에 대한 유인물을 제공한다. 이 자료들은 학습 길잡이로 사용될 수 있다.

580. 노트 필기에 약간의 어려움이 있는 학생들에게는 교사나 또래 학생들로부터 노트를 미리 받아볼 수 있도록 한다. 수업이 끝난 후에 학생들이 노트 쪽수를 생각나게 할 수 있는 다른 정보를 제공한다.

581. 필기를 할 수 있는 학생들은 소그룹으로 협동학습을 하도록 하고, 그들의 필기 내용을 또래들과 토론해 보게 한다. 학생들은 이 과정을 통해서 자신의 필기 내용을 수정할 수도 있다.

582. 만약 강의를 녹음할 수 있다면, 강의 내용을 집에서 들을 수 있도록 학생들에게 오디오카세트를 준비하도록 한다. 일부 학생들은 학교 환경의 방해요인 없이 강의를 듣게 되어 학습을 더 잘하기도 한다. 그리고 한번 이상 더 듣는 것은 학습에도 도움이 된다.

결론

이 장은 정보를 제공하는 교수와 정보를 수용하는 학습에 관한 내용이다. 정보를 제공하는 입장에서 훌륭한 교사는 그들이 가르치는 자료를 학생들이 학습하고 기억하도록 하는데 가능한 한 용이하게 하려고 최선을 다한다. 그 목적을 달성할 수 있도록 하기 위해서, 이 장에서는 교사의 정보 제공의 명확성과 학생들의 정보 수용성을 향상시키기 위하여 수업 중 설명과 필기 방법에 대한 아이디어들을 제시하였다. 그리고 수업이 조직적으로 잘 구성되었으며 학생들이 잘 기억할 수 있는 방식으로 진행되었다는 것을 확신할 수 있도록 하기 위해서 자기 평가와 동료 평가가 중요하다는 점을 지적하였다.

정보를 수용하는 입장에서, 학생은 경청하는 방법과 노트 필기 기술을 학습해야 하며, 이 것은 학생들에게 매우 중요한 것이다. 일부 학생들에게 어려움이 있을 수는 있지만, 학생들에게는 중요한 정보에 선택과 집중을 하는 데 도움에 될 것이다. 구조, 암시, 그리고 단서들은 학생들에게 도움이 될 것이다. 개요와 토론 질문 양식, 소그룹 복습과 녹음자료는 제공된 정보를 기억하는 데 도움이 될 것이다.

다음에 제시된 부록의 서식들은 이 장에서 제시한 교수-학습 과정에 도움이 될 것이다.

부록 서식

서식 46	사건의 연결 조직자
서식 47	비교와 대조 조직자
서식 48	사실과 의견
서식 93	자기 평가 기록지
서식 94	개요
서식 95	연표

교사는 어려운 것을 쉽게 만드는 사람이다.

– Thomas Edison

노트:

제 11 장

학급 평가

단어 시험은 많은 학생들에게 긴장감과 불안감을 유발한다. 시험이 종종 주요한 평가의 형식이 되는 사회에서는 학생들은 시험이 그들의 전체 성적에 실제적으로 어떤 영향을 미치는지 이해하는 것이 중요하다. 만약 평가에서 과제와 숙제, 출석에 대한 비중이 비교적 낮을 경우, 학생들은 이 부분에 대해 확실히 인식하도록 해야 한다. 시험 불안을 해소하기 위해서는 학생들에게 모의시험이나 시험과 관련된 과제를 제시한다. 또한 선다형 시험에서 답을 제외시키는 방법과 논술형 시험에서 주제어를 찾아내는 방법을 알려주는 단순한 전략들은 학생들이 시험을 잘 볼 수 있도록 하는 데 도움이 될 것이다. 만일 가능하다면 학생들이 재시험을 볼 수 있는 기회를 주는 것도 좋은 방법이 될 것이다.

이 장의 메모

이 장에서 소개한 여러 가지 양식 목록이 211쪽에 제시되어 있다. 그리고 부록에는 교사들이 쉽게 활용할 수 있는 양식들을 제시하였다.

읽기와 쓰기에 어려움이 있는 학생들은 대안 평가 방법이 필요하다. 대안 평가 방법을 개발할 때에는 다음과 같은 두 가지 사항에 유의해야 한다. 첫째, 교사가 제시하는 일일 과제에 제시된 내용이 시험에 응용 문제로 나올 수 있음을 주지시켜야 한다. 예를 들면 학생들이 교과서를 크게 읽게 하거나 녹음하는 것과 같은 응용 과제는 시험 상황에서도 똑같이 이루어질 수 있다. 둘째, 평가의 목표를 확실히 인식할 수 있도록 한다. 평가의 목표가 학생들의 교육과정 지식을 측정하는 것이라면, 평가에서 중요한 점은 학생들의 한계에 초점을 맞추어 학생들을 벌주려는 것이 아니라 오직 교육과정을 평가하고

자 하는 것이다.

특별한 요구를 가진 많은 학생들은 장기기억 혹은 단기기억에 문제를 가지고 있다. 종종 평가는 수업 시간에 다루었던 사실이나 특징, 특별한 자료들을 학생들이 기억하도록 요구하는 기억력 시험이 되는 경우가 있다. 평가를 개발하거나 시행하고자 할 때에는 평가가 단순히 특정한 정보를 기억하는지를 측정할 것인지, 정보에 대한 참된 학습의 정도를 측정할 것인지를 결정하여야 한다.

전통적으로 평가는 네 가지의 범주로 나뉜다. 즉 시험(지필 평가), 수행 평가(혹은 프로젝트 과제 평가), 행동 평가와 기능 평가이다. 지필 평가는 가장 일반적인 학생 평가 방법이다. 개별화 교육 프로그램(IEP) 대상 학생들을 위해서 **서식 34. 평가의 수정** 또는 **서식 35. 교육과정 수정-실습 양식**을 활용한다. 그리고 이와 같이 조정된 대안 평가 방법은 여러 방식으로 활용할 수 있을 것이다.

논술형 시험 전략

583. 개별화 교육 프로그램(IEP) 대상 학생들에게는 평가를 위한 수정과 지원이 부가적으로 제공되어야 한다. 이에 대한 지침은 개별화 교육 프로그램이나 조정 평가 양식에 기록될 것이다.

584. 특별한 요구가 있는 학생들에게는 논술 문제를 미리 제공하는 것도 고려해야 한다.

585. 전체 학급을 대상으로 전체 논술 문제를 제시하고 최종 논술 평가에서는 학생들이 그 문제들 중 문항을 선택해서 작성해야 한다는 것을 설명해준다.

586. **분석, 사정, 평가, 분류, 비교, 대조, 정의, 인식, 논의, 설명, 증명** 그리고 **재검토** 등과 같은 용어들은 논술에서 종종 쓰이는 개념들이다. 학생들에게 이 용어들의 의미를 이해할 수 있도록 지도한다.

587. 논술 평가를 시행할 때에는 평가 기준을 설명해야 한다.

588. 학생들에게 논술 문제를 큰소리로 읽거나 다른 말로 바꾸어보도록 한다. 그리고 평가 시작 전에 학생들의 평가 문항 이해 정도를 확인한다.

589. 학생들이 쓰기를 시작하기 전에 개요 양식을 제공한다. 이것은 학생들의 생각과 아이디어를 구조화시키는 데 도움을 줄 것이다. **서식 94. 개요**를 사용할 수 있을 것이다.

590. 학생들은 먼저 아이디어를 써보는 것이 필요할 것이다. 그리고 나서 논술 구성 양식에 맞게 체계적으로 쓰게 된다. 이 방식을 사용하는 학생들에게는 필체나 철자 또는

짜임새 등에 대해서는 고려하지 않도록 한다. 이 부분은 최종 검토 단계에서 조정될 것이다.

591. 학생이 어떤 아이디어를 생각해냈다면 더 추가되어야 할 내용이 있는지 확인하기 위해서 다시 읽어보도록 한다. 이 과정을 모두 마치게 되면 최종 결과물을 쓰기 시작할 수 있다.

592. 쓰기에 어려움을 가지고 있거나 아이디어들을 구성하는 능력이 부족한 학생의 경우 논술형 평가가 어려울 것이다. 이러한 학생들에게는 그들의 답변 내용이나 교사와 논의한 내용을 테이프로 녹음해서 평가받는 것을 허용해야 한다.

선다형 시험 전략

593. 학생들이 문제를 이해할 수 있도록 학생들과 함께 지시문을 읽는다. 개별화 교육 프로그램(IEP) 대상 학생들에게는 **서식 34. 평가의 수정** 또는 **서식 35. 교육과정 수정-실습 양식**을 작성해야 하며, 대안 평가의 조정 목록은 사용하기에 용이해야 한다. 다음은 학생들에게 지도해야 할 선다형 시험 전략들이다.

594. 학생들에게 시험지 전체를 빠르게 훑어보고, 쉬운 문제들에 먼저 답하도록 지도한다.

595. 학생들은 일단 쉬운 문항들에 답을 하고 나서, 다시 시험지를 훑어보고 자신들이 답을 할 수 있다고 생각되는 문제들에 답을 적도록 한다. 때로는 시험 문제 속에 들어있는 문제해결의 단서를 파악해내는 것도 필요한 기술이다.

596. 학생들에게 정답이 될 수 있는 답들을 가려낼 수 있도록 지도해야 한다. 학생들은 문제를 읽고 선택지들을 보지 않고도 정답을 찾으려고 시도할 수 있다. 답을 결정한 후에 답과 가장 가깝다고 생각되는 답지를 찾는다.

597. 좀 더 어려운 문제들을 풀 때에는 문제를 더 집중해서 읽도록 지도한다. 정확하지 않다고 생각하는 답에는 선을 그어 답안에서 제외시키도록 지도한다. 그렇게 하면 정답의 확률은 50 대 50으로 높아질 수 있다.

598. 학생들이 만약 답지가 너무 생소하다고 생각한다면 지워버리도록 지도한다. 만일 답안이 아주 생소한 것이라면 이 내용이 수업에서 다루어진 적이 없다는 것이다.

599. 만약에 시험지의 선택지가 '위에서 말한 모든 것'을 포함하고 학생들이 2개의 선택지가 정확하다는 것을 안다면, '위에 있는 모든 것'은 아마도 정답이 될 것이다.

600. 학생들에게 이중 부정문을 어떻게 긍정문으로 바꾸는지 지도해서 긍정문으로 바꾸는

연습을 시킨다.

연결형 시험 전략

601. 학생들이 문제를 이해할 수 있도록 학생들과 함께 지시문을 읽는다. 개별화 교육 프로그램(IEP) 대상 학생들에게는 **서식 34. 평가의 수정** 또는 **서식 35. 교육과정 수정－실습 양식**을 작성해야 하며, 대안 평가의 조정 목록은 사용하기에 용이해야 한다. 다음은 학생들에게 지도할 연결형 시험 전략들이다.

602. 문제에 대한 답을 생각하면서 각각의 문제를 집중해서 읽도록 한다. 학생들은 자신이 알고 있는 문제들에 먼저 답하도록 한다.

603. 학생들에게 연필을 사용하여 잘못된 답에 선을 흐리게 그어놓도록 한다. 만일 정답이 맞다면 그 선은 지울 수 있다.

604. 학생들에게 문제를 읽고 또 다른 답안과 서로 호응이 되는지 맞추어보게 한다. 대부분 문제와 답은 문법적으로 정확할 것이다. 어떤 문제들과 그들과 짝을 이루는 답이 서로 호응이 되지 않는다면 이 답들은 정답이 아닐 것이다.

605. 학생들은 잘못된 답을 모두 제거하고 남은 답 중에서 최선의 선택을 하게 된다.

진위형 시험 전략

606. 학생들이 문제를 이해할 수 있도록 학생들과 함께 지시문을 읽는다. 개별화교육프로그램(IEP) 대상 학생들에게는 **서식 34. 평가의 수정** 또는 **서식 35. 교육과정 수정－실습 양식**을 작성해야 하며, 대안 평가의 조정 목록은 사용하기에 용이해야 한다. 다음은 학생들에게 지도해야 할 진위형 시험 전략들이다.

607. 문장을 주의해서 읽도록 한다. 만약 문장의 어떤 부분이 잘못되었다면, 그 답은 옳지 않은 문장이 될 것이다.

608. 만일 문장이 절대, 어떤 것도, 항상 또는 모든이라는 단어를 포함하고 있다면 이것은 그 문장이 보통 100% 진실일 가능성을 암시하고 있는 것이다.

609. 만약에 문장이 진실이라면, 문장을 부정문으로 바꾸어보는 것으로 이것이 거짓임을 알 수 있다.

610. 학생들에게 있어서 다행스러운 것은 그들이 진실 혹은 거짓을 바르게 선택할 확률이 50%라는 것이다. 그러므로 만약 그들이 정답을 확신하지 않더라도 그들은 경험에 근거한 추측을 할 수 있을 것이다.

단답형 시험 전략

611. 학생들이 문제를 이해할 수 있도록 학생들과 함께 지시문을 읽는다. 개별화 교육 프로그램(IEP) 대상 학생들에게는 **서식 34. 평가의 수정** 또는 **서식 35. 교육과정 수정-실습 양식**을 작성해야 하며, 대안 평가의 조정 목록은 사용하기에 용이해야 한다. 다음은 학생들에게 지도해야 할 단답형 시험 전략들이다.

612. 문법적인 단서를 찾는다. 그 진술문은 답에 잘 부합될 것이다.

613. 학생이 몇 가지 답안으로 답을 좁힐 수 있다면, 학생이 답안들에 연필로 표시를 하고, 문제의 주의 사항을 다시 읽어보아 단서를 찾도록 한다.

일반적인 시험 전략

614. 시험지의 모든 지시사항을 소리 내어 읽는다. 학생들에게 교사 또는 동료들을 따라서 시험지의 지시 사항을 반복해서 읽도록 요구한다. 학생들은 흔히 교사의 지시 사항을 잘 따르지 않거나 혹은 잘못 이해하기도 한다. 이것이 학생들의 시험 결과가 낮게 나오는 원인이 된다.

615. 학생들에게 지시사항의 핵심 단어들에 동그라미를 치거나 밑줄을 긋거나 혹은 알아보기 쉽도록 표시를 하게 한다.

616. 일부 학생들은 시험지를 소리 내어 읽는 것이 요구되기도 하고, 특수교사나 보조교사와 함께 개별적으로 시험을 치루는 것이 필요하기도 하다.

617. 학생에게 동료나 일반교사 혹은 특수교사, 보조교사와 함께 구술 시험을 볼 수 있도록 허용한다.

618. 만일 학생의 답을 대필해주어야 한다면, 대필해주는 사람은 학생의 대답을 그대로 받아 적어야 한다.

619. 학생들이 시험을 마칠 수 있도록 추가 시간을 허용한다. 만일 추가 시간이 제공될 수 없다면, 학생이 완성한 답만으로 채점을 한다.

620. 만일 가능하다면 학생들이 아직 풀지 못한 답안에 대해서 답을 할 수 있도록 허용한다.

621. 학생들이 개념을 묘사하거나 학습 내용을 시연하도록 한다.

622. 시험을 녹음하거나 학생들의 답을 녹음하도록 허용한다.

623. 학생들의 성취도 향상 과정을 자주 점검하는 것이 좋다. 매일 간단한 형태의 퀴즈를 제시한다. 학생들의 향상 과정은 쉽게 관찰될 수 있도록 하여 추가적인 지도나 보상이 필요한지 결정해야 한다.

624. 사전 검사와 사후 검사 기록을 보관해야 한다. 개인별 성취도 향상 수준을 바탕으로 최종 성적을 준다. 사전 검사에서 실패하고 사후 검사에서 50%의 성적을 받은 학생은 사전 검사에서 80%를 받고 사후 검사에서 90%를 받은 학생과 비교했을 때 더 많은 진전이 있다고 보아야 한다.

625. 최종 평가 과정에서 교사는 학생의 IEP상의 최종 성취 기준을 확인해야 한다.

626. 시험은 사실에 대한 기억능력보다는 사실의 인지능력에 초점을 맞춘다. 시험을 치루기 위해 만든 함정 문제는 출제하지 않도록 한다.

627. 학생들에게 표준화 검사를 요구하는 지역에서는 시중에 판매 중인 검사지를 이용한다. 이것은 학생들의 답을 컴퓨터 채점 카드로 변경해야 하는 번거로움을 줄여준다. 정보를 변환할 때 종종 실수가 발생한다.

628. 대부분의 표준화 검사는 학생들의 자료 읽기능력을 많이 요구한다. 만일 학생의 읽기능력이 해당 학년 수준보다 수년 아래에 있다면 해당 학생은 많은 어려움이 있을 것이다. IEP 회의에서 이 문제에 대해 논의해야 한다. 만일 학생이 표준화검사에 참여하지 못한다면 학생의 IEP에 따라야 한다.

629. 만일 법으로 표준화 검사를 요구한다면 이 검사 결과를 특수교육과정 내 개별화 검사 결과와 비교해야 한다. 만일 표준화 검사 결과가 심각한 차이를 보일 경우 교사는 학생의 표준화 검사 결과를 IEP상의 학생 개인의 능력과 성취도에 포함되도록 한다.

교사 자작 평가

학급에서는 공식적으로 혹은 비공식적으로 매일 평가가 이루어진다. 교사의 자작 평가 혹은 교육과정 중심 평가를 제작할 경우 다음과 같은 점을 유의해야 한다.

630. 시험을 몇 개의 영역으로 구분한다. 각 영역은 각각의 지시 내용으로 구분된다. 그리고 각각 개별적인 영역으로 채점되어야 한다. 이것은 다시 지도해야 할 영역을 결정하는 데 도움을 줄 것이다.

631. 난이도가 낮은 문제부터 시작한다.

632. 지시문은 명확하고 정확한 형식으로 제시되어야 한다.

633. 한 문장에 한 가지 지시 사항이 제시되도록 한다. 예 : 각 문장을 읽어라, 문장을 완성하기에 가장 알맞은 단어를 선택하라 등.

634. 각각의 시험에서 제시되는 개념의 수를 제한한다.

635. 지문을 네모 처리해서 지시문과 구분하여 제시한다.

636. 정확한 답의 예를 제공한다. 이것은 학생들에게 시각적 지원으로 작용할 수 있다.

637. 가능하면 인쇄를 크고 진하게 한다.

638. 문항들 사이 간격을 넓게 한다. 학생들에게 시험지가 혼란스럽게 보이는 것을 방지한다. 그리고 각 페이지마다 여백을 둔다.

639. 평가에서 사용되는 용어는 매우 중요하다. 평가의 목표는 학생들의 지식을 확인하는 것이 되어야 한다.

- '절대로, 아닌, 때때로, 항상'과 같은 단어는 가급적 사용하지 않는다.
- 선다형 문항을 제작할 경우, 모든, 전부 또는 전부 아닌 등과 같은 진술을 배제한다. 일부 학생들에게는 이와 같은 선다형 문항을 수정하여 4개의 선택지가 아닌 2개 혹은 3개의 선택지를 제시한다.
- 진위형 시험을 제작할 경우, '모든 혹은 절대' 등과 같은 단어는 사용하지 않는다. 그리고 한 문제에서 한 가지의 사실만을 다루어야 한다. 또한 이중 부정은 학생들이 해석에 오류를 범하기 쉽기 때문에 사용하지 않는다.

640. 연결형 문항을 제작할 경우, 양쪽의 세로 열을 잘 정렬해서 학생들이 명료하고 정확하게 선택할 수 있도록 한다. 연결해야 하는 진술과 답은 5개의 영역으로 제시한다. 영역들 간에는 2배 정도의 공간을 배치한다.

641. 완성형 문항을 제작할 경우, 문장의 끝부분이 아닌 빈 공간 아래에 선택지를 제시한다. 그리고 문장은 가능한 짧게 하는 것이 좋다.

토머스 에디슨은 1819년에 최초로 _____를 발명했다.

축음기   자동차   전구

642. 논술형 시험을 제작할 경우, 학생들에게 비어있는 개요 양식을 제공한다. 이것은 학생들이 시험지를 작성하기 전에 자신의 생각을 조직화하는 데 도움을 줄 수 있을 것이다. 그리고 논술형 문제의 핵심어를 진하게 표시하거나 밑줄을 쳐준다. 부록의 **서식 94. 개요**는 학생들이 세 가지 내용으로 주제를 조직하는 데 사용할 수 있는 전형적인 개요 양식이다. 만일 논술형 평가가 학생에게 비교와 대조 능력을 검증하고자 한다면 **서식 96. 비교와 대조-두 가지 항목**을 활용할 수 있을 것이다.

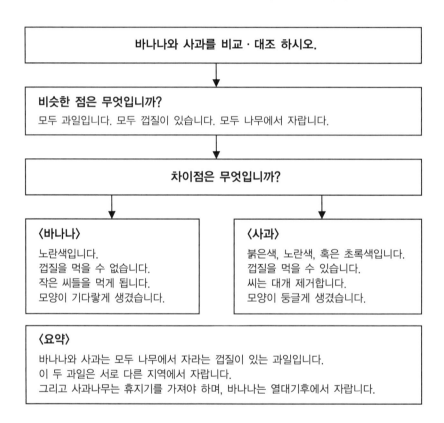

643. 논술형 시험을 실제로 시행하기 전에 학생들에게 논술 예시 문항을 제공한다. 그리고 학생들에게 그 문제를 선택하도록 한다.

644. 쓰기에 어려움이 있거나 아이디어들을 구성하는 능력이 부족한 학생의 경우 논술형 평가가 어려울 것이다. 이러한 학생들에게는 그들의 답변 내용이나 교사와 논의 한 답변 내용을 테이프로 녹음해서 평가받는 것을 허용해야 한다.

645. 학생들에게 개인 포트폴리오를 제공하고, 학생들에게 이곳에 자신의 작업 내용을 모아놓도록 한다. 모든 포트폴리오 자료는 최종 평가 자료로 활용될 수 있다. 학생들과 교사, 그리고 학부모들은 학생들의 학기 중 진전 상황에 대해 쉽게 파악할 수 있다.

이 포트폴리오 자료들은 대안 평가 자료로도 사용될 수 있다.

646. 학생들에게 여러 가지 방식으로 주요 개념을 표현할 수 있도록 해서 학생들의 지식이 평가될 수 있도록 한다. 평가는 학생들의 지식을 중심으로 평가되어야 하며, 학생들의 읽기나 쓰기능력, 철자능력이 평가의 중심이 되어서는 안 된다. 다음은 수학과 과학 능력을 평가하기 위한 예시이다.

〈수학〉

- 지필 평가의 경우, 학생들에게 일상생활에서의 문제해결 능력을 보여줄 수 있도록 해야 한다. 저학년 학생들에게 식료품점 광고지를 나누어준다. 그리고 학생들에게 품목들을 구매하고, 그 품목들의 전체 구매액을 작성하도록 한다.
- 오래된 카탈로그를 모아둔다. 학생들에게 일정한 금액 내에서 6명의 가족을 위한 선물과 방의 가구, 혹은 학교 비품을 구매하도록 한다.
- 고학년 학생들에게는 수표책을 결산하거나 저축의 수익률과 은행의 이율, 봉급에 대한 과세 공제 비율을 계산하는 과제를 제시할 수 있다. 고학년 학생들은 야구 선수의 타율이나 옷 가게의 할인율 등에 더 관심을 가질 수 있다. 이와 같은 기술을 평가하기 위해서 지시문을 단순하거나 복잡하게 할 수 있다.

〈과학〉

- 환경 단원의 수행 평가(performance assessment) 유형은 여러 가지 방법으로 시행할 수 있다. 예를 들면 기상 관련 단원의 경우, 학생들은 기온을 설명하거나 신문의 기상 지도에 제시된 고기압과 저기압 구간에 대해 설명하거나 현재 구름의 형태를 설명하도록 한다.
- 학생들은 단엽과 복엽을 수집한다. 그 다음 잎에 라벨을 붙이고 종류에 따라 분류한다.
- 학생들은 여러 가지 형태의 곤충을 수집하고 몸의 각 부위에 이름을 붙인다. 곤충들을 몇 개의 종류로 분류한다.
- 과학 실험은 협동 학습으로 시행될 수 있으며, 실험 결과를 반 전체에 설명하도록 한다.

647. 학생들에게 자신의 학습 결과를 표현할 수 있는 오디오 혹은 비디오자료를 만들도록 한다. 이 자료는 특히 언어에 장애가 있는 학생들과 전체 학생들 앞에 나서기 어려운 학생들에게 도움이 될 것이다.

648. 다음에 제시된 자료들은 학생들의 평가에 도움이 될 것이다. 다음에 제시된 평가자료들을 학생들에게 제시하고, 자신에게 유리하다고 생각되는 평가 유형을 선택하도록 한다. **서식 97. 평가자료 평가**는 학생들의 강점과 약점 목록을 제공하는 데 활용될 수 있을 것이다. 일단 학생들의 수행 수준이 결정되면 학생들에게 가장 적절한 평가 방법을 선정한다. **서식 98. 자신의 평가 유형 선택하기**는 다음에 제시된 활동 목록이 포함되어 있다. 이 목록은 학생들이 여러 가지 방법으로 자신의 능력을 나타내는 데 활용할 수 있는 방법이다. 학생들은 이 목록에 자신이 생각한 평가 유형을 추가할 수 있다.

프로젝트 활동	수행 활동	과정 평가 활동
자서전	연극	체크리스트
독후감	인물 묘사	개념지도 만들기
안내 책자	광고	컴퓨터 생성 활동
만화	춤	비형식 평가
콜라주	토론	학생들과의 인터뷰
퍼즐	시연	저널
진열	논의	학습 일지
게임	실험	관찰
핸드북	인터뷰	포트폴리오
일러스트	음악	설문지
지도와 다이어그램	뉴스 리포트	
모형	구술 리포트	
포트폴리오	놀이	
포스터	프레젠테이션	
프로젝트	역할 놀이	
퀴즈	보고서	
설문	시뮬레이션	
	연설	

대안 평가 방법

특수교육 요구 학생들에게는 대안 평가 방법을 고려해야 한다. 많은 교사들은 전통적인 백분위 평가 방법을 사용한다. 이 방법이 모든 학생들에게 적합한 것은 아니다.

649. IEP는 학생들의 주요 평가 기준이 될 수 있다. 교사는 IEP상의 준거에 대해 확실하게 이해하고 있어야 한다.

650. 만일 시험이 여러 영역을 평가하고 다양한 형식으로 이루어져 있다면, 각각의 형식에 대해서 개별적으로 평가되어야 한다. 예를 들면 시험이 진위형과 선다형, 논술형 등의 형식이 모두 포함되어 있다면 각각의 형식에 따라 개별적으로 채점해야 한다. 이것은 학생들에게 적합한 시험 형식을 결정하는 데 도움이 될 것이다. 또한 학생들에게 연습이 더 필요한 영역과 추가되어야 할 강화를 결정하는 데에도 도움이 될 것이다. 만일 학생이 지속적으로 선다형과 같은 특정 형태의 평가에서 실패한다면, 이것을 개선하기 위해 특정 평가 양식에 대한 전략을 지도해야 할 것이다. **서식 99. 가장 잘 하는 것은?**을 사용해서 다양한 형태의 평가 양식을 학생들이 실습해볼 수 있도록 할 수 있다. 다양한 평가 형태로 시행한 학생들의 시험 성적을 기록함으로써 어떤 형태가 학생에게 가장 적절한 평가 방법인지를 결정할 수 있도록 해줄 것이다. 다음의 예시를 사용해서 학생의 적절한 평가 방법을 선정할 수 있을 것이다.

학생 : 메리 스미스
평가 방법 : 진위형

주제	일시	사회	과학	수학	읽기
식물의 한살이	10.8		60%		
개척자들	10.8	65%			
잎의 구조	10.8		65%		
주요 사건들	10.8				70%

평가 방법 : 단답형

주제	일시	사회	과학	수학	읽기
식물 설명	10.8		80%		
개척자들의 일생	10.8	78%			
잎의 분류	10.8		82%		
주요 사건들	10.8				75%

651. 수학과 같이 여러 기술을 평가하는 경우에는 학생이 어려워하는 특정 기술을 결정해야 한다. 이 기술을 다시 지도하고 나서 학생에게 재시험의 기회를 준다.

652. 계약 평가는 통합학급에서 유용하게 사용된다. 학생과 교사는 학생이 특정 영역에서 특정 성적을 받기 위해서 완성해야 할 과제의 질과 양을 결정한다.

653. 개별 학생에게 적절한 최상의 평가 방법에 따라서 학생의 평가 기준을 결정한다. 예를 들면 다음과 같다.

학급 기준 : 시험 50%, 숙제 25%, 학급 활동 참여 25%

수정 기준 : 시험 20%, 숙제 40%, 학급 활동 참여 40%

654. 다단계 평가(combination grading)는 학생들에게 수행 결과를 보상해줄 수 있으며, 평가 체제를 개별화하는 데에도 도움이 된다. 이 평가 방법은 학생들의 능력과 노력, 그리고 성취 점수를 기초로 한다. 능력 점수는 특정 과목의 기대 성취도를 기초로 한다. 노력 점수는 학생이 어떤 개념을 이해하기 위해 과제를 수행하는 데 들인 시간과 노력의 정도를 기초로 한다. 그리고 성취 점수는 학급의 다른 학생들과 비교하여 학생이 숙달한 정도와 관련되어 있다. 이 세 가지 개별 점수의 평균 점수가 학생의 최종 점수가 되는 것이다.

655. 공동 평가(shared grading)는 흔히 통합학급에서 활용된다. 이 공동 평가는 일반교사와 특수교사가 함께 평가하는 방법이다. 최종 점수는 두 교사의 점수와 관찰 점수를 기초로 한다.

656. 일부 학생들에게는 통과/실패(pass/fail) 평가 방법을 사용한다. 이 방법은 학생들의 성적이 교사와 자신의 IEP에 따라 결정됨으로써 학생에게 요구된 과제를 완성했는지의 여부를 파악할 수 있다.

657. 학생의 성적표가 IEP의 장단기 목표와 일치하지 않을 경우, 교사의 평가 의견을 자세히 기술해야 한다. 그리고 학생이 완성한 기술도 기록한다. 이것은 학생의 IEP를 점검하고 학생에게 적절한 장단기 목표를 결정하는 데 도움이 될 것이다.

결론

학생들이 다양한 방식으로 학습하는 것과 같이 자신이 학습한 내용을 표현하는 방식도 다양할 것이다. 혹은 다른 학생들이 받는 평가 형태로는 평가가 이루어지지 않는 학생들도 있을 것이다. 이 장에서는 모든 학생들에게 도움을 줄 수 있는 논술형, 선다형, 단답형 등과 같은 다양한 평가 방법과 IEP를 고려해서 특수교육 대상 학생들을 위한 적절하고 개별화된 평가 도구들을 제시하고 있다. 이 장에서 중요한 점은 평가는 학생들의 장점을 이용해야 한다는 것과 그들이 최상의 평가를 받고, 그들이 알고 있는 내용을 정확하게 나타낼 수 있도록 도움을 주어야 한다는 것이다. 이 장에 해당하는 부록에 제시된 서식들은 학생들에게 적용할 평가 방법을 결정하고, 학생에게 각각의 평가 형식에 맞는 전략을 지도하는 데 도움을 줄 수 있을 것이다. 학생들의 사고와 조직화, 쓰기 기술을 결정하는 데 도움을 줄 수 있는 비교와 대조 검사 양식도 제시되어 있다.

부록 서식

서식 34	평가의 수정
서식 35	교육과정 수정-실습 양식
서식 94	개요
서식 96	비교와 대조-두 가지 항목
서식 97	평가자료 평가
서식 98	자신의 평가 유형 선택하기
서식 99	가장 잘 하는 것은?

진정한 경쟁은 항상 자신이 이룬 성과와 자신의 잠재능력 사이에 있다. 다른 사람과의 비교가 아닌 자기 스스로를 평가해야 하는 것이다.

– Geoffrey Gaberino

노트:

제 12 장

학생 행동 관리

"더 이상 무엇을 해야 할지 모르겠어요. 그 학생은 항상 자리에서 벗어나 있거나 교실 주변을 돌아다니고 있어요.", "학생이 학급에서 하는 지나친 행동이 다른 학생들에게 영향을 주고 있어요.", "그 학생은 환상 속에 있는 것 같아요. 학생이 나를 보고 있지만 내가 말하는 것과 주어진 과제를 따라오지 못해요."

이것은 교사들과 부모들이 많이 하는 걱정거리이다. 많은 학생들이 주의집중에 어려움을 보이고 있다. 이러한 문제는 어떤 경우에는 성숙과 관련되어 있으며, 또 다른 경우에는 학급환경이 학생의 학습 양식과 맞지 않기 때문일 수도 있다. 이러한 학생들에게는 환경 구조의 변화가 도움이 되기도 한다. 학생들 중에는 주의력결핍(Attention Deficit disorder, ADD) 혹은 주의력결핍 및 과잉행동장애(Attention Deficit Hyperactivity Disorder, ADHD)로 의학적인 진단을 받은 학생도 있을 것이다. 이와 같은 학생들은 주의집중에 어려움을 겪게 된다. 주의집중은 학교에서의 학습과 성공에 필요한 중요한 전제조건이다.

이 장의 메모_

이 장에서 소개한 여러가지 양식목록은 228쪽에 제시되어 있다. 그리고 부록에는 교사들이 쉽게 활용할 수 있는 양식들을 제시하였다.

위와 같은 학생들이 학교에서 성공을 경험하기 위해서는 교실환경의 조정(accommodation)이 필요하다. 만일 학생이 주의력결핍장애(ADD)로 진단을 받아서 약물치료를 받고 있는 중이라면 부모로부터 이 학생에 대한 정보 공개(Release of Information)를 허락 받아야하며, 의사 혹은 심리학자와 직접 상담해야 한다. 또한 학생의 부모를 직접 만나는 것도 필요하다. 부모와 의사 모두 그 학생에 대한 중요한 정보를 제공해줄 것이다. 가능하다면 학급에서도 집에서 사용하는 전략을 적용한다. 이 책에서 논의 하고 있는 행동 조절 전략들은 이와 같은 많은 학생들이 학급 활동에 잘 적응하는 데 도움을 줄 것이다.

주의집중이 어려운 학생들의 문제 행동에는 여러 가지 원인이 있을 것이다. 예를 들면 어떤 학생들은 과제가 그들의 수준에 비해서 너무 어렵기 때문에 혼란스러워한다. 또 다른 학생들은 좀 더 교수의 구조화가 필요하거나 혹은 교실환경에서 그들의 주의를 산만하게 하는 요소들이 너무 많기 때문일 수도 있다. 그리고 수업 내용을 잘 이해하지 못할 때, 분위기가 너무 중압적이어서 적응이 어려울 때, 혹은 배가 고플 때에도 학생들의 집중을 방해하기도 한다.

이 장에서는 과제에 집중하지 못하거나 쉽게 산만해지고 충동적인 학생들과 관련된 전략을 제시하고자 한다.

학생 행동 관리를 위한 일반적인 전략

최근 일선 학교 현장에서는 학교 폭력과 이에 따른 교육의 필요성이 점점 강조되고 있다. 흔히, 학교 폭력에 대한 지도는 다른 학생들의 권리뿐만 아니라 교사의 권위에 대한 존경의 부족에서 발생한다고 볼 수 있다. 다음에 제시된 내용은 학생들의 문제 행동에 대해 논의하기 전에 교사가 학급의 질서를 확립하고 유지하기 위하기 위해 취할 수 있는 일반적인 전략이다.

658. 교실에 들어가면서 학생들에게 먼저 인사를 한다. 이것은 교사가 학생들 간의 다툼의 징후나 화가 난 학생들 혹은 기분이 별로 좋지 않은 학생들 등 문제가 될 수 있는 초기 징후들을 인식하는 데 도움이 된다. 또한 이와 같은 교사의 행동은 학생들에게 예의 바른 행동에 대한 역할 모델이 될 수 있다.

659. 학생들에게 등교하면 바로 시작할 수 있는 활동을 제시한다. 먼저 학생들은 자신의 책상에 이 활동 과제를 놓고, 숙제를 제출하도록 한다. 이와 같은 활동 과제들은 저널 쓰기, 5분 동안 자리에서 조용히 말하기, 칠판의 지시 사항(자습)을 읽거나 쓰기, 또는 자기 자리에서 조용히 활동하기 등을 제시할 수 있다.

660. 학급의 규칙이 성취가 가능한지 반드시 확인한다. 학생들에게 학급 규칙을 만드는 데 참여할 수 있도록 한다. 그리고 교사가 지속적으로 지킬 수 없는 규칙은 절대 만들지 않도록 한다.

661. 교실환경 구성을 계획한다. 학생들이 서로 부딪히지 않도록 동선을 단순하게 하고, 학생들 간의 공간을 너무 가깝게 하지 않는다. 학생들에게는 여유 공간이 필요하다.

662. 처음 2일 이내에 학생들의 이름을 기억해야 한다. 그리고 교사가 학생들 개개인에 대해 충분히 파악할 수 있도록 해야 한다.

663. 정해진 일정을 지키고, 학생들이 학급의 일정에 대해 잘 인식하고 있는지 확인해야 한다. 학생의 불안이 교실 붕괴의 원인이 될 수 있다.

664. 학생들과의 언쟁이나 육체적인 대립을 모두 피하는 것이 좋다. 만약 그와 같은 일이 발생할 상황이라고 느껴지면 잠시 자리를 피해야 한다.

665. 학생들에게 이야기 할 때에는 '너-메시지' 대신 '나-메시지'를 사용한다. 예 : "나는 네가 ~하는 것이 필요하다.", "나는 네가 ~하기를 기대한다.", "나는 지금 조용히 했으면 좋겠다." 등.

666. 학생들에게 긍정적인 말로 지도한다. 학생들에게 '껌 씹지 말 것, 복도에서 뛰지 말 것, 소리치지 말 것'이라고 말하는 대신에 '껌은 집에 두고 오기, 복도에서는 걷기, 작은 소리로 말하기' 등 긍정적인 용어로 바꿔 지시한다.

667. 효과가 없는 방법은 가급적 사용하지 않도록 한다. 예를 들면 목소리를 높이는 것이나 말꼬리를 잡는 다거나 혹은 빈정대기, 설교하기, 다른 사람과 비교하기 등과 같은 경우이다. 만일 이와 같은 경우에는 잠시 멈추어서 깊이 숨을 한번 쉬고 다시 시작한다. 그리고 적절한 기회에 이와 같은 행동에 대해 학생들에게 사과한다. 학생들의 행동 중 교사 입장에서 수용할 수 없었던 이유를 설명하고, 그렇지만 냉정을 잃은 것에 대해서는 사과해야 한다.

위기 상황에 대한 대처 방법

학생들에게 적절하게 반응하고 위기 상황으로 진전되기 전에 잘 대처할 수 있도록 하기 위해서 교사들은 다음과 같은 전략들을 활용한다.

668. 학교의 일과 중 학생들의 바람직한 행동을 파악하도록 노력해야 한다. **서식 100. 강화**

카드는 복사해서 사용할 수 있으며, 교사는 학급에서 학생이 바람직한 행동으로 개선되고 있음을 보여주었을 때 학생의 책상 위에 강화 카드를 놓는다. 종종 이와 같은 간단한 전략들이 학생의 행동을 개선시키는 데 큰 도움을 주기도 한다.

669. 전략을 현명하게 선택해야 한다. 부적절한 행동을 가능하면 무시하고, 어떤 상황에서도 허용되지 않는 부적절한 행동 목록을 학생들에게 제시한다.

670. 학생들에게 선택권을 준다. 교사가 학생들에게 요구하는 대신 그들이 선택할 수 있도록 한다. 종종 단순한 선택권이 학생들에게는 감정을 조절하는 데 도움을 줄 수 있다. 예를 들면 펜 대신에 연필 사용하기, 과제를 완성하기 전에 짧은 휴식 시간 갖기, 필기체 대신 인쇄체로 쓰기 등과 같은 선택권으로 인해 학생들에게는 다른 하루가 될 것이다.

671. 학생의 행동을 개선하고자 할 경우 학생을 비난하지 않도록 해야 한다.

672. 학생들에게 교사가 허용하지 않는 행동을 인식할 수 있도록 한다. 그리고 교사의 규칙은 일관성이 있어야 하며, 오늘 허용되지 않는 행동은 내일도 허용되지 않도록 해야 한다.

673. 학생과의 충돌을 피하고, 주제를 변경하거나 학생과 일정한 거리를 두어 그 상황에서 긴장의 강도를 낮추어야 한다.

674. 유머를 사용하여 긴장의 강도를 낮춘다.

675. 적절한 행동은 학생에게 모델이 될 수 있도록 한다.

676. 규칙과 최소한의 지침을 유지하되, 학생들에게 지속적으로 강조한다.

677. 만일 학생들에게 다음과 같은 행동들이 발견된다면, 즉시 학교 경영자에게 보고해야 한다 : 약물(마약 등)과 알코올 남용, 신체적 학대, 방임형 학대, 성적 학대, 자살 위협, 타인에 대한 위협 등.

학급환경의 구성

학급의 일과에 대해서 모든 학생들에게 안내할 필요가 있으며, 특히 행동에 문제를 가진 학생에게는 더욱 중요하다. 이동 시간에 대한 관리가 더 어려우며, 이들을 가까이에서 지켜보아야 한다. 잘 구조화된 학교환경은 부적절한 행동을 줄이는 데 도움이 될 것이다.

678. 학급의 규칙은 매년 새 학기 첫날에 정한다. 규칙의 수는 가급적 최소화하고, 학생들

에게 각각의 규칙과 그 규칙이 필요한 이유를 이해하도록 해야 한다. 규칙들은 지속
적으로 점검하고 강조해야 한다. 학생들이 자신의 폴더에 복사본을 보관할 수 있도록
하며, 가정에도 보내야 한다.

679. 학생이 학급 규칙을 지켰을 때는 칭찬해준다. 그 학생이 특정 사례처럼 느끼지 않도
록 다른 학생들도 칭찬해주어야 한다.

680. 만일 학생이 특정 규칙을 지키기 어려운 문제가 있다면 그 학생을 위해서 규칙을 써
준다. 그리고 그 학생에게 그 규칙을 지키거나 그 규칙을 위반하는 경우에 대한 특별
한 사례를 제시한다. 모든 학생들이 그 규칙에 일반화될 수 있는(또는 일반화되기를
원하는)것은 아니다. 예를 들어서 "복도에서 뛰지 마라."라고 하는 규칙은 반드시 교
실이나 식당에서 뛰지 말라는 의미는 아니다. 어떤 학생들은 모든 규칙을 제한으로
여기게 될 것이다. 그러므로 그 규칙은 "학교의 건물 내에서는 걸어야 한다."라고 재
진술되어야 한다.

681. 학급의 모든 학생들이 개별 목표를 정하도록 지도한다. 모든 학생들은 개선이 필요한
특정 행동이나 기술을 찾아낼 수 있을 것이다. 예를 들면 어떤 학생은 수업 시간에 더
자주 발표하는 것과 토론에 참여하는 것을 목표로 정할 것이다. 반면 매우 수다스러
운 학생은 강의나 지시에 주의집중해서 듣거나 조용히 앉아있는 행동을 목표로 정할
것이다. 목표는 학습과 관련된 것일 수도 있고 사회적인 기술이나 행동과 관련된 내
용일 수도 있다. 학급의 모든 학생을 위해서 목표를 정할 때에는 행동 목표를 정한 특
정 학생들이 다른 학생들과 특별히 차이나지 않도록 해야 한다. **서식 101. 학생 목표**
는 학급의 모든 학생들에게 적용할 수 있다.

682. 교사는 하루의 일정을 계획하고, 그것을 복사해서 칠판에 게시한다.

683. 학생들과 하루의 일정에 대해 의논하고, 향후 일정에 대해 학생들에게 사전에 알려주
어야 한다.

684. 시간의 전환은 불을 켜고 끄기, 벨 울리기, 음악 연주 등의 신호를 이용해서 알려주
고, 활동이 끝나고 있음을 자연스럽게 인식할 수 있도록 한다.

685. 쉬는 시간을 이용하여 학생에게 필요한 지원을 한다. 종종 일부 학생들은 새로운 교
과를 시작하기 전에 자료를 준비할 시간이 좀 더 필요하다.

686. 일부 학생들은 움직임이 필요하다. 이와 같은 경우, 간단한 붉은색과 녹색 플립 카드
를 준비한다. 붉은색 카드를 제시하면 모든 학생들이 자리에 앉아 있어야 하며, 녹색
카드를 제시하면 학생들은 교실에서 조용히 움직일 수 있도록 한다.

687. 항상 학생들에게 금지된 일 대신 해야 할 일을 이야기 한다. 예를 들어서 "왜 과제를 하지 않고 있니?"나 "지금 그것을 갖고 놀면 안 된다." 대신 "지금은 조용히 과제를 할 시간이야."라고 말해야 한다.

688. 학생들이 가장 집중이 잘 되는 아침 시간에 주지 교과를 배치한다.

689. 등하교 시 일과 점검(Check-in/Check-out) 시간은 학생들에게 중요하다. 만일 특별한 요구를 가진 학생의 경우에는 특수교사와 보조교사에게 협조를 구한다. 만일 그럴 수 없다면 학교의 사회복지사와 상담교사에게 지원을 요청한다. 이때 **서식 102. 등하교 일과 점검 카드**를 사용할 수 있을 것이다.

690. 학생들이 과제 노트를 가지고 다니도록 안내한다. 만일 전화를 사용할 수 있다면, 학생이 전화로 과제 알림장 내용을 알리는 것을 허용한다. 어린 학생들의 경우 얇은 판으로 된 '숙제 없음' 카드를 학생의 책가방에 넣어주어서 학생이 과제를 모두 마쳤음을 학부모에게 전달한다.

691. 폴더가 있는 3구 공책을 사용해서 교사가 제공된 것, 학습자료들, 과제를 한곳에 보관하도록 한다. 학생들에게 과제를 제출할 때가 아니면 과제를 꺼내지 말도록 지시한다.

692. 학생이 집에서 사용할 수 있도록 모든 교과서의 사본을 가져갈 수 있도록 한다.

행동과 주의집중 문제

대부분의 학생들이 간혹 부주의하고 충동적이며 과잉행동을 하게 된다. 이 장은 부주의하고 충동적인 행동을 하는 전형적인 장애가 있는 학생들에 대해 다루고 있다. 이 장에서는 지속적으로 주의를 집중하고 유지하는 데 어려움을 보이는 학생들, 외부의 자극에 의해서 쉽게 주의가 산만해지는 학생들, 아무런 생각 없이 답을 하는 학생들, 그리고 자신의 자리에 오래 앉아있지 못하거나 충동적으로 행동하는 경향이 있는 학생들을 위한 전략들을 제공한다.

부적절한 행동에는 여러 가지 이유가 있다. 학생이 고의적으로 무례하거나 파괴적인 행동을 하는 것으로 성급하게 결론을 내리지 않아야 한다. 그 학생들은 단지 주어진 상황에서 무엇을 해야 할지를 모르거나 이해하지 못할 수도 있다. 그 학생은 동료 학생들의 발달 단계와 다를 수 있다. 때로는 무관심이 그와 같은 행동을 쉽게 개선할 수도 있다.

문제가 있는 학생을 대할 때에는 바로 행동하기보다는 오히려 생각을 하고 나서 반응을 보이는 것이 필요하다. 교사가 침착하고 긍정적이고 낙관적인 태도를 유지함으로써 그 상황을 통제하고 있다는 것을 학생에게 분명히 보여주어야 한다. 감정이 격해지고 생각하고 듣고 이해하는 것이 어려운 상황에서는 토론이나 언쟁은 피해야 한다. 학생은 교사의 실제 말보다 몸짓과 목소리 톤, 음조, 크기 등에서 더 많은 것을 느끼게 된다. 교사는 말을 짧고 간결하게 하는 것이 좋다. 교사의 몸짓과 목소리는 더 많은 내용을 전달한다.

학생들에게 선택권이 있음을 알려주고, 구체적인 사례를 보여준다. 역할놀이는 학생들이 가지고 있는 선택권의 형태를 알 수 있도록 해준다. 부적절한 행동의 결과에 대해 알려주고, 항상 그 결과를 즉각적이고 지속적으로 관리해야 한다. 학생의 바람직한 행동에 대해서는 즉시 칭찬해주고, 긍정적인 상황을 잘 '파악' 하도록 노력해야 한다.

학생들에게 효과적인 특정 행동 관리 체제는 일시적이며, 소수의 행동 목표에 적용될 수 있다. 그리고 학생이 첫 번째 목표를 달성했을 때 또 다른 목표가 추가되는 것이다. 고학년 학생들은 장기 목표에 따라 과제 수행을 독려해야 하지만, 저학년 학생들은 즉각적인 보상이 더 필요할 것이다.

693. 학급의 제일 앞이나 교사 책상 가까이에 학생의 좌석을 배치한다.

694. 학생과 눈을 자주 마주친다.

695. 학생들의 주의가 산만해질 수 있는 공간을 최소화한다.

696. 교과와 교과 시간 중 쉬는 시간을 정확하게 알려준다. 학생들이 일어나서 주변을 돌아다닐 수 있도록 쉬는 시간을 주어야 한다.

697. 학습자료와 교과서를 보관할 수 있는 특정 장소를 제공한다.

698. 학생들과 특정한 신호나 말을 사용하도록 정한다. 예를 들면 손가락 하나를 들었을 때는 "도와주세요."를 의미하고, 손가락 2개를 들었을 때는 "일어나서 주변을 돌아다닐 것을 허락해주세요."를 의미한다.

699. 학생들에게 말을 하고 있을 때 학생들이 집중할 수 있도록 한다. 눈을 맞추는 것이 중요하다. 시각적인 단서를 사용한다. 예를 들면 눈을 만지는 것은 '나를 봐요', 귀를 만지는 것은 '듣는 시간', 입을 만지는 것은 '침묵'을 의미한다.

700. 가능하면 소집단 수업을 한다. 소집단은 학생들에게 더 많은 참여의 기회를 제공해서 적극적으로 참여하고 과제를 수행할 수 있도록 한다.

701. 학생들에게 실습 시간을 충분히 제공한다. 이것은 학습 과정에 학생을 적극적으로 참여 시키는 데 도움이 된다. 적극적 참여는 장애학생들에게 매우 중요한 과제이다. 이

것은 학생들의 집중을 유지하는 데에도 도움을 준다.

702. 지시는 한두 단계로 간단하게 한다. 그리고 학생들이 각각의 지시 내용을 이해했는지 확인해야 한다. 그리고 학생들에게 교사의 지시 내용을 들은 대로 다시 말해보도록 한다.

703. 한 번에 한 가지 과제를 제시하고, 학생들이 그것을 받아 기록하는지 확인한다. 그리고 칠판에 날짜와 함께 해당 과제 목록을 써놓는다. 학생들에게 알림장에 숙제를 적도록 하고, 하루의 일과가 끝날 때 알림장을 확인한다.

704. 필요한 경우 학생들이 좌절감을 갖지 않도록 숙제를 조정해준다. (제5장 '일일 과제' 참조)

705. 컴퓨터 프로그램을 적절하게 이용하여 학생들의 학습을 강화한다. 컴퓨터 프로그램은 학생에게 즉각적인 피드백을 제공하며, 학생 스스로 학습을 조절할 수 있도록 한다. 또한 학생들의 학습 동기 유발에도 도움이 된다.

706. 학생이 주의집중을 유지하도록 하기 위해서 타이머를 사용한다. 학생이 과제에 집중하는 데 필요하다고 생각되는 시간으로 타이머를 조정한다. 그리고 학생들에게 교사가 정한 시간 내에 과제를 완수하도록 요구한다. 일단 학생들이 타이머 사용에 적응하게 되면, 과제의 양과 완료 시간을 점차적으로 늘리는 'Beat the Clock' 게임을 한다. 학생들에게 점차적으로 타이머의 종이 울리기 전에 과제를 완성할 수 있도록 독려한다.

707. 학생들에게 하루 일과 중 일어나서 주변을 돌아다니거나 스트레칭 할 수 있는 쉬는 시간을 갖도록 한다. 쉬는 시간에 대해서 학생들에게 알려준다.

708. 대집단 혹은 소집단 활동 시 학생을 지명할 때에는 무작위로 한다. 학생의 이름을 바구니에 넣고 무작위로 하나의 이름을 꺼낸다. 또는 색인 카드를 이용해서 무작위로 하나를 뽑는다. 학생들은 다음에 누구의 이름이 뽑힐지 모르기 때문에 더 집중하게 된다.

709. 학생들에게 점검 카드를 이용해서 과제를 즉시 점검한다. 예를 들면 자기 교정은 일일 과제에 적절하다. 이 즉각적인 피드백은 많은 학생들에게 도움이 된다.

충동성과 주의 산만

"그녀는 아무런 생각을 하지 않아요.", "그는 항상 부르기도 전에 아무 생각 없이 대답을 해요.", "그녀는 항상 멍하니 있어요." 이와 같이 일부 학생들은 멍하니 앉아있거나, 주의가 쉽게 산만해져 보이는 행동을 한다.

710. 지시를 하기 전에 학생이 항상 준비를 할 수 있도록 한다.

711. 어떤 개념을 설명할 때에는 간단하고 명확한 단어를 사용한다.

712. 여러 가지 자료들로 인해 학생들이 산만해지지 않도록 독창적인 예술작품은 교실 뒤편에 배치한다.

713. 좌석 배치를 고려한다. 쉽게 산만해지는 학생을 문이나 창문 근처 혹은 이동이 많은 지역에 좌석을 배치하지 않도록 한다. 그와 같은 학생은 교실 앞쪽이나 교사 근처에 자리를 배치한다.

714. 쉽게 산만해지는 학생은 과제를 완성하는 데 시간이 더 필요하다. 과제가 수정되었을 경우에도 일반학생보다 시간이 더 필요할 것이다. 이와 같은 학생들에게는 귀마개를 착용하도록 해서 배경 소음을 차단하도록 하는 것도 도움이 될 것이다. 혹은 이어폰을 끼고 부드러운 음악을 듣는 것이 오히려 산만해질 수 있는 자극을 차단하는 데 도움이 되기도 한다.

715. 시간이 정해진 활동이나 시험은 가급적 피한다. 학생들은 자신이 힘들게 시작한 과제를 다른 학생들이 쉽게 끝내는 것에 대해 불안해 할 수 있다. 그 학생은 종종 과제를 포기하려 할 것이다. 집단 평가 시에는 학생들에게 모든 학생들이 시험이 끝날 때까지 자리에서 조용히 책을 읽도록 한다. 시험은 가급적 기말에 시행하도록 한다.

716. 학생들에게 어떤 반응을 하기 전에 잠시 중지하고 생각을 하도록 권장한다. 그리고 교사와 학생 간에 시각적인 신호를 정한다. 예를 들면, 교사의 손가락이 코 옆에 있다면, 학생은 그것을 보고 자신의 행동에 대해 천천히 생각을 해야 할 때라는 것 알게 될 것이다.

717. 학생들에게 교사의 지시 내용을 반복하여 말하고 과제를 조용히 읽도록 한다. 이것은 학생이 듣는 것뿐만 아니라 자료를 집중해서 보는 데도 도움이 된다. 또한 여러 단계의 과제를 완성할 때에도 도움이 된다. 말로 표현하는 과정에서 학생은 순서를 더 잘 인식하게 된다. 일부 학생들은 그들이 작업하는 동안 전체 과제를 말한다면 더 오래 과제에 집중할 수 있다.

718. 좌석 배치도를 만든다. 집중이 어려운 학생은 조용하고 스스로 과제를 잘 해결하는 학생 사이에 가까이 앉도록 한다.

719. 학생이 현재 하고 있는 과제를 해결하는 데 필요한 필수적인 학습자료만 책상 위에 놓도록 한다. 장난감은 집에 두고 와야 한다.

공격 행동 혹은 부적응 행동

720. 진심 어린 관심과 존중의 마음으로 학생들에게 귀를 기울인다. 학생들에게 발생하는 문제들을 함께 나눌 수 있는 시간을 허용한다.

721. 학생과 일대일로 시간을 보낸다. 그리고 학생들이 좋아하는 것과 싫어하는 것을 파악한다.

722. 학생이 특별한 관심을 보이는 소그룹 활동에 참여시킨다.

723. 학생이 성공적으로 해결할 수 있는 과제를 만들어준다.

724. 학생에게 혼자만의 시간이 필요하다면 안전하게 시간을 보낼 수 있는 장소를 제공한다.

725. 학생들이 잘 지킬 수 있는 행동 계약을 정한다. 행동 계약을 정할 때에는 다음과 같은 점에 유의한다.

  - 행동을 구체적으로 정의한다.
  - 강화물은 학생과 함께 정한다.
  - 보상 조건을 학생과 함께 약속한다.
  - 계약서를 작성하고, 직접 서명하도록 한다.

만일 학생이 목표를 향해 노력해가는 중에 흥미를 잃어버린다면, 그 학생이 계속적인 강화를 받고 있는지, 주어지는 보상이 여전히 동기를 부여해주는지 점검해보아야 한다. 만일 그렇지 않다면 조건을 바꿔야 한다.

보상은 단순하게 해야 한다. 학생에게 친구들과 이야기 하는 자유 시간 10분이 보상으로서 충분하다면 컴퓨터 게임이나 그 외의 보상은 불필요한 것이 될 것이다. 그리고 보상은 쉽게 행동을 개선할 수 있어야 하며, 시간이 너무 오래 걸리는 것은 바람직하지 않다.

부록에 있는 두 가지 행동 계약 양식인 **서식 103. 행동 계약**, 그리고 **서식 104. 나의 행동 변화**는 여러 방식으로 활용할 수 있을 것이다.

726. 학생을 질책할 일이 있으면 개인적으로 한다. 질책한 일에 대한 이유를 알려주어야

한다. 학생의 행동에 대한 대안에 대해 학생이 선택하도록 한다.

727. 학생이 학급의 규칙을 인식하도록 한다. 만일 필요하다면 학생이 참고할 수 있도록 규칙 목록을 학생의 공책이나 폴더에 보관하도록 한다.

728. 성격이나 자해 위협 혹은 징후 등과 같은 심각한 변화가 나타날 경우 학교 상담교사나 관리자에게 보고한다.

낮은 사회적 기술

729. 학생의 나이에 맞는 모든 행동에 대해서는 긍정적으로 칭찬해준다. 그리고 학생이 하는 바람직한 행동에 대해서는 가능한 자주 칭찬해준다.

730. 모둠 활동은 2명에서 시작한다. 학생이 한 사람과의 활동을 안정적으로 하게 되면 모둠원의 수를 3~4명으로 늘린다.

731. 학생에게 참여할 수 있는 기회를 충분히 주고, 다른 사람의 반응을 긍정적으로 수용할 수 있도록 소그룹 내에서의 대화 기술을 가르쳐주어야 한다. 그리고 점차적으로 집단의 크기를 크게 한다.

732. 다른 학생들이 올바른 행동을 할 때 긍정적인 강화를 함으로써 올바른 행동이 무엇인지 알도록 해준다.

733. 학생들에게 바람직한 행동을 모방하도록 한다. 다른 학생들과 사회적 상황에 대해 연습하고 역할 연습을 할 수 있도록 한다.

734. 바람직한 집단 참여 활동에 대해서 항상 칭찬하고 보상한다.

735. 순서대로 그룹 활동에 참여할 수 있도록 기회를 준다.

736. 만일 학생이 친구들이 없다면 학습 동료를 짝지어준다.

737. 학생들에게 쉬는 시간이나 점심시간, 이동 시간 같은 자유 시간에 자신에게 도움을 주는 친구들을 관찰하도록 하여 친구들의 행동을 모방할 수 있도록 한다.

738. 친구를 사귈 수 있도록 도움을 준다. 친구를 사귀는 쉬운 방법을 알려준다.

- 다정하고 친절하게 행동하기
- 친구의 감정 살피기
- 듣는 것이 말하는 것만큼 중요하다는 것 기억하기
- 어떤 사람과도 친구가 될 수 있다고 생각하기

- 공감하기
- 친구의 표정을 잘 살피고, 슬퍼 보이면 그 이유 알아보기
- 말하려고 하는 것 생각해보기
- 말하기 전에 생각하기

강화와 벌

특수교육 요구 학생들과 주의력결핍장애(ADD) 학생들은 학급의 다른 학생보다 외적인 강화에 더 의존한다. 그리고 이 학생들은 더 많은 격려가 필요하다. 벌보다는 보상이 더 효과적이다. 그리고 바람직한 행동을 하면 즉시 칭찬을 해주어야 한다. 항상 비난이나 비웃음은 삼가야 한다.

많은 학생들이 자신의 행동을 조절하는 데 어려움이 있다. 이 학생들은 보상 제도에 잘 반응한다. 보상 제도를 운영하고자 할 때에는 학생들이 함께 참여해서 보상 목록을 정할 수 있도록 한다. 대부분 학생들이 바라는 보상은 단지 친구와 지낼 수 있는 약간의 시간을 허락하는 것으로도 충분하다. 그렇지만 대부분의 학생들은 과제를 제일 마지막으로 끝내기 때문에 충분한 자유 시간을 갖기 어렵다.

739. 학생들에게 감정과 관련된 단어를 자주 사용하도록 한다. 예를 들면 화가 난 학생은 매우 혼란스러울 것이다. 학생들은 자신의 감정을 이해하고 이것을 말로 표현할 수 있어야 한다.

740. 학생이 특정 수업 시간에 지속적으로 벌을 받아야 하는 상황이라면, 반드시 학생의 최근 수업 태도를 점검해보아야 한다. 만일 과제가 너무 어려워서 바람직하지 못한 행동을 하게 되었다면, 그 과제는 수정되어야 한다.

741. 보상 제도를 운영한다. 학생이 지속적이고 잦은 피드백이 필요하다면, 일과 시간을 시간 단위로 나누어 운영한다. 어떤 학생들은 수업을 시작해서 5~10분마다 피드백을 해주어야 한다. 이와 같은 경우에는 학생의 책상에 점검표를 붙여두고, 교사가 교실을 돌아다니면서 점검표나 색인 카드에 표시를 해주거나 스티커를 붙여주는 방법으로 피드백을 해줄 수 있다. 점차적으로 공부하는 시간을 늘려나간다.

742. **서식 105. 교과 보상표**는 학생들이 행동을 기록하고 보상을 얻을 수 있는 간단한 표이다. 이 교과 보상표는 학생들이 어떤 수업 시간에 어떤 행동을 하는지 알 수 있도록

한다. 수학은 읽기보다 어려운가? 학생의 행동에 이러한 부분이 영향을 주는가? 학생의 행동은 점심시간 전에 감소하고 점심시간 후에는 나아지는가?

743. **서식 106. 퍼즐 보상표**는 보상을 받기 위한 바람직한 행동을 알아볼 수 있는 또 다른 방법이다. 이것은 위의 점검표와는 다른 방법으로 사용될 수 있다. 퍼즐은 복사해서 몇 개의 조각으로 나눈다. 이것은 교사가 퍼즐 조각 수를 결정해서 보상을 받는 데 얼마나 오랜 시간이 걸리는지 정할 수 있도록 한다. 먼저 학생은 목표 행동을 했을 때마다 퍼즐 조각을 받는다. 퍼즐이 완성되었을 때, 학생을 미리 정해진 보상을 받게 된다. 다양한 종류의 그림을 사용해서 이와 같은 퍼즐 보상표로 사용될 수 있다. 예를 들면 학생이 보상으로 컴퓨터 게임 원한다면, 그 게임의 표지를 복사해서 퍼즐로 사용할 수 있다. 학생이 퍼즐을 완성하면 부모가 보상을 해줄 수도 있다.

744. **서식 107. 눈금 보상표**는 학생이 목표를 이루었을 때 색을 칠하거나 작은 아이콘을 잘라서 붙일 수 있도록 한다.

745. **서식 108. 오전/오후 보상표**는 오전과 오후 모두 기록해야 하는 특별한 목표를 선정한 학생들에게 효과적인 방법이다. 이것은 등하교 점검표로도 사용될 수 있다.

746. 학급 전체 벌칙 규정이 모든 학생들에게 항상 적절한 것은 아니다. 문제 학생은 추가적인 경고와 함께 보상 제도가 연계된 규정이 필요할 수도 있다. 어떤 규정이 적용되든 학교 내에서의 규정이 일관성을 가지고 적용되는 것이 중요하다.

747. 타임아웃은 문제 행동에 대해, 또는 문제가 표면화되려고 할 때 예방적인 차원에서 자주 사용된다. 타임아웃은 학생에게 그룹을 바꾸게 하거나, 잠시 동안 개별 공간에 있도록 하거나 격한 감정 상태를 완화시킬 수 있도록 한다. 이것은 또한 교사나 학급의 학생들에게도 집단을 다시 정하고, 다시 집중할 수 있도록 해준다. 타임아웃의 목표는 학생들에게 마음을 가다듬고 상황에 대해 다시 생각해볼 수 있는 시간을 갖도록 하는 데 있다. 성인들도 스트레스가 발생하는 상황에서 종종 타임아웃을 갖는다. 성인들은 물이나 커피를 마시며, 혹은 단순히 복도를 걷거나 하면서 생각하는 시간을 갖는다. 타임아웃은 위기 상황이 되기 전에 상황을 해결하는 적절한 방법으로 간주되어야 한다.

만일 타임아웃을 사용한다면 다음과 같은 절차에 따라서 한다. 흔히 1단계와 2단계는 사전 예방적 차원의 전략으로 사용되기도 한다.

타임아웃

1단계 : 지정된 교실 내에서의 타임아웃

어떤 선생님들은 이곳을 '생각하는 공간' 이라고 부른다. 이 공간은 주로 교실 안에 지정되어 있고, 잠시 동안 방해받지 않고 생각할 시간이 필요한 학생에게 적당한 장소이다.

2단계 : 교실 밖으로의 타임아웃

때때로 학생은 교실 밖으로 나갈 필요가 있다. 교사들은 다른 학급의 교사들과 서로 협조해서 감독을 한다.

3단계 : 상담가나 관리자와의 타임아웃

이것은 학생에게 직접 그 상황과 결부되지 않은 제3자와의 상담을 통해 마음의 안정을 찾도록 해준다.

4단계 : 가정으로 전화하기

748. 일부 학생들에게는 토큰 제도가 적절하다. 토큰은 작은 코팅 종이나 단추, 구슬 모양으로 만들 수 있으며 교사가 제작할 수 있다. 토큰 제도에서 학생들은 토큰을 책상 속에 간직하고, 보상과 교환한다. 초기에는 학생들이 쉽게 얻을 수 있는 보상을 위해 행동하려는 경향이 있다. 더 도전적인 목표를 세우고 더 큰 보상을 위해 행동하도록 권장한다.

749. 학생과 함께 보상 물품이나 활동을 정한다. 학생은 개인적인 목표를 이루었을 때 이러한 활동을 선택할 수 있다. 성인에게 동기가 부여되는 보상이 학생에게도 동기를 부여하는 것은 아니다. 학생들과 함께 보상 목록을 만들고, 보상은 단순하게 하는 것이 좋다. 예들 들면 스티커, 연필, 펜, 기본적인 학교 용품, 컴퓨터 사용 시간 10분 추가, 5분 동안 친구와 자유 선택 활동하기, 과제 면제, 사진 게시판에 학생사진 게시하기, 체육관 사용권, 부모님과 함께하는 축하행사 참여권 등이 될 수 있다.

750. 초등학생들이 좋아하는 저렴한 장신구들은 차고세일(garage sale)에서 얻을 수 있다. 여기에서는 매우 저렴한 가격으로 살 수 있는 작은 물건들이 많이 있다. 또 다른 방법은 기업에 편지를 보내서 기부를 하도록 부탁하는 것이다. 기업체에서 판촉물들을 공짜로 보내 주기도 한다.

751. 일과 중 행동이 개선된 학생들은 부모들에게 알려주어야 한다. 다음과 같은 긍정적인 말들로 부모들에게 전달한다.

놀라운 날입니다~!
나는 오늘 성공할 수 있는 비밀을 발견했어요~!

오늘의 슈퍼스타입니다~!

나는 정말 대단한 학생입니다~!

와우~!!!

(만일 교사가 원한다면, 먼저 **서식 100. 강화 카드**를 사용할 수 있다. 강화 문장 카드들을 형광종이에 복사해서 코팅한다. 그리고 그것을 길게 잘라서 편지 봉투에 담아둔다. 학생이 일과 시간 동안 바람직한 행동을 한 날에는 코팅한 말 중에 한 장을 골라서 집으로 가지고 가게 한다. 만일 적절한 지침이 안내되어 있다면, 고학년 학생들은 자신이 점점 개선되고 있음을 알게 될 것이다. 이 방법은 부모들에게 학생들의 좋은 소식을 전달해 줄 수 있는 방법이다.

752. 학급에서 시행하고 있는 보상 제도에 대해 학부모들에게 안내한다. 부모들은 가정에서도 다른 형태의 강화를 제공하게 될 것이다.

753. 일일 보고서는 행동과 학습 목표를 관리하는 데 이용될 수 있다. 일일 보고서를 만드는 쉬운 방법은 색인 목록을 학생의 책상에 붙여두는 것이다. 색인 목록에 교과가 더 추가될 수 있다. 저학년 학생들의 경우에는 기대 목표에 도달했을 때 각 교과 시간에 행복한 얼굴 스티커를 붙인다. 고학년 학생들의 경우에는 1~5단계 등급표를 사용한다. 가정으로 이 보고서를 보내게 되면 학교와 학부모 간의 대화가 증가될 것이다.

754. 일지는 가정과 학교 간 협력적인 소통에 도움이 되고 있다. 학부모와 교사들은 일지에 서로 간의 의견을 말하거나, 염려 혹은 제안 사항 등에 대해 의견을 교환하기도 한다. 학생은 부모로부터 보상을 받기도 한다. 매우 좋은 일이긴 하지만, 시간이 충분치 않다면 서술식의 긴 일지는 작성하지 않도록 한다. 일지는 시간이 많이 요구되는 작업이다. 하루를 마무리하고 혹은 매 시간마다 의견을 적어야 하거나, 문제가 많이 발생한 날은 보통 때보다 시간이 더 많이 걸린다. 만일 일지를 쓰기로 결정했다면 가능한 간단하게 쓰도록 한다. 그러면 계속하기가 더 수월할 것이다.

755. 부정적인 강화나 부정적인 혼잣말은 "나는 이것을 할 수 없어.", "나는 어떻게 하는지 몰라.", "나는 잘하는 게 아무것도 없어." 등과 같은 자신에 대한 비난이 포함되어 있다. 학생들에게 "나는 할 수 있어. 나는 이것을 다룰 수 있어. 나는 이것을 잘해."와 같은 긍정적인 혼잣말을 하도록 지도한다. 학생이 부정적인 혼잣말을 하거나 자신을 비하하는 말을 하게 되면, 그 말을 멈추게 하고 긍정적인 말로 바꾸어 말하도록 도와준다.

결론

이 장에서는 행동 문제를 다루는 데 사용할 수 있는 전략들을 제시했다. 어떤 전략은 학급의 전체 학생들을 대상으로 적용할 수 있으며, 또 다른 전략들은 체계적인 지원이 더 필요한 특수교육 요구 학생들에게 적용할 수 있다. 많은 행동 문제는 학생들의 혼란과 스트레스를 줄여서 사전에 예방할 수도 있다. 또는 주기적으로 이동하거나 자신이 수용되고 있다는 느낌을 받게 하고, 친구를 사귀거나 자신의 감정을 이해하도록 하는 것과 같은 다양한 요구를 조절하도록 하는 방법도 있다. 창의적인 보상 제도는 학생들에게 동기를 부여하고 바람직한 행동을 강화한다. 규정은 학생에게 정당하고 이해가 될 수 있는 것이어야 한다. 이 장에 제시된 구체적인 방법들은 교사들에게는 교실에서 질서를 유지하고 교사 자신을 안정시키는 데 도움을 주며, 학생들에게는 행동을 개선해서 더 효과적인 학습이 될 수 있도록 하는 데 도움을 줄 수 있을 것이다.

부록 서식

서식 100	강화 카드
서식 101	학생 목표
서식 102	등하교 일과 점검 카드
서식 103	행동 계약
서식 104	나의 행동 변화
서식 105	교과 보상표
서식 106	퍼즐 보상표
서식 107	눈금 보상표
서식 108	오전/오후 보상표

아이들은 사랑받을 수 없을 때 특히 더 사랑이 필요하다.

– Harold Hulbert

Appendix

부록

통합교육을 위한 계획 : 통합교육 운영위원회

최근 통합교육 프로그램에 참여하고 있는 특수교육 대상 학생들은 몇 명인가?
학년별, 과목별로는 대략 어느 정도 인가?

_____

_____

_____

_____

_____

통합교육 운영위원으로서 원하는 것은 무엇인가? 프로그램은 선정된 학생들을 소집단으로 운영
해야 하는가? 아니면 학년별로 운영해야 하는가? 전체 통합교육 대상자에게 동시에 실행해야 하
는가? 먼저 실행하기를 원하는 학생들이 있는가? 팀에게 선택권이 있는가?

_____

_____

_____

_____

_____

기존의 통합교육 실행 방법을 선택하는 원칙은 무엇인가?

_____

_____

_____

_____

_____

우리는 특수교육 보조교사 등과 같은 지원 인원이 충분한가? 그리고 다음 학기에는 특수교육 보
조교사의 지원이 증가 혹은 감소하는가?

_____

_____

_____

_____

_____

현재 지원을 하고 있는 보조교사의 수를 고려할 때, 이 구성원들을 최대한 잘 활용하고 있는가? 보조교사의 시간 운영은 효율적으로 운영되고 있는가? 학생을 최대한 잘 지원해야 하는 보조교사가 너무 일찍 오거나 너무 늦게 오지는 않는가? 시간 운영에 융통성을 두어서 일부 보조교사는 일찍 와서 학생을 지원하고 다른 보조교사는 조금 늦게 도착해서 학생들을 지원하도록 할 수 있는가?

_____
_____
_____
_____
_____

운영팀으로서 학생들을 위한 서비스의 연속 체제에 배치하는 방법은 무엇인가? 그리고 필요한 경우 특수학급 혹은 일반학급에서 학생들에게 서비스를 제공할 수 있는 충분한 특수교사와 보조교사로 구성되어 있는가?

_____
_____
_____
_____
_____
_____

만일 일부 학생들이 통합교육 대상자로 선정될 경우 어떤 특수교사를 다음 학기 통합교육을 지원하도록 하겠는가? 위원회에게 선택권이 있는가?

_____
_____
_____
_____
_____

기존의 문제에 대한 논의한 결과 해결해야 할 가장 큰 장애물은 무엇인가?

_____
_____
_____
_____
_____

추가적인 제안과 조언

_____

_____

_____

_____

_____

_____

운영위원회 목표

이상적인 통합교육 프로그램을 위한 위원회의 목표는 무엇인가?

_____
_____
_____
_____

목표 1.

_____
_____
_____
_____

목표 2.

_____
_____
_____
_____

목표 3.

_____
_____
_____
_____

목표 4.

_____
_____
_____
_____

효과와 제한 요인의 예

통합교육의 효과

＊ 학생들은 학급 내에서 최대한의 확장된 서비스를 받는다.

＊ 학생들은 학급에서 나와 특수학급에서 수업을 받기 때문에 발생하는 명칭붙임의 오명에서 벗어날 수 있다.

＊ 많은 학생들이 결과에서는 차이가 나지만 적절한 수정을 통해서 모든 교수 활동에 참여할 수 있을 것이다.

＊ 학생들은 일반학급과 특수학급을 이동함으로써 발생하는 중요한 학습 시간을 허비하지 않게 될 것이다.

＊ 학생들은 더 이상 2개로 분리된 교육 체제에서 학습할 필요가 없게 된다.

＊ 학생들은 교실 밖에서 수많은 서비스를 받을 필요가 없게 된다. 관련 서비스는 교실 내에서 가능한 한 많이 제공된다.

＊ 특수교사들은 학급 교육과정에 대해 많은 이해를 하게 될 것이다. 한 가지 학문영역에서 학생의 요구에 맞는 전략들은 다른 학문영역으로도 전환될 수 있을 것이다.

＊ 학생들은 상대방이 가지고 있는 약점과 상관없이 더 잘 수용할 수 있게 된다.

＊ 특수교육 지원 요원은 필요할 때에는 다른 학생들도 지원할 수 있다.

＊ 일반교육과 특수교육 간에 의사소통이 증가한다.

＊ 일반교사는 더욱 많은 융통성을 갖게 된다. 교사들은 새로운 수업을 위해서 학생들이 특수학급에서 돌아오기를 기다리지 않아도 된다.

통합교육의 제한 요인

＊ 시간 계획의 어려움

＊ 협력과 의사소통을 위한 시간이 필요함

＊ 특수교사와 보조교사의 수에 따라 학생 집단을 편성해야 함

＊ 재원 마련의 문제

효과와 제한 요인

통합교육의 효과

통합교육의 제한 요인

장기목표와 단기목표 예시

장기목표 : 통합교육 프로그램 실행

단기목표 :

- 4월까지 대상 학생 선정하기
- 5월까지 학급 학생 집단 편성하기
- 프로그램에 참여하는 특수교사와 일반교사 선정하기
- 연말 학생 배치 과정에 모든 특수교사 포함하기

장기목표 : 학생 배치를 위한 지침 개발

단기목표 :

- 학생 배치를 위한 지침 개발 위원회 구성하기
- 학생 집단 편성 방법 논의하기
- 모든 특수교사를 학생 배치 회의에 참여시키기

장기목표 : 통합교육 프로그램에 참여하는 일반교사와 특수교사의 구조화된 의사소통 시간 개발

단기목표 :

- 교사 회의 시간 계획 및 실행하기
- 팀 계획 시간을 위한 일정 조정하기
- 현재 준비 기간 분석과 일반교육과 특수교육 계획 시간 조정하기

장기목표 : 개별화된 교육과정 개발

단기목표 :

- 높은 흥미도와 낮은 수준의 읽기 자료나 학습지, 사전 녹음 자료 등과 같은 현행 교과서 자료의 보충 자료 조사하기
- 실행이 용이한 교육과정 수정 목록 작성하기
- 학년 간 혹은 과목 간 공유할 수 있는 수정된 교육과정 목록 작성하기

장기목표 : 통합교육에 대한 인식 제고

단기목표 :

- 교직원들의 요구 조사하기
- 설문 결과를 바탕으로 교직원 개발 프로그램 계획 및 실행하기

장기목표와 단기목표

장기목표 :
_____

단기목표 :
_____
_____
_____
_____

장기목표 :
_____

단기목표 :
_____
_____
_____
_____

장기목표 :
_____

단기목표 :
_____
_____
_____
_____

장기목표 :
_____

단기목표 :
_____
_____
_____
_____

학습 양식 점검표
(10세 이상 학생용)

다음에 제시된 점검표는 10세 이상 학생들에게 적용할 수 있다. 학생들에게 자신에게 해당되는 모든 항목에 표시하도록 한다. 이 점검표는 학습 양식을 4개의 영역으로 구분한다.

A 영역 : 이 학생들은 추상적–변칙적 학습 양식의 특성을 나타낸다.

B 영역 : 이 학생들은 추상적–순차적 학습 양식의 특성을 나타낸다.

C 영역 : 이 학생들은 구체적–순차적 학습 양식의 특성을 나타낸다.

D 영역 : 이 학생들은 구체적–변칙적 학습 양식의 특성을 나타낸다.

이 서식을 복사해서 학생들에게 나누어 준다. 그리고 학습 양식 점검표의 모든 항목에 표시하도록 하고, 각 영역별로 해당 항목 수를 합한다.

한 영역에서 더 많은 항목에 해당되는 것으로 나타나게 되면, 이 학생은 그 학습 양식을 선호하는 것으로 해석할 수 있다. 만일 학생의 점검표에 다른 영역에 비해서 어느 특정 영역에서 더 많은 항목에 표시가 되어있다면, 그 학습 양식이 그 학생에게 적절하다는 것으로 볼 수 있으며, 그 학생은 교사가 비슷한 방식으로 수업을 하게 되면 학습을 가장 잘할 수 있다고 해석할 수 있다.

만일 해당 항목이 모든 영역에 분산되어 있다면, 그 학생은 다양한 학급 환경에 잘 적응할 수 있다고 볼 수 있을 것이다.

학습 양식 점검표

☞ 나에게 해당된다고 생각하는 항목에 ✓ 표시 하세요.

A. 나는 나 자신을 이렇게 생각하고 있다.

- ❏ 사람들과 함께 있는 것을 좋아한다.
- ❏ 다른 사람의 감정에 민감하다.
- ❏ 창조적이다.
- ❏ 나에게 의미 있는 것 배우기를 좋아한다.
- ❏ 수집하고 보관하는 것을 좋아한다.
- ❏ 어떤 것에 대해 많은 정보를 갖는 것을 좋아한다.
- ❏ 내 자신의 시간 일정을 정해서 일하기를 좋아한다.
- ❏ 다른 사람이 옳다고 느끼기 때문에 의사결정을 한다.
- ❏ 집단 학습을 좋아한다.
- ❏ 일과 놀이 시간을 균형 있게 하는 것을 좋아한다.
- ❏ 갈등이나 불일치를 좋아하지 않는다.
- ❏ 생각하는 시간을 갖는 것을 좋아한다.

합계 _____

B. 나는 나 자신을 이렇게 생각하고 있다.

- ❏ 생각하면서 일하기를 좋아한다.
- ❏ 구조화되고 정돈된 일을 좋아한다.
- ❏ 혼자 하는 작업을 선호한다.
- ❏ 완벽하게 학습을 하기 위해서 시간을 충분히 갖는 것을 좋아한다.
- ❏ 아이디어에 대해 논쟁하는 것을 좋아한다.
- ❏ 해답 찾는 것을 좋아한다.
- ❏ 책을 좋아한다.
- ❏ 예측할 수 있는 일을 좋아한다.
- ❏ 정당한 일을 하는 것을 좋아한다.
- ❏ 가치와 중요성으로 판단한다.
- ❏ 진지하게 학습한다.
- ❏ 새로운 아이디어를 생각하기 위해서 정보를 통합하는 것을 잘한다.
- ❏ 조용한 환경에서 일하는 것을 좋아한다.

합계 _____

학습 양식 점검표

☞ 나에게 해당된다고 생각하는 항목에 ✓ 표시 하세요.

C. 나는 나 자신을 이렇게 생각하고 있다.

- ❑ 연습과 구체적인 방법을 통한 학습이 가장 잘 된다.
- ❑ 규칙을 지키는 것을 좋아한다.
- ❑ 모든 것이 제자리에 있고 정돈된 것을 좋아한다.
- ❑ 한 번에 한 단계씩 하는 것을 좋아한다.
- ❑ 나에게 기대하고 있는 것을 알고 싶어 한다.
- ❑ 어떤 일을 할 때에는 특정 시간을 정해서 하는 것을 좋아한다.
- ❑ 나의 노력에 대한 최종 결과물을 얻는 것을 좋아한다.
- ❑ 세밀한 작업을 하는 것을 좋아한다.
- ❑ 내 일에 대해 동의해주기를 원한다.
- ❑ 일관성 있는 방식으로 일하기를 좋아한다.
- ❑ 실용적인 물건 만들기를 좋아한다.
- ❑ 정확하고 정밀한 일을 좋아한다.
- ❑ 일하기 전에 내가 하고자 하는 일에 대해 먼저 생각한다.

합계 _____

D. 나는 나 자신을 이렇게 생각하고 있다.

- ❑ 변화를 좋아한다.
- ❑ 세상을 탐구를 위한 도서관이라고 생각한다.
- ❑ 호기심이 강하다.
- ❑ 새로운 경험을 즐긴다.
- ❑ '분주한 일상'을 즐긴다.
- ❑ 한 번에 여러 가지 일을 하기를 좋아한다.
- ❑ 선택하는 것을 좋아한다.
- ❑ 자유롭게 일하는 것을 좋아한다.
- ❑ 결과보다는 과정을 더 중시한다.
- ❑ 독립적이다.
- ❑ 일하는 방식에 있어서 매우 유연하다.
- ❑ 독특한 것을 좋아한다.
- ❑ 시간을 잊고 어떤 일에 몰두하기도 한다.
- ❑ 글보다는 그림을 통해서 모형을 구체화하는 것을 좋아한다.

합계 _____

학생 정보 자료 예시

학생의 개별화 교육 계획(IEP)에 따른 서비스 제공 시간

	학생명	장애 영역	보조교사 지원 시간	읽기	쓰기	수학	사회 기술/정서	말/언어	작업치료/물리치료 DAPE	기타
1	메리	학습장애		300	150	300			작업치료 60	
2	존	중복장애	1500	300	300	300		90	DAPE 60	
3	린	학습장애		150	150					
4	제이크	학습장애				300		60		
5	준이	학습장애		300						
6	하이디	건강장애	600	300	300	300		90	작업 60/물리 60	건강 300
7	에이미	학습장애		300						
8	마이크	학습장애		300						
9	스티브	행동장애	300	300	150		300			학대 60
10	프랭크	시각장애	300	300	300					
11	제임스	학습장애							작업치료 60	
12	엘리샤	학습장애				300			작업치료 60	
13	마크	행동장애					300			
14	팀	학습장애		300	300	300		90		

학생 정보 자료

학생명	장애영역	보조교사 지원 시간	학생의 개별화 교육 계획(IEP)에 따른 서비스 제공 시간						
			읽기	쓰기	수학	사회 기술/정서	말/언어	작업치료/물리치료 DAPE	기타
1									
2									
3									
4									
5									
6									
7									
8									
9									
10									
11									
12									
13									
14									

학생 집단 편성 예시

다음 서식은 **서식 7.** 학습 양식 점검표를 통해서 얻은 정보를 학급 학생들의 집단 편성에 활용하는 방법을 제시하고 있다. **서식 11.**은 학생을 점검해서 집단을 편성할 때 사용할 수 있을 것이다.

제1반 - 5명

린(Lynn), 브랜던(Brandon)과 폴(Paul, 학습장애), 스티브(Steve, 행동장애), 에런(Aaron, 청각장애)

서비스 제공 :

☒ 자문 : 특수교사 매일 10분
☒ 보조교사 1 : 학습장애 학생 대상 매일 1시간
☒ 보조교사 2 : 행동장애 학생 대상 매일 1시간

이 5명의 학생은 같은 반에 배정되었다. 그리고 학생들은 최소한의 학습 지원을 받게 되었다. 이 학급의 모든 학생들은 일반교사들에게 직접 교수를 받게 된다. 스티브는 IEP에 기록된 대로 매일 약 1시간 동안 학생 행동 지원 보조교사의 지원을 받는다. 그리고 학습장애 학생들은 1시간 동안 학습 지원을 받는다. 2명의 보조교사들은 각각 다른 시간으로 일정을 조정해야 하며, 일과 중 부가적인 지원도 해야 한다. 브랜던은 언어 지원도 받게 된다. 만일 언어치료사가 학급에서 서비스를 제공할 수 있다면, 필요한 경우 다른 학생들도 지원할 수 있다.

제2반 - 5명

조이(Joey), 메리(Mary), 마이크(Mike), 에이미(Amy, 학습장애), 하이디(Heidi, 기타건강장애)

서비스 제공 :

☒ 보조교사 : 매일 2시간
☒ 특수교사 : 매일 1~2시간(관련 지원 포함)

이 학생들은 1반에 배정된 학생들보다 더 직접적인 서비스를 제공해야 한다. 이 학생 중 3명은 읽기 영역만 지원을 받게 된다. 특수교사는 이 읽기 영역을 지원한다. 하이디와 메리는 학습 관련 지원이 가장 많이 필요한 학생들이다. 하이디는 매일 2시간 동안 보조교사의 지원을 받는다. 이 보조교사는 다른 학생들도 지원할 수 있을 것이다. 하이디는 작업치료사와 물리치료사의 지원도 받는다. 작업치료사는 쓰기 영역에 대해 지원을 할 수 있으며, 이때 특수학급 교사는 학급에서 읽기를 지도한다. 특수교사는 하이디에게 서비스를 제공하고 필요한 경우 다른 학생들도 점검할 수 있다.

제 3 반 - 3명

프랭크(Frank, 시각장애), 마크(Mark, 행동장애), 존(John, MMI)

서비스 제공 :

☒ 보조교사 : 전일 지원

☒ 특수교사 : 매일 1~2시간(관련 지원 포함)

이 학급은 보조교사의 전일 지원이 제공되는 유일한 학급이다. 이 보조교사는 존을 지원한다. 그리고 보조교사는 일과 동안 마크의 행동 목표를 점검할 수 있다. 프랭크는 그의 저시력 때문에 많은 교육과정의 수정이 필요할 것이다. 특수교사는 기본적으로 매일 지원하게 된다. 존과 프랭크는 모두 관련 서비스를 받게 된다. 보조교사는 일과 중 점심시간과 휴식 시간을 갖게 된다. 보조교사는 특수교사와 관련 서비스 제공자가 학생들에게 서비스를 지원할 때 휴식 시간을 갖도록 한다.

제4반 - 4명

팀(Tim), 제이크(Jake), 제임스(James), 앨리샤(Alicia, 학습장애)

서비스 제공 :

☒ 특수교사 : 매일 1시간(관련 지원 포함)

이 집단에는 매우 다양한 서비스가 제공된다. 팀은 유일하게 읽기와 쓰기, 수학까지 학습 지원을 받는 학생이다. 그러므로 다른 학생들도 IEP상에 기록되어 있지 않더라도 필요하다면 이 영역에 대한 서비스를 받을 수 있다. 일부 학생들은 작업치료와 말/언어치료, 그리고 몇 가지 추가적인 관련 서비스를 받는다. 이와 같은 학생들에게는 일과 중 내내 서비스가 제공될 것이다.

여기에 제시된 집단 편성 자료는 단지 예시 자료일 뿐이다. 학생들은 다양한 형태로 편성될 것이다. 이 가상 상황에서 3개의 학급은 학생들이 보조교사의 지원을 받는다. 학생들은 행동과 협력 학습 능력 등에 따라서 세 학급으로 편성될 수 있을 것이다. 이것은 학기 내내 변경될 수 있다. 수학과 같은 한 영역에서만 학습 지원을 받는 학생들은 다른 학급으로 편성될 수 있을 것이다.

　일정을 조정하는 과정은 시간이 걸릴 것이다. 집단을 편성하고 재배치하는 과정에 소요되는 시간에 대해서는 고려하지 않아도 될 것이다. 완벽한 배치는 없다. 중요한 것은 일반교사와 특수교사가 함께 잘 관리할 수 있는 집단을 찾아내는 것이다.

학생 집단 편성

이 양식은 학생들의 집단 편성에 도움이 될 것이다. 필요한 만큼 복사해서 사용할 수 있다.

제 반

학생 명단 : _____ _____ _____

_____ _____ _____

- ☐ 자문 : _____
- ☐ 보조교사 : _____
- ☐ 기타 : _____

- ☐ 특수교육 : _____
- ☐ 관련 서비스 : _____

_____

_____

_____

_____

_____

_____

_____

제 반

학생 명단 : _____ _____ _____

_____ _____ _____

- ☐ 자문 : _____
- ☐ 보조교사 : _____
- ☐ 기타 : _____

- ☐ 특수교육 : _____
- ☐ 관련 서비스 : _____

_____

_____

_____

_____

_____

_____

_____

학생 집단 편성

이 양식은 학생의 학습 양식과 문제해결 기술, 그리고 관련 서비스에 따라 학생들의 집단을 편성할 때 도움이 될 것이다. 필요한 만큼 복사해서 사용할 수 있다.

학습 양식

학생 명단 : _____ _____ _____

_____ _____ _____

❑ 자문 : _____   ❑ 특수교육 : _____
❑ 보조교사 : _____   ❑ 관련 서비스 : _____
❑ 기타 : _____

_____
_____
_____
_____
_____
_____
_____

수학과 문제해결 기술

학생 명단 : _____ _____ _____

_____ _____ _____

❑ 자문 : _____   ❑ 특수교육 : _____
❑ 보조교사 : _____   ❑ 관련 서비스 : _____
❑ 기타 : _____

_____
_____
_____
_____
_____
_____

학생 집단 편성

관련 서비스

학생 명단 : _____ _____ _____

_____ _____

☐ 자문 : _____ ☐ 특수교육 : _____

☐ 보조교사 : _____ ☐ 관련 서비스 : _____

☐ 기타 : _____

_____

_____

_____

_____

_____

_____

_____

_____

최종 학급 집단 편성

학급	학급	학급	학급	학급
학생 명단	학생 명단	학생 명단	학생 명단	학생 명단

보조교사 시간

보조교사가 배치된 학급에서는 아래 서식을 한 장씩 복사해서 사용하도록 한다. 보조교사의 시수를 주의해서 계산해야 한다. 특정 학생을 지원할 보조교사들은 담당할 프로그램 지원에 따라서 각각 분리해서 작성해야 한다. 자문 시간은 일일 15분 이내로 조정한다.

학급	시간	전체 프로그램 시간
보조교사 (특정 학생 지원)		
학생 지원 시간		
자문 시간		
점심시간		
휴식 시간		
전체 시간(분)		
보조교사 (특정 학생 지원)		
학생 지원 시간		
자문 시간		
점심시간		
휴식 시간		
전체 시간(분)		

특수교사 일정표 예시

이 자료는 같은 학년 17명의 학생을 대상으로 한 특수교사의 일정표 예시자료이다. 학생들은 읽기 능력에 따라서 교차영역 집단으로 편성되었다. 이 예시자료의 학생들은 1명의 전담 특수교사가 지원하고, 일일 3시간 동안 보조교사의 지원도 함께 받게 된다. 오전 시간을 두 부분(이른 오전 시간과 늦은 오전 시간)으로 분리해서 서비스 제공을 용이하게 하였다. 만일 학급 교사들이 일정을 재조정하지 않았다면, 2명의 특수교사들과 2명의 보조교사들은 모든 학생들에게 서비스를 제공하게 되었을 것이다.

오후에는 특수교사가 1시~2시 15분까지 학생들을 지원할 수 있다. 만일 추가 지원 시간이 필요하다면 일반교사들과 사전에 논의되어 허락해야 할 것이다. 2시 35분이 되면 학생들은 일반교사와 특수교사가 팀티칭을 하는 수학 학급으로 집단 편성된다. 일과 시간 마지막 15분의 추가 시간 동안 개별 학생들의 요구를 점검하는 시간을 갖게 된다.

오전 일정

오전 8:00 ~ 9:00 : IEP 회의, 특수교사들을 위한 준비, 협력과 계획 시간

오전 9:00 ~ 9:30 : 일정의 변동 상황, 일일 수업 계획, 기타 사항에 대한 일반교사와의 점검

1반 4명	2반 4명	3반 5명	4반 4명
9:40~11:15 언어 기술 **특수교사** 과제가 적절하지 않거나 학급의 자료가 수정되지 않았을 때 특수학급에서 보충 교육과정을 운영한다.	9:40~11:15 사회 및 과학 영역 영화, 대집단 수업, 이야기, 간식 시간, 이 시간 중에 이루어지는 활동은 특수학급의 지원이 필요하지 않다.	9:40~11:15 읽기와 언어 기술 **보조교사** 이 학급은 전일제 지원이 요구된다. 보조교사는 학생 중 한 학생을 지원한다. 그러므로 이 보조교사는 재수업이 가능하며, 일반교사와 특수교사가 제공하는 자료를 검토할 수 있다.	9:40~10:40 특수학급 : 음악, 체육, 미술, 기술과 미디어 10:40~11:15 대집단 수업, 철자 수업, 휴식 시간, 활동은 특수학급의 지원이 필요하지 않다.

1반 4명	2반 4명	3반 5명	4반 4명
11:15~12:00 특수학급 : 음악, 체육, 미술, 기술과 미디어 12:00~12:30 필기, 철자, 점심 준비하기, 휴식 시간. 특수교육이 필요하지 않음.	11:15~12:20 읽기 및 언어 기술 **특수교사** 특수학급에서 보충 교육과정을 운영한다.	11:15~12:20 사회 및 과학 영역 영화, 대집단 수업, 이야기, 간식 시간, 이 시간 중에 이루어지는 활동은 특수학급의 지원이 필요하지 않다.	11:15~12:30 읽기 및 언어기술 **보조교사** 10:40~11:15 대집단 수업, 철자 수업, 휴식 시간. 활동은 특수학급의 지원이 필요하지 않다.

오후 일정

오후 12:30 ~ 1:00 점심시간

1반 4명	2반 4명	3반 5명	4반 4명
1:00~2:15 사회 및 과학, 대집단 활동	1:00~1:45 특수학급 : 음악, 체육, 미술, 기술과 미디어	1:00~1:45 특수학급 : 음악, 체육, 미술, 기술과 미디어	1:00~2:15 사회 및 과학, 대집단 활동
1:00~1:45 특수교사의 지원은 2일 전에 신청해서 받을 수 있다.	1:45~2:15 특수교사의 지원은 2일 전에 신청해서 받을 수 있다.	1:45~2:15 특수교사의 지원은 2일 전에 신청해서 받을 수 있다.	1:00~1:45 특수교사의 지원은 2일 전에 신청해서 받을 수 있다.

1:00~2:15 재량 시간

이 시간은 특수교사의 재량 시간이다. 일반교사들은 사전에 학생들에 대한 추가 지원을 신청할 수 있다. 이 시간은 특수교사가 교육과정을 중심으로 학생들에게 지원할 수 있도록 한다. 이 시간에 유의해야 할 사항은 다음과 같다.
  평가의 대안 양식, 교사들의 일정 계획, 교육과정 영역의 추가 지원, 훈련과 연습, 보충 지원, 특수교사는 이 시간에 개별 평가를 진행하고 학생들을 관찰할 수 있도록 한다.

2:35~3:35 수학

이 시간은 IEP에 의거 수학 학습 지원을 받고 있는 7명의 학생들에게 해당한다. 모든 학생들은 1개의 수학 학급에 배치되어 있으며, 수업 중 학생들을 가르치는 시간을 가진다.

3:35~3:50

이 시간은 과제 교과서, 행동 계약서, 성취도 향상 도표 등에 관하여 점검할 수 있다.

특수교사 일정표

학급 _____ 학생 _____	학급 _____ 학생 _____	학급 _____ 학생 _____	학급 _____ 학생 _____
시간 : _____ 교과목 : _____ 지원 : _____	시간 : _____ 교과목 : _____ 지원 : _____	시간 : _____ 교과목 : _____ 지원 : _____	시간 : _____ 교과목 : _____ 지원 : _____

학급 _____ 학생 _____	학급 _____ 학생 _____	학급 _____ 학생 _____	학급 _____ 학생 _____
시간 : _____ 교과목 : _____ 지원 : _____	시간 : _____ 교과목 : _____ 지원 : _____	시간 : _____ 교과목 : _____ 지원 : _____	시간 : _____ 교과목 : _____ 지원 : _____

현직 연수에 대한 교직원 설문지

이 설문지는 교직원 개발 및 현직 연수 프로그램을 결정하는 데 도움이 될 것입니다. 내용을 모두 작성하시고, 특수학급 담당에게 보내주시기 바랍니다. 감사합니다.

나는 통합교육의 개념에 대해 이해하고 있다.

☐ 예 ☐ 아니오 ☐ 아직 잘 모르겠다.

나는 통합교육 프로그램에 참가할 의향이 있다.

☐ 예 ☐ 아니오 ☐ 아직 잘 모르겠다.

나는 다음 해에 통합학급을 담당하기를 희망한다.

☐ 예 ☐ 아니오 ☐ 아직 잘 모르겠다.

나는 통합교육 프로그램에 참가하기 전에 추가적인 훈련과 현직 연수가 필요하다고 생각한다.

☐ 예 ☐ 아니오

다음 내용 중 필요하다고 생각되는 정보 혹은 현직 연수 과정은 무엇입니까?(모두 선택)

☐ 통합교육(일반적인 정보)
☐ 협력과 팀티칭
☐ 교육과정 수정
☐ 지원 인사와의 협력
☐ 장애의 이해 _____
☐ 기타(필요한 내용을 아래에 적어주시기 바랍니다.)

_____
_____
_____

기타 의견

_____
_____
_____
_____
_____
_____
_____
_____
_____

학생 설문지

1. 현재 학급 배정에 대해 어떻게 생각합니까?

_____

_____

_____

2. 현재 학교에서의 학업 수준은 어떠하다고 생각합니까?

_____

_____

_____

3. 학급의 일정과 규칙을 잘 지킬 수 있습니까?

_____

_____

_____

4. 학급의 기대에 맞추어 생활할 수 있습니까?

_____

_____

_____

5. 다음 학기에 제공될 학급 지원 수준은 적절하다고 생각합니까?

_____

_____

_____

6. 현재의 과제는 적절하다고 생각합니까? 너무 적거나 혹은 너무 많습니까?

_____

_____

_____

7. 학급의 사회적인 분위기는 적절하다고 생각합니까?

_____

_____

_____

8. 방과 후 활동에 참여하고 있습니까? 그렇지 않다면 무엇을 하고 싶습니까?

_____

_____

_____

9. 만일 학교에서 한 가지를 변화시킬 수 있다면 무엇을 하고 싶습니까?

_____

_____

_____

10. 학급에서의 성공을 위해서 가장 필요하다고 생각되는 것은 무엇입니까?

_____

_____

_____

기타 의견

_____

_____

_____

_____

_____

_____

이름 : _____

학교 제반 사항 설문지

나는 학교를 좋아한다.　　　　　　　　　☺　　☹　　☹

나는 집에 있는 것을 좋아한다.　　　　　☺　　☹　　☹

나는 선생님을 좋아한다.　　　　　　　　☺　　☹　　☹

선생님은 나를 좋아하신다.　　　　　　　☺　　☹　　☹

나는 친구들이 있다.　　　　　　　　　　☺　　☹　　☹

나는 혼자 노는 것을 좋아한다.　　　　　☺　　☹　　☹

나는 미술 과제 하는 것을 좋아한다.　　　☺　　☹　　☹

나는 수학을 좋아한다.　　　　　　　　　☺　　☹　　☹

나는 읽기를 좋아한다.　　　　　　　　　☺　　☹　　☹

나는 컴퓨터를 좋아한다.　　　　　　　　☺　　☹　　☹

학교는 내게 편안한 곳이다.　　　　　　　☺　　☹　　☹

나는 규칙을 잘 지킬 수 있다.　　　　　　☺　　☹　　☹

이름 : _____

나는 다음과 같은 부분에 대해 도움을 받고 싶다.

숙제	☺	😐	☹
학급 활동	☺	😐	☹
친구 사귀기	☺	😐	☹
학교 규칙 지키기	☺	😐	☹
	☺	😐	☹
	☺	😐	☹
	☺	😐	☹

학교에서 좋아하는 것에 대해 쓰세요.

_____

_____

_____

_____

_____

_____

_____

_____

_____

학부모 설문지

1. 자녀의 새 학급 배정에 대해 어떻게 생각하십니까?

_____

_____

_____

2. 자녀는 새 학급 배정에 대해 어떻게 생각하고 있습니까?

_____

_____

_____

3. 자녀는 학급의 학업 문제를 어떻게 해결하고 있습니까?

_____

_____

_____

4. 자녀의 자아 존중감은 어느 정도라고 생각하십니까?

_____

_____

_____

5. 자녀의 친구 관계에 대해 어떻게 생각하고 있습니까?

_____

_____

_____

6. 새로운 배정 이후 자녀의 변화(긍정적 혹은 부정적인 변화)가 있었습니까? 만일 그렇다면 그 내용을 적어주시기 바랍니다.

_____

_____

_____

7. 자녀에 관하여 우리에게 도움이 될 수 있는 정보나 전략을 적어주시기 바랍니다.

_____

_____

_____

설문지 뒷면에 또 다른 제안이나 질문 사항이 있으시면 적어주시기 바랍니다.

보조교사 설문지

1. 선생님께서 현재 지원하고 있는 학생들의 수행 능력은 어떻다고 생각하십니까?

_____

_____

_____

2. 개별 학생에 대해 특별히 관심을 갖고 있는 영역이 있습니까? 그렇다면 그 내용을 적어주시기 바랍니다.

_____

_____

_____

3. 보조교사 활동에 필요한 지원은 충분하다고 생각하십니까? 그렇지 않다면, 필요한 지원은 무엇입니까?

_____

_____

_____

4. 일반교사 및 특수교사와의 회의와 교육 계획에 필요한 시간은 충분하다고 생각합니까? 이에 대한 제안 사항이 있으면 적어주시기 바랍니다.

_____

_____

_____

5. 프로그램을 잘 운영하는 데 도움이 될 수 있는 제안 사항이 있으시면 적어주시기 바랍니다.

_____

_____

_____

6. 훈련이나 연수가 필요하다고 생각되는 특정 분야가 있습니까? 그렇다면 어떤 형태의 훈련이 도움이 될 것이라고 생각합니까?

_____

_____

_____

또 다른 제안이나 질문 사항이 있으시면 적어주시기 바랍니다.

_____

교직원 설문지

1. 학생들의 학업 수행 능력에 대해 어떻게 생각하십니까?

_____

_____

_____

만일 논의하고 싶은 학생이 있다면, 학생의 명단과 관심 영역에 대해 적어주시기 바랍니다.

학생 :   관심 영역 :

_____   _____

_____   _____

_____   _____

2. 학생들은 동료들과의 상호작용을 적절히 하고 있다고 생각하십니까?

_____

_____

_____

만일 논의하고 싶은 학생이 있다면, 학생의 명단과 관심 영역에 대해 적어주시기 바랍니다.

학생 :   관심 영역 :

_____   _____

_____   _____

_____   _____

3. 학생들은 학급의 일일 과제와 숙제를 완성하고 있습니까?

_____

_____

_____

4. 학생들의 활동과 학습 습관을 또래들과 어떤 방법으로 비교하십니까?

_____

_____

_____

5. 교사의 행동 관리 방법에 대해 학생들의 반응은 어떠합니까?

_____
_____
_____

6. 현재의 배치는 학생들의 자아 존중감에 어떠한 영향을 준다고 생각하십니까?

_____
_____
_____

7. 특수학급과의 협력에 필요한 시간은 적절하다고 생각하십니까?

_____
_____
_____

8. 학생들의 진전에 대해 만족하십니까?

_____
_____
_____

9. 올해 학급의 특수교육 대상 학생들이 너무 많다고 생각하십니까? 혹은 너무 적다고 생각하십니까? 관리가 용이한 집단이 있습니까?

_____
_____
_____

10. 다음 학기 혹은 다음 학년도에 필요한 변화는 무엇이라고 생각하십니까?

_____
_____
_____

또 다른 제안이나 질문 사항이 있으시면 적어주시기 바랍니다.

_____
_____
_____

일일 수업 활동 및 목표

월   화   수   목   금

수업	학생의 요구	일반교사의 역할과 임무	특수교사의 역할과 임무
과목 :	수업 양식 ❏ 1. 팀티칭 ❏ 2. 지원교수 ❏ 3. 보충교수 ❏ 4. 평행교수		
수업 목표 :	학생과 특정 수업을 위한 조절		
과목 :	수업 양식 ❏ 1. 팀티칭 ❏ 2. 지원교수 ❏ 3. 보충교수 ❏ 4. 평행교수		
수업 목표 :	학생과 특정 수업을 위한 조절		

논의 문제 : 계획과 교수

1. 프로그램을 위한 계획에 필요한 시기는 언제이며 시간은 어느 정도 인가? 매일 혹은 매주 하게 되는가?

   _____

   _____

   _____

2. 공식적인 회의와 비공식적인 회의 중 어느 것을 더 선호하는가?

   _____

   _____

   _____

3. 현재 우리 일정 내에서 이 회의를 위해 일정을 조정할 수 있는 가장 좋은 시간은 언제인가?

   _____

   _____

   _____

4. 수업 계획에 대한 각자의 역할은 무엇인가?

   _____

   _____

   _____

5. 학급 내에서 수업은 어떻게 구조화되는가? 팀티칭을 할 것인가? 지원교수, 보충교수, 또는 평행교수는 학급 내에서 학생들에게 더욱 많은 지원을 하는가?

   _____

   _____

   _____

6. 만일 수업의 대부분을 협력교수로 지도할 경우, 학부모들과 어떻게 의사소통할 것인가?

   _____

   _____

   _____

7. 문제가 발생하게 되면 어떻게 해결할 것인가?

   _____

   _____

   _____

8. 학급의 수업 구조를 위해서 필요한 각자의 장점을 알고 있는가?

_____

_____

_____

9. 서로 상대방의 장점에 대해 알고 있는가?

_____

_____

_____

기타 논의할 문제가 있으면 적어주시기 바랍니다.

_____

_____

_____

_____

_____

_____

_____

_____

_____

_____

논의 문제 : 학생 지도

1. 학급 내 학생 지도 계획은? 학생 지도 계획이 학급 내 게시되어 있는가?

_____

_____

_____

2. 모든 학생들에게 같은 계획을 적용할 것인가?

_____

_____

_____

3. 학생 지도 계획에 보상과 책임에 대한 내용이 있는가?

_____

_____

_____

4. 학생 지도에 대한 책임은 누구에게 있는가? 특정 행동 관리의 책임과 방법은 어떠한가?

_____

_____

_____

5. 모든 학생들에게 같은 규칙을 적용할 것인가?

_____

_____

_____

6. 만일 학생들에게 다른 규칙을 적용한다면, 학급 내 특정 사안에 대해서 어떻게 공정하게 처리할 것인가? 그리고 다른 기준에 대해 어떻게 설명할 것인가?

_____

_____

_____

기타 논의할 문제가 있으면 적어주시기 바랍니다.

_____

_____

_____

_____

논의 문제 : 평가

1. 평가의 책임은 누구에게 있는가?

_____

_____

_____

2. 평가 체제의 유형은 무엇인가?

_____

_____

_____

3. 학생들을 위해서 평가의 수정이 필요한가?

_____

_____

_____

4. 평가의 수정이 필요하다면, 기준은 무엇인가?

_____

_____

_____

5. 지필 평가뿐만 아니라 다양한 방법으로 학생들을 평가할 것인가?

_____

_____

_____

6. 학생들은 참여 점수도 받는가?

_____

_____

_____

기타 논의할 문제가 있으면 적어주시기 바랍니다.

_____

_____

_____

_____

논의 문제 : 학급 환경

1. 학급의 일과는 어떻게 진행되는가? 연필 깎기, 화장실 가기, 학급 주변 이동하기 등은 어떠한가?

_____

_____

_____

2. 학급 내에 과제를 제출하거나 집이나 학교에서 사용하는 공책과 교재, 교육 자료 등을 보관할 수 있는 지정된 장소가 있는가?

_____

_____

_____

3. 비품이나 소모품뿐만 아니라 공간을 공유하는가?

_____

_____

_____

4. 수업 공간을 공유하는 것과 관련해서 가장 우려하는 것은 무엇인가?

_____

_____

_____

기타 논의할 문제가 있으면 적어주시기 바랍니다.

_____

_____

_____

_____

_____

논의 문제 : 학부모와의 협력

1. 문제 발생 시 해당 학생의 부모에게 연락은 누가 해야 하는가?

_____
_____
_____

2. 부모/학생의 회의는 어떻게 진행해야 하는가?

_____
_____
_____

3. 학기 첫날 부모와 학생들에게 어떻게 소개해야 하는가?

_____
_____
_____

기타 논의할 문제가 있으면 적어주시기 바랍니다.

_____
_____
_____
_____
_____

통합교육 특수교사 자기 보고서

	아니오	때때로 그렇다	네
구조화			
나는 각 학급의 자세한 수업 계획을 가지고 있다.			
내 수업 계획에는 특정 학생을 위한 교육과정 수정 목록이 있다.			
나는 각 학생에 대해 정확하게 기록하고 있다.			
나는 일반학급에 정시에 도착한다.			
내가 일반학급 수업에 참여하지 않는 경우에 대한 자세한 수업 계획을 가지고 있다.			
나는 IEP와 관련된 절차를 준수하고 있으며, 검토 회의에 참여한다.			
학급 환경			
나는 각 학급의 규정을 잘 따르고 있다.			
나는 내 수업 방식에 대해 유연한 태도를 가지고 있으며, 다양한 전략을 개발하고 있다.			
나는 지정된 개인 공간이 있기 때문에 학급교사에게 자료나 비품을 요청할 필요가 없다.			
나는 협력교수 상황에 대한 준비를 늘 갖추고 있다.			
나는 특수교육 대상 학생뿐만 아니라 때로는 일반학생들도 지원한다.			
나는 학급의 모든 학생들에게 온화하게 대하며, 모든 학생들을 지지한다.			
나는 정해진 지도 계획에 따라서 효과적으로 학생들을 지도하고 있다.			
나는 협력수업을 하고 있는 교사를 존중하며 신뢰하고 있다.			
나는 필요한 경우 다른 사람의 도움을 구하며, 다른 사람에게 정보를 제공한다.			
나는 학생들에게 적절한 수준의 서비스를 제공하고 있는지, 그리고 학생들의 IEP를 준수하고 있는지 지속적으로 점검하고 있다.			

	아니오	때때로 그렇다	네
학부모와의 협력			
학부모 회의는 건설적이며 긍정적이라고 생각한다.			
나는 학부모의 관점을 이해하려고 노력하고 있으며, 학부모가 혼란스럽거나 격앙되거나 혹은 당황해 할 경우 긍정적이고 실제적인 해결책을 제시하려고 노력한다.			
나는 학부모와의 상담에서는 특수교육 전문용어를 최소한으로 사용하려고 노력한다.			
나는 학부모와의 상담 시간은 충분히 가지고 있으며, 만일 학부모가 원할 경우, 추후 상담 시간을 할애할 수 있다.			
나는 학부모의 질문에 대한 답을 알지 못하는 것에 대해 시인하는 것을 부담스럽게 생각지 않으며, 이에 대한 답을 학부모와 함께 찾으려 노력하고 있다.			
나는 학부모와 학생들에게 정직하려고 노력한다.			
전문성 개발			
나는 자기 개발을 위한 장단기 목표를 세우고 있다.			
나는 최신 교육 자료들에 대해 지속적으로 조사하고 있다.			
나는 내가 지도하고 있는 학생들과 관련된 내용에 대해 가능한 한 많은 부분을 알고자 노력한다.			

보조교사 자기 보고서

	아니오	때때로 그렇다	네
구조화			
나는 학급의 교사가 제시한 수업 계획을 정확하게 준수한다.			
나는 내가 지원하는 학생에게 적절한 교육과정 수정 내용을 알고 있다.			
나는 학급에 정시에 도착한다.			
나는 필요한 사항에 대해서 주의해서 기록하고 있다.			
나는 개인적인 일정표를 가지고 있으며, 수업에 참여하지 않는 경우에 대한 준비를 철저히 하고 있다.			
학급 환경			
나는 각 학급의 규정을 잘 따르고 있다.			
나는 내가 지시를 받아야 하는 사람이 누구인지 알고 있다.			
나는 지정된 개인 공간이 있기 때문에 학급교사에게 자료나 비품을 요청할 필요가 없다.			
나는 특수교육 대상 학생뿐만 아니라 때로는 일반학생들도 지원한다.			
나는 학급의 모든 학생들에게 온화하게 대하며, 모든 학생들을 지지한다.			
나는 학생들의 강점을 찾으려 노력한다.			
나는 학생들이 친구를 사귀고, 새로운 내용을 학습할 수 있도록 도움을 준다.			
나는 학생들과의 관계를 적절하게 유지하기 때문에 학생들이 더욱 독립적인 태도를 갖게 할 수 있다.			
나는 학급교사의 지시를 잘 지킨다.			
나는 나의 불만 사항이나 건의 사항에 대해 논의할 상대와 시기를 알고 있다.			
나는 교사들과 학생들, 그리고 동료들을 존중하며, 모든 부분에 대해 신뢰하고 있다.			
나는 필요한 경우 다른 사람들에게 도움을 주고자 노력한다.			
나는 학생들에게 적절한 수준의 서비스를 제공하고 있는지 지속적으로 점검하고 있다.			

	아니오	때때로 그렇다	네
학부모와의 협력			
나는 학부모와의 관련된 역할에 대해 알고 있다.			
학부모가 질문을 할 경우 매우 긍정적인 태도를 가지고 답변하려고 노력하며, 만일 학생의 성취 수준이나 IEP와 관련된 내용인 경우 교사에게 의뢰한다.			
나는 학부모의 관점에 대해 이해하려고 노력하며, 학부모의 의견에 대해 경청하려고 한다.			
나는 학부모가 다른 학생에 대해 질문할 경우 최대한 비밀을 유지한다.			
나는 학교 밖에서 학부모를 만났을 경우 최대한 비밀을 유지한다.			
전문성 개발			
나는 학생들을 지원할 때 필요한 새로운 전략을 지속적으로 익히고 시도하려 노력한다.			
나는 필요한 회의에 모두 참석한다.			
나는 내가 지원하고 있는 학생들과 관련된 내용에 대해 가능한 한 많은 부분을 알고자 노력한다.			

비상시 활동 계획

학생 : _____

시간 : _____

학급교사 : _____

□ 학생 활동 계획

이 학생의 활동 계획은 다음과 같다.

_____

_____

_____

_____

_____

_____

_____

다음은 학생의 보호자 명단과 보호자들과 연락을 취할 수 있는 추가 연락처이다.

1. _____

_____

2. _____

_____

3. _____

_____

참고 사항

_____

_____

_____

_____

_____

교육과정 수정

날짜 : _____

학생 이름 : _____   학년 : _____

운영위원 명단 :

_____   _____
_____   _____

학생의 장점 :

_____   _____
_____   _____
_____   _____

실행 전략과 수정안

교과서

_____
_____
_____

일일 과제

_____
_____
_____

쓰기

_____
_____
_____

철자

_____
_____
_____

수학

_____
_____
_____

환경 구성

_____
_____
_____

정보처리 과정

_____
_____
_____

대집단 혹은 소집단 활동

_____
_____
_____

평가

_____
_____
_____

사회/정서/행동

_____
_____
_____

추가 관심 영역

_____
_____
_____

교육과정 수정 개발 책임 혹은 실행 담당자 명단

교과서 : _____   일일 과제 : _____
쓰기 과제 : _____   철자 : _____
수학 : _____   환경 구성 : _____
평가 : _____
_____   _____
_____   _____

교과서 수정

학생 이름 : _____   날짜 : _____

과목 : _____   학년 : _____

운영위원

담당자 및 역할

_____   _____

_____   _____

_____   _____

_____   _____

적용한 모든 내용에 표시하시오.

❑ 학생은 다음과 같은 교과서와 관련된 수정안이 요구될 것이다.
  - ❑ 학생은 동료와 함께 혹은 소집단에서 교과서를 소리 내어 읽어야 한다.
  - ❑ 교과서 녹음자료가 학생에게 제공되어야 할 것이다.
    - ❑ 전체 녹음자료. 과목명 _____
    - ❑ 부분 녹음자료
    - ❑ 의역한 내용의 녹음자료
  - ❑ _____
  - ❑ _____

담당자 : _____

❑ 학생은 학급의 학습 자료와 관련하여 다음과 같은 지원이 요구될 것이다.
  - ❑ 교과서의 사전 지도 및 예습
  - ❑ 읽기자료의 개요
  - ❑ 단어 목록 및 개념
    - ❑ 수정된 단어 목록 _____
  - ❑ 과제 목록 및 제출 기한
  - ❑ 배정된 학습자료에 대한 학습 참고서
  - ❑ 가정학습용 교과서. 과목명 _____
  - ❑ _____
  - ❑ _____

담당자 : _____

❑ 학생은 다음과 같은 특수학급의 지원이 요구될 것이다.

   ❑ 교과서 보충 자료

   서비스 제공 담당자 : _____

   일일 서비스 지원 시간 : _____

   부가 참고 사항 : _____

   _____

교과서 수정 – 2

학생 이름 : _____   날짜 : _____
과목 : _____   학년 : _____

운영위원

담당자 및 역할

_____   _____
_____   _____
_____   _____
_____   _____

학생 목표 : _____	검토 일자 : _____
_____	검토 내용 : _____
수정 내용 : _____	검토 일자 : _____
_____	검토 내용 : _____
_____	검토 일자 : _____
	검토 내용 : _____
담당자 역할 : _____	검토 일자 : _____
_____	검토 내용 : _____
학생 목표 : _____	검토 일자 : _____
_____	검토 내용 : _____
수정 내용 : _____	검토 일자 : _____
_____	검토 내용 : _____
_____	검토 일자 : _____
	검토 내용 : _____
담당자 역할 : _____	검토 일자 : _____
_____	검토 내용 : _____

일일 과제

학생 이름 : _____   날짜 : _____

과목 : _____   학년 : _____

운영위원

담당자 및 역할

_____   _____
_____   _____
_____   _____
_____

적용한 모든 내용에 표시하시오.

❏ 학생은 일일 과제와 관련하여 다음과 같은 지원이 요구될 것이다.
   ❏ 과제량의 수정 _____
   ❏ 과제 완성에 필요한 추가 시간 제공 _____
   ❏ 협력 학습 집단 제공 _____
   ❏ 쓰기 과제에 대한 구두 발표로의 수정 _____
   ❏ 쓰기 과제를 위한 대필자 지원 _____
   ❏ 평가를 위한 수정 양식 적용 _____
   ❏ _____
   ❏ _____
   ❏ _____

담당자 : _____

❏ 학생은 다음과 같은 추가 서비스가 요구될 것이다.
   ❏ 과제 점검표와 제출 기한 _____
   ❏ 가정학습용 교과서 _____
   ❏ 교과서 학습지 _____
   ❏ 배정된 과제를 위한 학습 참고서 _____
   ❏ _____
   ❏ _____
   ❏ _____

담당자 : _____

❑ 학생은 다음과 같은 특수학급의 지원이 요구될 것이다.

    ❑ 같은 내용이지만 읽기 수준이 낮은 과제를 제공해야 할 것이다.

    ❑ 같은 기술 영역을 학습하기 위한 보충 교육과정 혹은 수정된 자료를 제공해야 할 것이다.

    ❑ _____

    ❑ _____

    ❑ _____

        서비스 제공 담당자 : _____

        일일 서비스 지원 시간 : _____

        부가 참고 사항 : _____

❑ 학생이 과제를 완성할 수 없다.

    ❑ 보충 과제는 학생의 IEP를 참고하여 제공하게 될 것이다.

        _____

        _____

        _____

        서비스 제공 담당자 : _____

        일일 서비스 지원 시간 : _____

        부가 참고 사항 : _____

❑ 학생은 특수교육 보조원으로부터 학급 지원을 추가적으로 받게 될 것이다.

    _____

    _____

    _____

        서비스 제공 담당자 : _____

        일일 서비스 지원 시간 : _____

        부가 참고 사항 : _____

❑ 학생은 특수학급에서 특별 수업을 받게 될 것이다.

    _____

    _____

    _____

        서비스 제공 담당자 : _____

        일일 서비스 지원 시간 : _____

        부가 참고 사항 : _____

평가의 수정

학생 이름 : _____   날짜 : _____
과목 : _____   학년 : _____

운영위원

담당자 및 역할

_____   _____
_____   _____
_____   _____
_____   _____

적용한 모든 내용에 표시하시오.

❏ 학생은 평가의 수정이 필요할 것이다.
   ❏ 수정이 필요하지 않다.
   ❏ 추가 시간이 필요하다.
   ❏ 시험은 소리 내어 읽어야 한다.
   ❏ 학생의 답안은 글로 작성하거나 녹음되어야 한다.
   ❏ 시험 문항의 수는 수정되어야 한다.
   ❏ 학생에게 시험 중 공책 사용을 허용해야 한다.
   ❏ 학생에게 계산기나 구체물을 사용할 수 있도록 허용해야 한다.
     자료 : _____
   ❏ 학생은 학급교사 혹은 특수교사에게 개별적으로 평가받는다.

❏ 다음에 제시된 평가 방법 중 이 학생에게 적절하다고 생각되는 것에 모두 표시하시오. 이와 관련된 제안 사항이 있으면 적어 주시기 바랍니다.

   ❏ 컴퓨터 활용   제안 사항 _____
   ❏ 서술형   제안 사항 _____
   ❏ 논술형   제안 사항 _____
   ❏ 완성형   제안 사항 _____
   ❏ 집단 평가   제안 사항 _____
   ❏ 연결형   제안 사항 _____
   ❏ 선다형   제안 사항 _____

- ❑ 오픈북 테스트   제안 사항 _____
- ❑ 구술 시험   제안 사항 _____
- ❑ 프로젝트형   제안 사항 _____
- ❑ 포트폴리오   제안 사항 _____
- ❑ 단답형   제안 사항 _____
- ❑ 가정학습형   제안 사항 _____
- ❑ 녹음   제안 사항 _____
- ❑ 교사의 관찰   제안 사항 _____
- ❑ 진위형   제안 사항 _____

교육과정 수정 – 실습 양식

학생 이름 : _____   날짜 : _____

과목 : _____   학년 : _____

운영위원

담당자 및 역할

_____   _____
_____   _____
_____   _____
_____   _____

적용한 모든 내용에 표시하시오.

학문영역 목록과 적절한 교육과정 수정 목록을 작성하시오.

❑ _____
   ❑ _____
   ❑ _____
   ❑ _____
   ❑ _____

담당자 역할 : _____

❑ _____
   ❑ _____
   ❑ _____
   ❑ _____
   ❑ _____

담당자 역할 : _____

❑ _____
   ❑ _____
   ❑ _____
   ❑ _____
   ❑ _____

담당자 역할 : _____

교육과정 수정 – 기록지

학생 이름 : _____

시작일	종료일	전략	제안 사항 및 결과

기초 단어 50

the	of
and	a
to	in
is	you
that	it
he	was
for	on
are	as
with	his
they	I
at	be
this	have
from	

or	one
had	by
word	but
not	what
all	were
we	when
your	can
said	there
use	an
each	which
she	do
how	their
is	

개인 독서 목록 – 유형과 주제

❏ 자서전

_____

❏ 전기

_____

❏ 만화

_____

❏ 드라마

_____

❏ 판타지

_____

❏ 건강

_____

❏ 독서 안내서

_____

❏ 취미

_____

❏ 역사

_____

❏ 영감

_____

❏ 단순 재미

_____

❏ 전설

_____

❏ 잡지

___

❏ 미스터리

___

❏ 신화

___

❏ 자연

___

❏ 신문

___

❏ 시

___

❏ 종교

___

❏ 공상과학

___

❏ 자기계발

___

❏ 단편

___

❏ 스포츠

___

개인 독서 목록

✪ _____

_____

✪ _____

_____

✪ _____

_____

✪ _____

_____

✪ _____

_____

✪ _____

_____

✪ _____

_____

✪ _____

_____

추천 도서 목록

제목	저자	추천 이유
		☆☆☆
		☆☆☆
		☆☆☆
		☆☆☆
		☆☆☆

비교·대조표- 도서/비디오

영역	도서	비디오
등장인물 :	 _____ _____ _____	 _____ _____ _____
배경 :		
주요 사건 1		
주요 사건 2		
주요 사건 3		
매체의 한 형태로 등장		

학생과 함께 독서하는 방법

📖 **학생과 함께 이야기하고, 이야기를 들려주며, 노래를 부르면서 시간을 보낸다.** 이 같은 활동은 재미가 있을 뿐 아니라 매우 중요한 활동이기 때문에 학생들이 독서할 수 있는 능력을 기르는 데 도움을 준다.

📖 **매일 학생에게 책을 읽어주고, 학생과 함께 책을 읽는다.** 이것은 매일 함께 독서하고 활동하는 시간이 매우 중요함을 보여준다.

📖 **함께 읽을 책을 학생 스스로 선택할 수 있도록 도움을 준다.** 이 활동은 학생이 흥미를 유지하는 데 도움을 줄 수 있다.

📖 **책 읽기 편한 자리를 찾아서 학생과 가까이 앉는다.** 이는 학생이 책을 읽는 동안 특별한 감정을 느낄 수 있도록 한다.

📖 **이야기의 내용에 맞추어 목소리나 호흡을 조절해서 읽어준다.** 이것은 학생에게 이야기에 좀 더 흥미를 갖도록 할 것이다.

📖 **책을 읽은 후 내용에 대한 이야기를 나눈다.** 삽화나 줄거리에 대한 토론은 내용에 대한 이해를 높인다.

📖 **학생 앞에서 책이나 신문, 잡지 등을 읽는 모습을 보인다.** 그러면 교사는 독서를 즐기고 중요하게 생각하는 사람으로 좋은 본보기가 될 것이다.

📖 **정기적으로 도서관에 함께 간다.** 도서관은 책을 찾아보는 것 이상으로 매우 좋은 장소이다.

학생과 함께 독서할 수 있는 여러 나라의 언어로 된 자료 : *www.thinkmhc.org/literacy/tips.htm*

일반 접두사

접두사	뜻	예
auto	스스로	autobiography(자서전), autograph(사인)
bi	둘	biweekly(격주의), bicycle(자전거), biculturalism(두 문화의 공존)
de	반대	defrost(녹이다), decode(해독하다), deport(추방하다)
dis*	반대의	disapprove(반대하다), disagree(반대하다), disbelief(불신)
fore	~앞에	foretell(예고하다), forecast(예보하다), forewarn(미리 경계하다)
in, im	아닌(부정)	impossible(불가능한), incredible(믿기 어려운)
hyper	지나친	hyperactive(지나치게 활동적인), hypersensitive(지나치게 예민한)
inter	~사이에	intertwine(뒤엉키다), interact(상호작용), intervene(방해하다)
mis*	잘못된	misunderstood(오해된), misguide(잘못 안내하다), misspell(철자를 잘못 쓰다)
non	아닌, ~없이	nonfiction(문학), nonsense(무의미한 말), nonexistent(존재하지 않는)
over*	너무 ~한	overwork(과로), oversleep(과수면), overdo(무리하다)
pre	~앞에	pretest(예비시험), preview(예습), preheat(예열하다), prepay(선불하다)
re*	다시	redo(개정하다), remake(개편하다), rewrite(다시 쓰다), replace(대체하다), resend(재전송하다)
semi	반	semisweet(적당히 단), semicircle(반원), semiprivate(준 특실의)
super	~위에	supersonic(초음속의), superstar(슈퍼스타)
sub	~아래에	subway(지하철), substandard(표준 이하의), submarine(잠수함)
tri	셋	triangle(삼각형), tricycle(세발자전거)
un*	아닌, 반대의	unhappy(행복하지 않은), unnecessary(불필요한), unusual(별난), unsure(불확실한)

* 자주 사용되는 접두사

일반 접미사

접미사	뜻	예
~able	~할 수 있는	acceptable(수용 가능한)
~ed*	과거형	walked(걸었다), bumped(부딪쳤다), shoveled(퍼냈다)
~en	~로 된, 되다	wooden(나무로 된), broken(부서진), taken(획득한)
~er*	더~하는, ~하는 사람	bigger(더 큰), sweeter(더 달콤한), faster(더 빠른), teacher(교사), writer(작가)
~est	가장~하는	largest(가장 큰), smallest(가장 작은)
~ful	~이 가득 찬	beautiful(아름다운), wonderful(멋진), joyful(즐거운)
~ing*	동명사	walking(걷기), running(달리기), jumping(뛰기)
~less	~이 아닌	tireless(지칠 줄 모르는), relentless(잔인한), penniless(무일푼의)
~y or ~ly	~하게	quickly(빠르게), slowly(느리게), evenly(평평하게), gently(점잖게)
~ness	~하는 상태	kindness(친절), sadness(슬픔), happiness(행복)
~ous	~이 가득한	dangerous(위험한)
~s or ~es	복수형	cars(자동차들), toys(장난감들), boxes(상자들)
~y*	~로 된	easy(쉬운)

* 자주 사용되는 접미사

단원 정리

과목 :

_____

단원 또는 페이지 수 _____

중심 내용 :

_____

_____

_____

세부 내용 :

_____

_____

_____

_____

중심 내용 :

_____

_____

_____

세부 내용 :

_____

_____

_____

_____

중심 내용 :

_____

_____

_____

세부 내용 :

_____

_____

_____

사건의 연결 조직자

첫 번째 사건

_____

_____

_____

_____

_____

두 번째 사건

_____

_____

_____

_____

_____

세 번째 사건

_____

_____

_____

_____

_____

마지막 사건

_____

_____

_____

_____

_____

비교와 대조 조직자

특 성	1	2

사실과 의견

사실	의견

이야기 지도

이야기의 배경은 어디인가요?

주요 등장인물들은 누구인가요?	
1.	2.

그 외 등장인물들은 누구인가요?			
1.	2.	3.	4.

이야기의 주요 사건은 무엇인가요?
사건 1
사건 2
사건 3

이야기의 결말은 어떻게 되나요?

이야기 지도 2

이야기가 시작된 장소는 어디인가요?

_____

_____

_____

주인공은 누구인가요?

_____

_____

_____

가장 먼저 일어나는 사건은 무엇인가요?

_____

_____

_____

그 다음에는 어떤 사건이 벌어지나요?

_____

_____

_____

이야기의 결말은 어떻게 되나요?

_____

_____

_____

나의 읽기 단어 목록

내가 읽은(말한) 단어	수정한 단어

단어 분석표

접두사	기본형	접미사	합성어

어휘

새로 알게 된 단어와 그 뜻을 쓰시오. 그리고 해당 단어를 활용하여 읽은 이야기와 관련된 문장을 만들어 보시오. 또한 그 단어를 이용하여 이야기와 관련이 없는 문장도 만들어 보시오. 이야기와 관련된 문장은 글 상자에 표시하시오.

단어와 뜻 :

_____

_____

_____

❑ 문장 1 : _____

_____

❑ 문장 2 : _____

_____

단어와 뜻 :

_____

_____

_____

❑ 문장 1 : _____

_____

❑ 문장 2 : _____

_____

단어와 뜻 :

_____

_____

_____

❑ 문장 1 : _____

_____

❑ 문장 2 : _____

_____

학습 도우미

오 늘 은 _____ 입 니 다.

오 전 학 습 친 구!

학 급 과 제 : _____

휴 식 시 간 : _____

점 심 시 간 : _____

오 후 학 습 친 구!

학 급 과 제 : _____

휴 식 시 간 : _____

종 례 시 간 : _____

주 간 학 습 친 구 들
과 목 명 :

월 요 일 : _____

화 요 일 : _____

수 요 일 : _____

목 요 일 : _____

금 요 일 : _____

월 간 학 습 친 구 들(요일의 빈칸에 적으시오)

월요일	화요일	수요일	목요일	금요일

학급 준비물

잊지 마세요!!

다음 자료들은 매일 필요한 준비물입니다.

등교하기 전에 꼭 확인하세요!!

❏ _____

❏ _____

❏ _____

❏ _____

❏ _____

❏ _____

특별 준비물

❏ 준비물 : _____

　 필요한 요일 : _____

❏ 준비물 : _____

　 필요한 요일 : _____

협동학습 집단

과제 _____

집단 구성원과 역할 :

대표 : _____
역할 :
_____

기록 담당자 : _____
역할 :
_____

정리 담당자 : _____
역할 :
_____

관찰 담당자 : _____
역할 :
_____

시간 담당자 : _____
역할 :
_____

점수 담당자 : _____
역할 :
_____

보상 담당자 : _____
역할 :
_____

자료 준비 담당자 : _____
역할 :
_____

자료 정리 담당자 : _____
역할 :
_____

제2차 세계대전 보충 과제 학습지(예시)

다음에 제시한 자료는 보충 과제 학습지의 예시자료이다. 이 자료는 개별화된 교육과정에 활용하거나, 단원에서 요구하는 과제를 완성하는 데 어려움이 있는 모든 학생들에게 적용할 수 있는 자료이다. 이 보충 과제 학습지는 제2차 세계대전 단원을 학습한 중학교 혹은 고등학교 학생들에게 적용할 수 있다. 이와 같은 형태의 보충 과제 학습지는 대부분 단원을 수업한 후에 제시한다. 이 자료는 모든 학생들에게 배부한 후에 학생 개인별로 사전에 정해진 과제학습 지침을 제시할 수 있다. 심화 활동이 필요한 학생들에게는 관심 있는 과제를 몇 가지 더 추가할 수 있다. 보충학습이 필요한 학생들에게는 한 가지 활동만 요구하는 것이 더 좋을 것이다.

학급의 교사는 다양한 읽기 수준의 책을 선정하게 될 것이다. 평균 이하의 학생들은 간단한 과제를 제시한다. 예를 들면 국기에 대한 예절과 사례, 기초 단어에 대한 사례 중 두 가지 과제만 제시한다. 이와 관련된 문항들은 의도적으로 학습지의 뒷부분에 제시하고 있지만, 학급에 이 학습지를 배부할 때에는 무작위로 나누어주거나 혹은 간단한 것에서 어려운 순서대로 배부한다.

보충학습이 필요한 학생들과 학급의 과제를 완성하는 데 추가 시간이 필요한 학생들은 간단한 과제를 제시해서 학생들이 추가 활동에 참여할 수 있도록 한다. 하지만 요구한 과제를 완성하는 데에는 시간이 더 제공되어야 할 것이다. 학생들은 시간이나 노력이 많이 필요하지 않은 과제를 선택하도록 한다. 예를 들면 제2차 세계대전 참전 국가의 국기 만들기나 비디오자료 보기와 짧은 감상문 쓰기 정도가 될 것이다.

단원의 기본적인 요구 사항을 조기에 완성할 수 있는 학생들에게는 몇 가지 추가 과제를 선택하도록 한다. 예를 들면 제2차 세계대전의 유명한 인물에 대한 조사나 당시 신문 기사를 작성해보도록 하거나 관심 있는 역사적인 시기에 대해 추가 조사하기 등의 과제를 제시한다.

읽기에 어려움이 있는 학생들에게는 비디오자료를 제시하고, 자료에 대해 설명해주거나 혹은 당시에 사용한 다양한 군용 함선이나 전투기 등을 그리도록 한다.

동료들의 성취 수준에 비해 평균 이하의 매우 낮은 학습 능력을 갖춘 학생들에게는 비행기, 배, 국기 등과 같은 간단한 단어를 이용하여 책을 만들거나 그림을 그리도록 한다.

미국에 최근에 이주한 비영어권 학생들에게는 미국 국기에 대한 기본적인 예절에 대해 배울 수 있는 좋은 기회가 될 것이다. 그리고 단원의 핵심 단어에 초점을 맞추어 학습하도록 한다.

단원별 보충 과제 학습지를 제작함으로써 학급의 모든 학생들의 요구에 적절한 개별화된 교육과정 적용이 가능하게 될 것이다.

제2차 세계대전 보충 과제 학습지

안내사항 : 수업 시간에 우리는 제2차 세계대전에 대해 학습했습니다. 이 역사적인 사건을 좀 더 이해할 수 있도록 다음에 제시된 활동 중 한 가지 이상을 선택하여 완성하도록 합니다. 먼저 자신에게 해당하는 과제를 선택한 후, 선택한 과제의 학습 지침에 대해 담임선생님과 논의하도록 합니다.

선택 과제(다음 중 한 가지 과제를 선택하시오)

☐ 안네 프랑크의 일기(*The diary of Anne Frank*), 출구의 저편(*On the Other Side of the Gate*), 위험한 봄(*Dangerous Spring*), 이 층 방(*The Upstairs Room*), 레지스탕스의 아이들(*Children of the Resistance*), 울 안에 나를 가두지 마세요(*Don't Fence Me In*), 나치의 그늘(*The Hiding Place*), 밀크위드(*Milkweed*) 등과 같은 제2차 세계대전에 관한 책을 한 권 선택하세요. 만일 다른 책을 읽고 싶다면, 학급에 가지고 와서 선생님께 허락을 받으세요. 책을 읽은 후에 책의 내용에 대한 감상을 말하거나 혹은 감상문을 제출하세요(만일 감상문을 작성하고자 할 경우 감상문 양식을 받으세요).

☐ 안네 프랑크의 일기(*The diary of Anne Frank*)나 쉰들러 리스트(*Schindller's List*), 콰이강의 다리(*Bridge Over the River Kwai*), 또는 사운드 오브 뮤직(*The Sound of Music*)과 같은 영화를 감상한 후에 감상문을 작성하세요. 이 외에 다른 영화를 보고 싶다면 학급에 가지고 와서 선생님께 허락을 받으세요. 학급에 비치된 감상문 양식을 사용하세요.

☐ 안네 프랑크의 일기(*The diary of Anne Frank*)를 책과 영화로 본 후에 그 차이를 비교해보세요. 비슷한 점과 차이점은 무엇인가요?

과제 :

☐ 유럽 지도를 그린 후, 아돌프 히틀러(Adolf Hitler)가 통치한 나라를 표시하세요.
☐ 1930~1945년까지의 제2차 세계대전의 연대표를 작성하세요.
☐ 여성의 사회 진출에 대한 제2차 세계대전의 영향을 조사하세요.
☐ 제2차 세계대전을 겪은 분과 인터뷰를 하고, 전쟁 동안 그들의 삶이 어떻게 변화되었는지 조사하세요.
☐ 학급에 소개할 제2차 세계대전에 대한 20개 정도의 퀴즈를 만들어보세요.
☐ 제2차 세계대전을 겪었던 유명인을 최소 5명 정도의 목록을 작성하세요. 그 사람이 중요한 이유와 그 사람이 세계에 미친 영향에 대해 소개하세요.
☐ 알파벳 철자를 이용해서 단어장을 만들어보세요. 예를 들면 'Anti-Semitism(반유대주의) : 유대인에 대한 편견', 'Badge(배지) : 나치 정권의 정체성을 손쉽게 알리기 위해 사람들이 착용한 나치제도의 상징'

☐ 지도나 다른 자료를 사용하여 강제 수용소와 집단 처형장을 최소 5지역을 찾아보세요. 그 지역을 쓰거나 지도에 표시해보세요.

☐ 제2차 세계대전 중 제작된 영화를 보고, 당시의 주거 형태나 의상, 음식, 교통수단 등을 현재와 비교해보세요.

☐ 제2차 세계대전 기간 중의 신문 편집장이 된 상상을 해보세요. 그리고 그 시대의 정서와 감정을 가지고 핵폭탄 사용에 대한 찬반에 대한 의견을 편집장으로서 기사를 작성해보세요.

☐ 제2차 세계대전 중 제작된 음악을 감상하세요. 그 음악들의 공통적인 주제는 무엇인가요? 현재의 음악과의 차이는 무엇인가요?

☐ 제2차 세계대전 동안 사용했던 항공기와 군함을 그려보세요.

☐ 미국 국기에 대한 예절에 대해 조사하세요. '해야 할 것과 하지 말아야 할 것'에 대한 목록을 작성해서 친구들에게 소개하세요. 제2차 세계대전에 참전했던 주요국의 국기를 그려보세요.

☐ 비행기, 배, 보트, 국기 등 제2차 세계대전 관련 단어책을 만들거나 그림으로 그리고, 각 단어를 이용한 문장을 만드세요.

미완성 과제

미제출 과제	의견 :
학생 이름 :	계획 :
과제 날짜 :	
마감 날짜 :	학생 확인 :
	학부모 확인 :
	교사 확인 :

미제출 과제	요구 사항
학생 이름 :	☐ 과제는 집에서 완성해야 하며, _____ 까지 학급에 제출해야 합니다.
과제 날짜 :	☐ 과제는 부모님과 함께 집에서 완성할 수 있습니다.
마감 날짜 :	☐ 학생은 집에서 과제를 완성할 수 없었습니다. _____ (학부모 확인)
	☐ 기타 _____
	학생 확인 :
	학부모 확인 :
	교사 확인 :

과제 기록장

이름 : _____   날짜 : _____

날짜	과목명	과제 내용	제출 날짜	제출 여부

일일 과제

이름 : _____   날짜 : _____

날짜	교사, 과목, 과제 내용	제출 날짜	교사/학부모 확인
다음 시험과 과제			
전달 사항			

날짜	교사, 과목, 과제 내용	제출 날짜	교사/학부모 확인
다음 시험과 과제			
전달 사항			

일일 가정학습 일지

이름 : _____ 제 (_____)주

월요일	☑		☑
화요일			
수요일			
목요일			
금요일			

전달 사항 :

_____

_____

_____

_____

과제 우선순위 점검표

안내 사항 : 먼저 과제의 우선순위 목록을 작성하시오. 가장 우선순위가 높은 과제는 다음 날까지 학교에 제출해야 합니다. 우선순위가 낮은 과제 목록은 다음 칸에 작성하세요.

과제 우선 순위	제출 날짜	과제 내용	제출 여부 ☑
1 순위		과제 내용을 쓰고, 그 과제를 완성하는 데 필요한 시간을 쓰시오.	
		낮은 순위 과제	

주간 계획표
제 (   ) 주

이름 : _____

시간	월요일	화요일	수요일	목요일	금요일
3:00					
3:30					
4:00					
4:30					
5:00					
5:30					
6:00					
6:30					
7:00					
7:30					
8:00					
8:30					
9:00					
9:30					

교육과정 수정

시행 날짜 : _____

IEP 목표 : _____

시간	날짜와 활동	학생 기대 수준	추가 정보 및 기타 사항

알파벳표

A	B	C	D
E	F	G	H
I	J	K	L
M	N	O	P
Q	R	S	T
U	V	W	X
Y	Z		

선이 있는 쓰기 학습지

이야기 틀

이야기 :

나는 늦었다. _____ 에서부터 집까지

뛰었다. 내가 막 _____ 을 열었을 때 나는

☎ _____ 를 들었다. 전화를 받으려고 달려갔다. 전화

를 한 사람은 _____ 였다. "잠깐만요."라고 말하고, 재빨리

내 ✍과, ✏, 📄장을 찾아서 메시지를 적었다. _____

_____

_____

라고 말했다. 나는 어떻게 해야 할지 몰라서 재빨리 _____

_____

_____

했다. 그렇게 해서 문제를 해결했다.

이야기 시작하기

샐리는 너무 지겨웠다

그는 창밖에 내리는 비를 바라보았다.

기차는 최고 속력으로 달려 나갔다.

존은 막 내린 눈을 가로지른 발자국을 보았다.

마크는 뒤돌아보지 않고 최대한 빨리 달렸다.

그녀의 눈은 흥분하여 빛이 나고 있었고, 그녀는 떨고 있었다.

나는 내가 본 것을 믿을 수 없어 다시 한 번 눈을 비볐다.

나는 다시는 집에 돌아가지 않겠노라고 결심한 그 날을 기억한다.

주위를 둘러 보니 모든 사람이 똑같아 보였다.

학교는 휴교였다.

운이 좋은 날이었다.

갑자기 집이 흔들리기 시작했다.

이야기 지도

제목 :

_____

배경 설명 :

_____

_____

_____

이야기의 등장인물들은 누구누구인가? 먼저 주요 등장인물들을 열거하고, 각 인물들에 대해 설명하세요. 추가 등장인물이 있다면 그들 중 2명의 이름을 쓰고 성격을 설명하세요.

_____

_____

_____

_____

_____

이야기의 주요 사건을 나열하세요. 3개의 사건까지 쓸 수 있으나, 1개 이상만 쓰면 됩니다.

_____

_____

_____

_____

_____

이야기의 결말은 어떻게 되나요?

_____

_____

이야기 지도 − 2

제목 :

인물 1 :	인물 2 :

이야기의 배경은 무엇인가?

이야기의 주요 사건은 무엇인가?

중요한 또 다른 사건이 있는가?

포함하고 싶은 추가 정보가 있는가?

이야기의 결말은 어떻게 되나?

비교와 대조-특징

비교할 특징	1	2	3

전치사와 전치사 구문

추가	비교	결과
또한	이와는 달리	그에 따라
게다가	같은 방법으로	그 결과
추가적으로	마찬가지로	결과적으로
뿐만 아니라	유사하게	그래서
		그리고 나서
		따라서

대조	일반화	재진술
다른 관점	대개	본질적으로
비록	대부분은	다르게 말하면
그러나	일반적으로	
대조적으로	보통은	
하지만		
대신		
그렇지 않으면		
반면		
오히려		

결과	시간	요약
그 결과	그 후에	간략하게
왜냐하면	결국에는	끝으로
결과적으로	동시에	결론적으로
따라서	~동안	요약하면
	조금 더 일찍	간략히 말하면
	마침내	
	첫째	
	마지막으로	
	나중에	
	다음으로	
	둘째	
	그리고 나서	
	셋째	

교정 체크리스트

다음과 같은 점에 주의해서 교정하기	
대문자	☐ 대문자로 시작하는 모든 문장 ☐ 대문자로 시작하는 사람들의 이름 ☐ 대문자로 시작하는 장소들 ☐ 대문자를 포함하고 있는 제목들
구두점	☐ 마침표 ☐ 물음표 ☐ 느낌표
철자	☐ 철자 검토하기 ☐ 잘못 사용된 단어의 경우 해당 단어 찾아보기
추가 전략	☐ 너무 많이 사용된 단어 찾기 ☐ 소리 내어 읽기 ☐ 친구가 내가 쓴 글을 읽기 ☐ 누군가가 내가 쓴 글을 나에게 소리 내어 읽어주기

교정 체크리스트 – 2

철자	❏ 나는 철자를 검토하였다 :
	❏ 각 단어들을 주의해서 읽어봄으로써
	❏ 사전을 이용하여
	❏ 친구에게 그 글을 읽고 오류를 찾아달라고 부탁하여
구두점	❏ 나는 구두점을 검토하였다 :
	❏ 소유격부호
	❏ 쉼표
	❏ 마침표
	❏ 따옴표
전체적인 형식	❏ 나는 전체적인 형식을 검토하였다 :
	❏ 여백
	❏ 문장 들여쓰기
	❏ 읽기 쉬움 및 산뜻함
대문자	❏ 나는 대문자를 검토하였다 :
	❏ 문장의 첫 번째 단어
	❏ 이름들
	❏ 인용문 사이
	❏ 제목
추가로 분석할 사항	❏ 나는 글을 분석하였다 :
	❏ 적절한 수준에서 문장을 끝냈는지 여부
	❏ 각 문단의 주제 문장
	❏ 생각을 연결하는 전치사
	❏ 내가 일반적으로 범하는 실수들
	❏ 소리 내어 문장을 읽고 빠진 단어가 없는지를 확인

단어 목록표

단어	날짜	1회	2회	3회	4회	5회	통과 여부

음운표

초성	중성	종성

초성	중성		종성

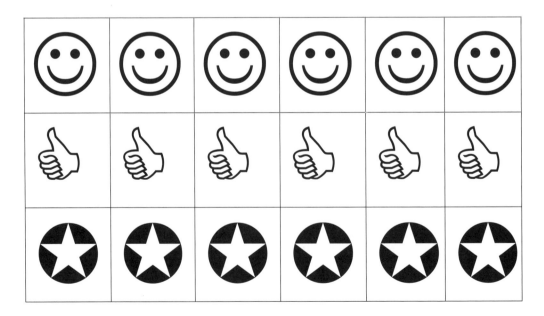

알파벳 표-모음

a	a	a	e	e
e	e	i	i	i
o	o	o	u	u
A	A	A	E	E
E	E	I	I	I
O	O	O	U	U

알파벳 표 – 자음

b	c	d	f	g
h	j	k	l	m
n	p	q	r	s
t	v	w	x	y
z	B	C	D	F
G	H	J	K	L
M	N	P	Q	R
S	T	V	W	X
Y	Z			

철자 쓰기 카드

단어의 철자를 말하거나 쓸 때마다 점검하세요. 각각의 단어를 세 번씩 사용하도록 노력하세요.

	☐ ☐ ☐ ☐
_____	☐ ☐ ☐ ☐
_____	☐ ☐ ☐ ☐
_____	☐ ☐ ☐ ☐
_____	☐ ☐ ☐ ☐
_____	☐ ☐ ☐ ☐
_____	☐ ☐ ☐ ☐
_____	☐ ☐ ☐ ☐
_____	☐ ☐ ☐ ☐
_____	☐ ☐ ☐ ☐
_____	☐ ☐ ☐ ☐
_____	☐ ☐ ☐ ☐
_____	☐ ☐ ☐ ☐
_____	☐ ☐ ☐ ☐
_____	☐ ☐ ☐ ☐
_____	☐ ☐ ☐ ☐

철자 학습 방법

학습 방법 1.

1단계 : 카드에 각 단어의 철자를 쓴다.

2단계 : 선생님(또는 학습 도우미)이 단어를 크게 읽는 동안 단어를 본다.

3단계 : 단어를 학습한다. 단어를 읽는다. 철자를 쓴다. 다시 읽는다.

4단계 : 눈을 감는다. 보지 않고 철자를 두 번 쓴다.

5단계 : 단어를 종이에 적고, 카드와 비교한다.

6단계 : 정확하게 썼다면, 다른 단어를 선택하고, 틀렸다면 1~5단계를 반복한다.

학습 방법 2.

1단계 : 선생님이 새 단어를 읽고, 쓰고, 철자를 크게 말하는 동안 선생님을 쳐다본다.

2단계 : 단어를 보면서 읽고, 쓰고, 큰 소리로 철자를 말한다.

3단계 : 선생님이 단어를 읽고, 쓰고, 큰소리로 철자를 말하는 것을 다시 주의해서 본다.

4단계 : 다시 단어의 철자를 큰 소리로 말한다.

5단계 : 철자를 정확하게 말했다면, 새 단어를 공부한다. 틀렸다면 1~4단계를 반복한다.

학습 방법 3.

1단계 : 단어의 철자를 카드에 적는다.

2단계 : 각각의 단어와 철자를 큰소리로 읽는다.

3단계 : 단어를 가리고, 써본다.

4단계 : 카드에 쓴 정답과 비교한다.

5단계 : 철자를 정확하게 썼는가? 그렇다면, 3번 더 쓰도록 하고, 틀렸다면 1~4단계를 반복한다.

철자 학습 계약서 예시

철자 쓰기 학습은 계약서를 작성하여 쉽게 개별화 교육을 계획할 수 있다. 아래 예시와 같은 계약서는 개별 학생들이 완성한 항목들을 점검하여 개별 학생들의 요구에 맞추어 지도할 수 있다.

이름 :	날짜 :

철자 쓰기 목록을 이 학습지와 함께 철하시오. 만약 진단평가를 보았다면 그 평가지도 함께 철하여 연습 기간 어떤 단어에 특히 주의를 기울여야 하는지 알 수 있을 것입니다.

❑ 단어의 각 음절을 읽으며 손뼉 치는 연습을 한다.

❑ 월~금까지 각 단어들을 다섯 번씩 쓴다. 월(   ), 화(   ), 수(   ), 목(   ), 금(   ).

❑ 각각의 단어를 써서 문장을 완성한다.

❑ 자신의 철자 목록으로 낱말 퍼즐을 만들어 다른 친구들과 함께한다.

❑ 가능한 많은 철자의 단어가 포함된 시를 쓴다.

❑ 각 단어의 모음과 자음을 유의어 사전을 활용하여 찾는다.

❑ 무지개색을 사용해서 단어 쓰기 연습을 한다.

❑ 자신의 단어로 간단한 이야기를 쓰거나 그림을 그린다.

❑ 자신의 단어로 운율을 만들어 5개의 단어 목록을 만든다.

❑ 일일 연습을 할 수 있도록 플래시카드 세트를 만든다.

❑ 단어의 각 철자를 사용하여 짧은 노래를 만들어 녹음한다.

❑ 자신의 단어를 사용해서 재미있는 문장을 만들고, 어울리는 그림을 그린다

❑ 녹음기를 이용하여 단어의 철자를 따라 말하는 연습을 한다. 녹음기를 들으면서 자신의 학습 목록과 비교한다.

수학 오류 분석표

❏ **덧셈**
    ❏ 덧셈 방법을 안다.
    ❏ 자릿값을 이해한다.
    ❏ 오른쪽에서 왼쪽으로 문제를 해결한다.
    ❏ 정확하게 정리한다.

❏ **뺄셈**
    ❏ 뺄셈의 개념을 이해한다.
    ❏ 뺄셈 방법을 안다.
    ❏ 자릿값을 이해한다.
    ❏ 오른쪽에서 왼쪽으로 문제를 해결한다.
    ❏ 정확하게 정리한다.

❏ **곱셈**
    ❏ 곱셈의 개념을 이해한다.
    ❏ 곱셈 방법을 안다.
    ❏ 자릿값의 개념을 이해한다.
    ❏ 정확하게 정리한다.

❏ **나눗셈**
    ❏ 나눗셈의 개념을 이해한다.
    ❏ 곱셈 방법을 안다.
    ❏ 정확하게 뺄셈을 한다.
    ❏ 자릿값의 개념을 이해한다.
    ❏ 정확하게 정리한다.
    ❏ 나눗셈의 단계를 따른다.
    ❏ 정확하게 정리한다.

교사 관찰

*덧셈
_____
_____
_____
_____
_____
_____

*뺄셈
_____
_____
_____
_____
_____
_____

*곱셈
_____
_____
_____
_____

*나눗셈
_____
_____
_____
_____
_____

수학 오류 분석표

☐ 소수

☐ **소수-덧셈**
- ☐ 자릿값을 이해한다.
- ☐ 정확하게 더한다.
- ☐ 연산을 위해 소수를 정렬한다.

☐ **소수-뺄셈**
- ☐ 자릿값을 이해한다.
- ☐ 정확하게 더한다.
- ☐ 연산을 위해 소수를 정렬한다.

☐ **소수-곱셈**
- ☐ 소수는 곱셈할 때 줄을 맞춰 정렬하지 않아도 된다는 것을 이해한다.
- ☐ 소수점의 자리를 정확하게 세고 올바른 지점에 소수점을 찍는다.

☐ **소수-나눗셈**
- ☐ 나누는 수와 나누어지는 수의 소수점을 옮겨 나누는 수를 온전한 수로 만드는 방법을 안다.
- ☐ 몫에서 소수점으로 답을 조정하기 위해 소수점을 찍는다.

☐ **소수를 분수로 바꾸기**
- ☐ 소수의 자릿값을 이해한다 : 10분의 1, 100분의 1, 1000분의 1 등(소수 아래 한 자리, 두 자리, 세 자리 등)
- ☐ 소수를 정확하게 읽을 수 있다.
  (예 : 1.75는 일점칠오, 1.2는 일점이)
- ☐ 분수를 정확하게 쓸 수 있다.
  (1 75/100, 1 2/10)

교사 관찰

*소수 – 덧셈

_____
_____
_____

*소수 – 뺄셈

_____
_____
_____

*소수 – 곱셈

_____
_____
_____

*소수 – 나눗셈

_____
_____
_____

*소수를 분수로 바꾸기

_____
_____
_____
_____
_____

덧셈 · 뺄셈 표

덧셈 표									
1	1+0								
2	1+1	2+0							
3	1+2	2+1	3+0						
4	1+3	2+2	3+1	4+0					
5	1+4	2+3	3+2	4+1	5+0				
6	1+5	2+4	3+3	4+2	5+1	6+0			
7	1+6	2+5	3+4	4+3	5+2	6+1	7+0		
8	1+7	2+6	3+5	4+4	5+3	6+2	7+1	8+0	
9	1+8	2+7	3+6	4+5	5+4	6+3	7+2	8+1	9+0
10	1+9	2+8	3+7	4+6	5+5	6+4	7+3	8+2	9+1	10+0

뺄셈 표									
10	10-0								
9	10-1	9-0							
8	10-2	9-1	8-0						
7	10-3	9-2	8-1	7-0					
6	10-4	9-3	8-2	7-1	6-0				
5	10-5	9-4	8-3	7-2	6-1	5-0			
4	10-6	9-5	8-4	7-3	6-2	5-1	4-0		
3	10-7	9-6	8-5	7-4	6-3	5-2	4-1	3-0	
2	10-8	9-7	8-6	7-5	6-4	5-3	4-2	3-1	2-0
1	10-9	9-8	8-7	7-6	6-5	5-4	4-3	3-2	2-1	1-0

곱셈표

곱셈표									
	1	2	3	4	5	6	7	8	9	10
1	1	2	3	4	5	6	7	8	9	10
2	2	4	6	8	10	12	14	16	18	20
3	3	6	9	12	15	18	21	24	27	30
4	4	8	12	16	20	24	28	32	36	40
5	5	10	15	20	25	30	35	40	45	50
6	6	12	18	24	30	36	42	48	54	60
7	7	14	21	28	35	42	49	56	63	70
8	8	16	24	32	40	48	56	64	72	80
9	9	18	27	36	45	54	63	72	81	90
10	10	20	30	40	50	60	70	80	90	100

곱셈표									
	1	2	3	4	5	6	7	8	9	10
1	1	2	3	4	5	6	7	8	9	10
2	2	4	6	8	10	12	14	16	18	20
3	3	6	9	12	15	18	21	24	27	30
4	4	8	12	16	20	24	28	32	36	40
5	5	10	15	20	25	30	35	40	45	50
6	6	12	18	24	30	36	42	48	54	60
7	7	14	21	28	35	42	49	56	63	70
8	8	16	24	32	40	48	56	64	72	80
9	9	18	27	36	45	54	63	72	81	90
10	10	20	30	40	50	60	70	80	90	100

메뉴 카드

선샤인 카페

런치 메뉴

샌드위치

햄버거	2,500
치즈버거	3,000
참치	2,250
치즈 구이	2,250
햄 샌드위치	2,000
치킨 구이	3,000

부 메뉴

감자 튀김	1,500
감자 샐러드	1,500
샐러드	1,500
오늘의 수프	1,500

디저트

핫 퍼지 선데	1,750
애플 파이	1,500
아이스크림/샤베트	1,000

음료

우유	1,000
탄산	1,000
주스(사과/오렌지)	1,250
커피/차	750

학생 활동 카드
선샤인 카페

점심시간입니다! 무엇을 좋아하나요?
메뉴에서 최대 4개까지 주문하세요!

음식	가격
1. _____	_____
2. _____	_____
3. _____	_____
4. _____	_____

전체 음식 가격은
얼마입니까?   _____

세금은 6%일 때, 주문한
음식의 세금은
얼마입니까?   _____

봉사료를 준다면
얼마를 줄까요?
10%, 15% 계산해
보세요.   _____

내야 하는 돈은 전체
얼마인가요?   _____

계산기로 확인해보세요!

숫자와 수학 기호

1	2	3	4	5
6	7	8	9	10
11	12	13	14	15
16	17	18	19	20
0	0			
+	−	=	<	>

일대일 대응

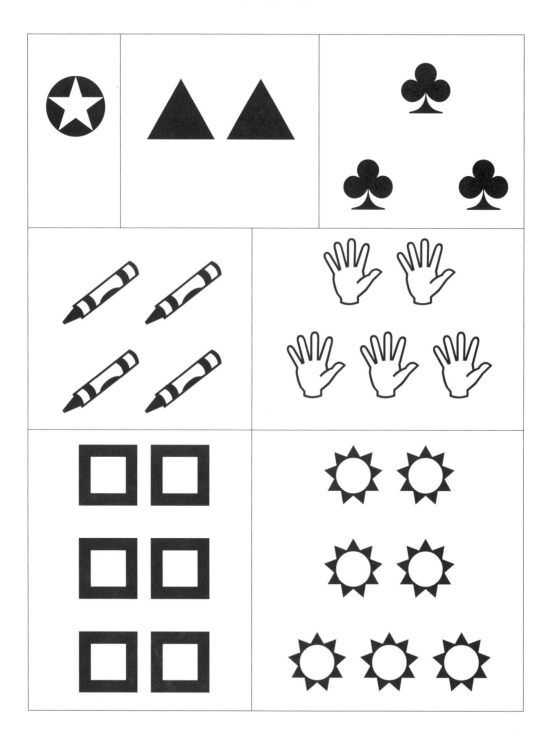

일대일 대응

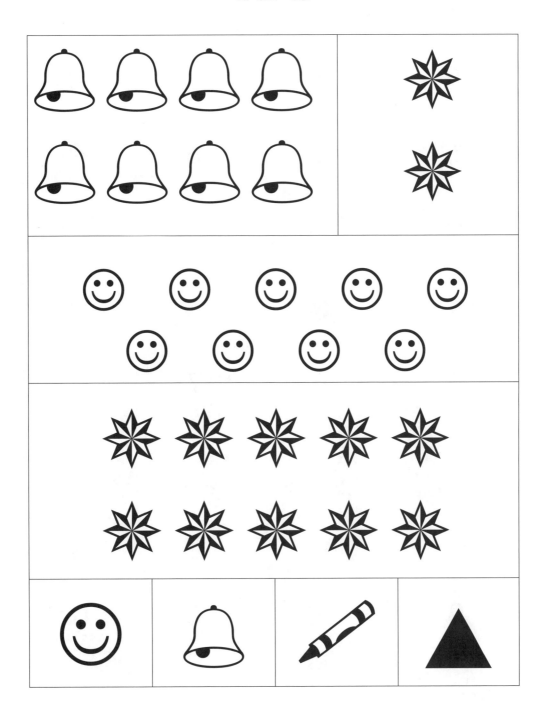

2개 카드 집기 게임
(카드 게임 설명은 421번에 정리되어 있음)

일 1 ☆	**이** 2 ☆☆	**삼** 3 ☆☆☆	**사** 4 ☆☆☆☆
오 5 ☆☆☆ ☆☆	**육** 6 ☆☆☆ ☆☆☆	**칠** 7 ☆☆☆☆ ☆☆☆	**팔** 8 ☆☆☆☆ ☆☆☆☆
구 9 ☆☆☆☆ ☆☆☆☆☆	**십** 10 ☆☆☆☆☆ ☆☆☆☆☆	**영** 0 	**영** 0

학급 관리자

학생 이름	과제 관리자	칠판 관리자	교실 관리자	컴퓨터 관리자	조장	가정 과제 관리자	종이 관리자	대리 도우미	

학급 가정학습 과제 일지

학생 번호									
1									
2									
3									
4									
5									
6									
7									
8									
9									
10									
11									
12									
13									
14									
15									
16									
17									
18									
19									
20									
21									
22									
23									
24									
25									
26									
27									

그림 일정표

복사하여 잘라서 사용하라. 공란에는 과목을 써서 사용한다.

			1, 2, 3
	A, B, C		

그림 일정표

당신의 조직화 수준은?

	아니요	가끔	네
〈학교〉			
나는 제시간에 교실에 도착한다.			
나는 수업 준비를 한다.			
나는 학급 준비물을 가지고 있다.			
나는 과제를 완성한다.			
나는 늘 기한이 되기 전에 프로젝트를 끝낸다.			
나는 사물함과 책상에서 자료들을 찾을 수 있다.			
나는 매일 점심값이나 점심을 가지고 있다.			
나는 내가 조직화되어있다고 느낀다.			
〈가정〉			
나는 공부 시간이 정해져있다.			
나는 숙제를 저녁 시간에 마친다.			
나는 과제 일정표를 가지고 있고 기한을 적는다.			
나는 가방을 저녁 시간 챙긴다.			
나는 여가 시간을 갖는다.			
나는 아침밥을 먹을 수 있는 충분한 시간이 있다.			
나는 학교에 제시간에 도착한다.			

위 질문에 대한 답을 확인한다. 만일 모든 질문에 "네."라고 답했다면, 자신은 매우 조직화된 사람이다! 축하한다! 이제 자신의 기술들을 학급의 다른 학생들과 공유할 수 있을 것이다.

만일 점수가 일정하지 않거나 대부분 "아니요."의 란에 있다면, 스스로 개선하기 위한 계획에 대해 생각해볼 필요가 있다. 자신이 개선해야 하는 한 가지 또는 두 가지 영역을 고르고, 스스로 할 수 있는 행동 목록을 적어보아라.

영역 1 : ＿＿＿＿＿＿＿＿＿＿＿＿＿＿＿＿＿＿＿＿＿＿＿＿＿＿＿

행동 :

＿＿＿＿＿＿＿＿＿＿＿＿＿＿＿＿＿＿＿＿＿＿＿＿＿＿＿＿＿＿

＿＿＿＿＿＿＿＿＿＿＿＿＿＿＿＿＿＿＿＿＿＿＿＿＿＿＿＿＿＿

＿＿＿＿＿＿＿＿＿＿＿＿＿＿＿＿＿＿＿＿＿＿＿＿＿＿＿＿＿＿

＿＿＿＿＿＿＿＿＿＿＿＿＿＿＿＿＿＿＿＿＿＿＿＿＿＿＿＿＿＿

영역 2 : ＿＿＿＿＿＿＿＿＿＿＿＿＿＿＿＿＿＿＿＿＿＿＿＿＿＿＿

행동 :

＿＿＿＿＿＿＿＿＿＿＿＿＿＿＿＿＿＿＿＿＿＿＿＿＿＿＿＿＿＿

＿＿＿＿＿＿＿＿＿＿＿＿＿＿＿＿＿＿＿＿＿＿＿＿＿＿＿＿＿＿

＿＿＿＿＿＿＿＿＿＿＿＿＿＿＿＿＿＿＿＿＿＿＿＿＿＿＿＿＿＿

＿＿＿＿＿＿＿＿＿＿＿＿＿＿＿＿＿＿＿＿＿＿＿＿＿＿＿＿＿＿

나의 목표!

다음 표를 사용해서 자신의 생활 방식을 점검한다.

안내 사항 : 아래의 표를 작성한다. 다음은 예시 자료이다.

내 과거 행동 : 나는 숙제를 제출하는 것을 잊어버린다.
내 새로운 행동 : 나는 숙제를 끝내자마자 가방에 넣을 것이다.
일일 행동 개선 점검표 : ✓ 표

내 과거 행동	내 새로운 행동	점검표				
		월	화	수	목	금
		월	화	수	목	금
		월	화	수	목	금
		월	화	수	목	금

먼저, 바꾸어야 행동을 한 가지 혹은 두 가지 선정한다. 2개 이상은 선정하지 않는 것이 좋다. 매일 지키고 목표를 점검하는 데 확신을 갖도록 하기 위함이다. 나쁜 습관은 개선하는 데 오랜 시간이 걸린다.

매일 새로운 행동을 하고 변화를 점검하며 2~3주가 지난 후에 행동은 자연스럽게 일상이 되어있을 것이고, 당신은 목표를 달성할 것이다.

새로운 행동에 편안함을 느낄 때, 또 다른 행동을 목록에 추가해 보도록 한다. 만약 잠시 옛날 방식대로 행동을 했다면, 또 다른 점검표를 작성하여 다시 시작한다. 이것을 계속 지속하게 되면, 목표를 달성할 것이다.

자기 평가 기록지

	예	아니오	해당 없음
교실 배치가 수업에 도움이 된다.			
나는 학습 목표를 제시한다.			
나는 단원의 목표를 진술한다.			
나는 지난 시간에 배운 수업 내용을 상기시킨다.			
나는 공부할 내용을 제시하고 수업 내용을 요약한다.			
나는 수업 시간에 유머를 가미한다.			
나의 말 속도는 수업에 적절하다.			
나의 말은 명확하고 이해하기 쉽다.			
나의 생각은 잘 구조화되어 있다.			
나의 수업은 논리적이다.			
나는 자주 학생들이 이해했는지를 점검한다.			
나는 수업 시간에 시각적인 보충자료를 제시한다.			
나는 학생들이 정보를 처리할 수 있도록 충분한 시간을 제공한다.			
나는 학생들이 필기할 수 있는 충분한 시간을 제공한다.			
나는 설명과 함께 시각자료를 제공한다.			
나는 주제에서 잘 벗어나지 않으며, 관련 없는 정보는 피한다.			
나는 학생들에게 적절한 수준의 어휘를 사용한다.			
나는 칠판 위에 제시된 중요한 내용을 강조한다.			
나는 종종 수업을 멈추고 학생들이 이해했는지를 확인한다.			
나는 지속적으로 학생들에게 중요한 정보를 알려 준다.			
나는 모든 학생들이 참여할 수 있도록 다양한 수준의 질문을 한다.			
나는 수업 중에 학생들의 적극적인 참여를 권장한다.			

개요

I. _____

      a._____

      b._____

      c._____

      d._____

II. _____

      a._____

      b._____

      c._____

      d._____

III. _____

      a._____

      b._____

      c._____

      d._____

IV. _____

      a._____

      b._____

      c._____

      d._____

연표

	날짜	

비교와 대조 – 두 가지 항목

항목

비슷한 점은 무엇입니까?

차이점은 무엇입니까?

항목 1

항목 2

요약

평가자료 평가

학생 이름 : _____

날짜 : _____

강점 :   약점 :

_____   _____

_____   _____

_____   _____

_____   _____

_____   _____

평가 방법

☐ 논술형   ☐ 진위형   ☐ 연결형   ☐ 선다형

☐ 단답형   ☐ 프로젝트형   ☐ 수행평가   ☐ 과정평가

프로젝트 활동	수행평가 활동	과정평가 활동
자서전	연극	체크리스트
독후감	인물 묘사	개념 지도 만들기
안내 책자	광고	컴퓨터 생성 활동
만화	춤	비형식 평가
콜라주	토론	학생들과의 인터뷰
퍼즐	시연	저널
진열	논의	학습 일지
게임	실험	관찰
핸드북	인터뷰	포트폴리오
일러스트	음악	설문지
지도와 다이어그램	뉴스 리포트	
모형	구술 리포트	
포트폴리오	놀이	
포스터	프레젠테이션	
프로젝트	역할 놀이	
퀴즈	보고서	
설문	시뮬레이션	
	연설	

자신의 평가 유형 선택하기

학생 이름 : _____

날짜 : _____

과목명 : _____

추가 정보/과제 : _____

_____

_____

아래 제시된 과세에 대한 선호하는 평가 방식을 □ 에 표시하시오.

선호하는 방법

□ 논술형	□ 진위형	□ 연결형	□ 선다형
□ 단답형	□ 프로젝트형	□ 수행평가	□ 과정평가

프로젝트 활동	수행평가 활동	과정평가 활동
자서전	연극	체크리스트
독후감	인물 묘사	개념 지도 만들기
안내 책자	광고	컴퓨터 생성 활동
만화	춤	비형식 평가
콜라주	토론	학생들과의 인터뷰
퍼즐	시연	저널
진열	논의	학습 일지
게임	실험	관찰
핸드북	인터뷰	포트폴리오
일러스트	음악	설문지
지도와 다이어그램	뉴스 리포트	
모형	구술 리포트	
포트폴리오	놀이	
포스터	프레젠테이션	
프로젝트	역할 놀이	
퀴즈	보고서	
설문	시뮬레이션	
	연설	

가장 잘 하는 것은?
(이 양식을 작성하기 위해서 전략 650에 제시한 예시자료를 참고하시오)

학생 이름 : _____

평가 방법 : _____

주제	날짜				

평가 방법 : _____

주제	날짜				

평가 방법 : _____

주제	날짜				

강화 카드

참 잘했어요!	한 단계 앞으로!
매우 훌륭합니다!	축하!
와우!	최고!
자랑스럽습니다!	완벽합니다!

학생 목표

학생 이름 :	월	화	수	목	금
나의 목표 :					
목표를 달성하기 위해 필요한 내용					

학생 이름 :	월	화	수	목	금
나의 목표 :					
목표를 달성하기 위해 필요한 내용					

등하교 일과 점검 카드

☑	오전	☑	오후
	나는 학교에 과제를 가지고 왔다.		과제를 알림장에 적었다.
	나는 점심 도시락 혹은 점심값이 있다.		책을 모두 가방에 챙겼다.
	나는 등교 준비가 되어있다.		

☑	오전	☑	오후

행동 계약

나는 다음과 같이 변화하기를 원한다.

_____

_____

_____

나는 이 행동을 바꾸는 것이 중요하다. 그 이유는 :

_____

_____

_____

_____

나의 목표는 :

_____

_____

_____

_____

나의 목표를 달성하기 위한 단계는 :

_____

_____

_____

_____

만일 목표를 달성한다면, 그에 대한 보상은 :

_____

_____

_____

_____

_____	_____
학생 확인/날짜	교사 확인/날짜
_____	_____
확인/날짜	확인/날짜

나의 행동 변화

나의 새로운 목표

나의 새로운 목표는 : _____

_____

이 행동이 필요한 시기는 : _____

_____

긍정적 강화물

내가 원하는 보상은 :

_____

_____

_____

이 보상은 다음과 같은 경우
받게 된다.

_____

_____

_____

부정적 강화물

만일 내가 새로운 목표를 위한
행동을 하지 않게 된다면

_____

_____

_____

목표 달성 확인표
목표를 달성하게 되면 다음 네모칸에 표시하세요.

_____
학생 확인

_____
교사 확인

_____
확인

교과 보상표

과목명 : _____

과목명 : _____

과목명 : _____

퍼즐 보상표

그림을 복사한 후에 여러 개의 조각으로 오린다. 학생들은 목표를 달성할 경우 퍼즐 조각을 받게 된다. 퍼즐이 모두 완성되면, 학생은 사전에 정해진 보상을 받는다.

눈금 보상표

나의 목표 :				

목표를 달성했을 경우 다음 보상표에 있는 네모 칸을 색칠하시오.

혹은 목표를 달성했을 경우 아래 그림을 오려서 자신의 보상표에 붙이시오.

♥	♥	♥	♥	♥
✷	✷	✷	✷	✷
👍	👍	👍	👍	👍
★	★	★	★	★

오전/오후 보상표

주	목표 1	목표 2	목표 3	목표 4	목표 5
월요일 오전					
월요일 오후					
화요일 오전					
화요일 오후					
수요일 오전					
수요일 오후					
목요일 오전					
목요일 오후					
금요일 오전					
금요일 오후					

안내 사항 : 아래에 자신의 목표를 작성하시오. 목표를 달성하게 되었을 때에는 목표를 달성한 시간과 날짜를 표시하시오. 만일 아래 목표를 해당 주에 달성하게 되면, 보상을 받게 됩니다.

(보상을 받을 수 있는 표시 수를 선생님과 정하시오)

나의 목표 :

1. _____

2. _____

3. _____

4. _____

5. _____

참고 문헌

도서

This section includes resources referenced in this book plus additional useful resources available from Peytral Publications, Inc.

Bender, W. *Differentiating Instruction for Students with Learning Disabilities*. Thousand Oaks, CA: Corwin Press, 2003.

Bender, W. *Differentiating Math Instruction. Strategies that Work for K-8 Classrooms*. Thousand Oaks, CA: Corwin Press, 2005

Cramer, S. *The Special Educator's Guide to Collaboration: Improving Relationships with Co-Teachers, Teams and Families*. Thousand Oaks, CA: Corwin Press, 2006

Dieker, Lisa. *Demystifying Secondary Inclusion*. Port Chester, NY: Dude Publishing, 2007.

Fry, Edward. *Dr. Fry's 1000 Instant Words – The Most Common Words for Teaching Reading Writing and Spelling*. Westminster, CA: Teacher Created Press, 2004.

Gardner, Howard. *Frames of Mind: The Theory of Multiple Intelligences*. City: Academic Internet Publishers, 1993

Greene, Lawrence. *Winning the Study Game*. Minnetonka, MN: Peytral Publications, Inc., 2002

Giangreco, Michael. *Ants in His Pants. Absurdities and Realities of Special Education*. Minnetonka, MN: Peytral Publications, Inc. 1998

Giangreco, Michael. *Flying by the Seat of Your Pants. More Absurdities and Realities of Special Education*. Minnetonka, MN: Peytral Publications, Inc. 1999

Giangreco, Michael. *Teaching Old Logs New Tricks. More Absurdities and Realities of Education*. Minnetonka, MN: Peytral Publications, Inc. 2000

Hammeken, Peggy A. *Inclusion: 450 Strategies for Success*. 2nd ed. Minnetonka, MN: Peytral Publications, Inc., 2000.

Hammeken, Peggy A. *Inclusion: An Essential Guide for the Paraprofessional*. Minnetonka, MN: Peytral Publications, Inc., 2003.

Hannell, Glynis. *Dyslexia Action Plans for Successful Learning.*. Minnetonka, MN: Peytral Publications, Inc., 2004.

Hannell, Glynis. *Let's Learn about Language! Teacher's Toolbox of Instant Language Activities*. Minnetonka, MN: Peytral Publications, Inc., 2007.

Hannell, Glynis. *The Teacher's Guide to Intervention and Inclusive Education*. Minnetonka, MN: Peytral Publications, Inc., 2007.

Heacox, Diane. *Differentiating Instruction in the Regular Classroom*. Minneapolis, MN: Free Spirit Publishing, 2002.

Henrikson, Peggy and Lorraine O. Moore, Ph.D. *Creating Balance in Children: Activities for Optimizing Learning and Behavior*. Minnetonka, MN: Peytral Publications, Inc., 2005.

Horstmeier, DeAnna. *Teaching Math to People with Down Syndrome and Other Hands-On Learners*. Bethesda, MD: Woodbine House, 2004.

Kelly, Karen. *The Power of Visual Imagery*. Minnetonka, MN: Peytral Publications, Inc., 2006.

Lee, Patty. *Collaborative Practices for Educators – Six Keys to Effective Communication*. Minnetonka, MN: Peytral Publications, Inc., 2006.

Le Messurier, Mark. *Cognitive Behavior Training:* A How-to Guide for Successful Behavior. Minnetonka, MN: Peytral Publications, Inc., 2005.

Le Messurier, Mark. *Parenting Tough Kids*. Minnetonka, MN: Peytral Publications, Inc. 2007

Moll, Ann. *Differentiated Instruction Guide for Inclusive Teaching*. Port Chester, NY: National Professional Resources, 2003.

Moore, Lorraine O. *Inclusion: A Practical Guide for Parents*. Minnetonka, MN: Peytral Publications, Inc., 2000.

Scott, Victoria Groves. *Phonemic Awareness: Ready-to-Use Lessons Activities and Games*. Minnetonka, MN: Peytral Publications, Inc., 2005.

Scott, Victoria Groves. *Phonemic Awareness: The Sounds of Reading. Staff Development Training Video*. Minnetonka, MN: Peytral Publications, Inc., 2002.

Sliva, Julie A. *Teaching Inclusive Mathematics to Special Learners, K-6*. Thousand Oaks, CA: Corwin Press, 2004.

Tilton, Linda. *The Teacher's Toolbox for Differentiating Instruction.* Minnetonka, MN: Covington Cove, 2003.

Thorne, Beverly. *Hands-On Activities for Exceptional Children.* Minnetonka, MN: Peytral Publications, Inc., 2001.

Villa, R., Thousand, J. and Nevin, *A. Guide to Co-Teaching. Practical Tips for Facilitating Student Learning.* Thousand Oaks, CA: Corwin Press, 2004

Winebrenner, Susan. *Teaching Kids with Learning Difficulties in the Regular Classroom.* Minneapolis, MN: Free Spirit Publishing, 2005

웹사이트

This section includes resources from the chapters plus additional resources, grouped by subject area.

Disability Information

American Brain Tumor Association: http://hope.abta.org/site/PageServer

American Council of the Blind: www.acb.org

American Society for Deaf Children: www.deafchildren.org

American Speech-Language-Hearing Association (ASHA): www.asha.org

Autism Society of America: www.autism-society.org

Best Buddies – Disability awareness and community inclusion: www.bestbuddies.org

Children and Adults with Attention Deficit/Hyperactivity Disorder (CHADD): www.chadd.org

Council for Exceptional Children (CEC): www.cec.sped.org

DB-LINK – National Information Clearinghouse on Children who are Deaf-Blind: www.dblink.org

Fetal Alcohol Spectrum Disorders (FASD) Center for Excellence: www.fascenter.samhsa.gov/index.cfm

HRSA Information Center – for publications and resources on health care services for low income, uninsured individuals and those with special health care needs: www.ask.hrsa.cov

International Dyslexia Association: www.interdys.org

Kids on the Block – Disability awareness and community inclusion: www.kotb.com

LDOnline: www.ldonline.org

Learning Disabilities Association of America: www.ldaamerica.org

National Center for Learning Disabilities (NCLD): www.ld.org

National Center on Secondary Education and Transition: www.ncset.org

National Dissemination Center for Children with Disabilities (NICHCY): www.nichcy.org

National Down Syndrome Society: www.ndss.org

National Fragile X Foundation: www.fragilex.org

Recording for the Blind and Dyslexic: www.rfbd.org

Spina Bifida Association of America: www.sbaa.org

TASH (formerly Association for Persons with Severe Handicaps): www.tash.org

Inclusive Education Program Information

Family Village: www.familyvillage.wisc.edu/

IDEA – NICHCY provides up-to-date information: www.nichcy.org/idea.htm

KidsSource: www.kidsource.com/kidsource/content2/inclusion.disab.k12.3.1.html

Kids Together, Inc.: www.kidstogether.org

National Association of Special Education Teachers – Great site. Membership required: www.naset.org/799.0.html

National Information Center for Children and Youth with Disabilities – Planning for Inclusion website: www.kidsource.com/kidsource/content3/inclusion.disab.k12.3.1.html

NICHCY Disability Fact Sheets: www.nichcy.org/disabinf.asp

University of Northern Iowa: http://www.uni.edu/coe/inclusion/

U.S. Department of Education: http://idea.ed.gov

Teacher Resources

Alphabet strip – Colorful, illustrated and printable alphabet strip: www.abcteach.com/ABC/alphaline3.htm

alphaDictionary – A site that provides commonly misspelled and confused words: www.alphadictionary.com/articles/misspelled_words.html www.alphadictionary.com/articles/confused_words.html

AOL at School – Resources for parents, teachers and students. Games, activities, lesson plans, tutorials and more! Click on Educators on the main site: www.aolatschool.com

Book Notes – Comprehensive guide to free book notes, summaries, literature notes and study guides: www.freebooknotes.com

Books on Tape – Site with a large inventory of books on tape for purchase: www.school.booksontape.com

Cliffs Notes – Summaries of stories and novels: www.cliffsnotes.com

Disney – Games and activities: http://disney.go.com

edHelper – This site contains many teaching resources for educators at all levels and all subject areas; $19.95 yearly membership: www.edhelper.com

Education World – Lesson planning, professional development and more: www.education-world.com

Educational Teacher Software Download Center – Membership fee: www.teach-nology.com/downloads/

Fun Brain – Math games, facts and more: www.funbrain.com

Geoboards: http://mathforum.org/trscavo/geoboards/

Homework Help! SCORE! Educational Center provides math tutoring for a fee: www.escore.com

Improving Education, Inc. – Free online worksheets to help students grade K-4. All subject areas: www.onlineworksheets.org/math_worksheets.htm www.onlineworksheets.org/language_arts_worksheets.htm

Innovative Learning Concepts, Inc. – A site for Touch Math: www.touchmath.com

Learning Styles - Gregorc, Anthony. *An Adult's Guide to Style.* http://idea.ed.gov

Learning Styles and Multiple Intelligences – Students quickly assess their personal learning styles and determine their individual strengths. Interactive site for both students and teachers: www.ldpride.net

Math Activity – A site of math activities: www.yourlearning .net

Math Activities K-12 – Interactive lessons and activities for teachers and students: www.shodor.org

Math Centers – Membership required: www.teacherfilebox.com/index.aspx

Math Dictionary – Great site if you are looking for definitions and examples: www.teachers.ash.org.au/jeather/maths/dictionary.html

Math Fact Café – Math fact sheets and flashcards. Math worksheets. Grades K-5: www.mathfactcafe.com

Math Help – Math support for students: www.helpingwithmath.com

Math Stories – Boost math problem solving and critical thinking skills. Some free material, but membership is required for much of the site: www.mathstories.com

Math Vocabulary – Thousands of math vocabulary words listed alphabetically: www.mathwords.com/a_to_z.htm

Minnesota Humanities Commission – Tips for Reading with Your Children in 24 languages. Great for Book Backpacks: www.thinkmhc.org/literacy/tips.htm

Paper – Therapro – Various widths, raised line. Various widths of paper for written language: www.theraproducts.com

Paragraphs – This site is an interactive, online paragraph-writing site: www.paragraphpunch.com

Parent Support – Pacer Center: www.pacer.org

Picture Sequence Cards – Sequence card activities and more: www.dotolearn.com

Pocket Full of Therapy – Materials to purchase for fine- and large-motor control: www.pfot.com

Posters – Letter-size, full-color phonics posters for the wall or student folders created by Adrian Bruce. Free, but donations are accepted! www.adrianbruce.com/reading/posters/
The National Institute on Drug Abuse also offers free posters and material for educators and parents: www.nida.nih.gov/parent-teacher.html

Recording for the Blind and Dyslexic – Textbooks and books on audiotape; 4000 new books each year. Membership required: www.rfbd.org

Resources for Christian Teachers – Large amounts of free materials plus links to hundreds of sites. All curriculum areas: www.teacherhelp.org

School Express – 9000 + free worksheets; all areas: www.schoolexpress.com

Spark Notes – Study guides to classic novels; secondary level: www.sparknotes.com

SuperKids – A collection of easy-to-use, free educational resources for home and school. You may also create your own: www.superkids.com/aweb/tools/

Tangrams – For information, examples and printable tangrams: http://tangrams.ca/
Work a virtual tangram puzzle online: http://pbskids.org/cyberchase/games/area/tangram.html

Teacher File Box – Math Centers. Membership required: www.teacherfilebox.com/index.aspx

Teachers Helping Teachers – Site for all teachers but has good basic skills materials for special educators: www.pacificnet.net/~mandel/

Teacher Timesavers – Resources for Christian Teachers:
www.teacherhelp.org/teacher_timesavers.htm

Teacher Views – Free online resources for teachers: www.teacherview.com

Timelines – Create your own timeline of events: www.ourtimelines.com

Tools for Teachers – Microsoft has many templates and organizational tools:
http://office.microsoft.com/en-us/workessentials/FX101996731033.aspx

Vocabulary University – Free vocabulary puzzles and activities: www.vocabulary.com

Word of the Day sites – www.wordcentral.com   www.superkids.com/aweb/tools/words
www.dictionary.reference.com/wordoftheday

yourDictionary.com – Lists the 100 most commonly misspelled words in English and provides some mnemonics and other information to help students spell the words correctly:
http://yourdictionary.com/library/misspelled.html

역 자 소 개

김희규
나사렛대학교 특수교육과 교수

학력
서울교육대학교 초등교육학과 졸업
단국대학교 대학원 특수교육학과 교육학석사
단국대학교 대학원 특수교육학과 교육학박사

저서 및 역서
저서 : 장애학생을 위한 국어교육의 이론과 실제(2013), 장애학생 통합교육론(2012), 특수교육 교직실무(2012), 특수교육 음악교육론(2011), 특수교육 과학교육론(2010), 특수아동의 이해(2010), 특수교육의 이해(2010), 특수교육학개론(2010), 특수교육 교과교육론(2008), 통합교육의 이론과 실제(2005).

역서 : 통합학급 교사를 위한 특수교육 입문(2011), 자폐아동을 위한 지원전략 100(2011), 통합학급 교사를 위한 장애이해교육(2009), 중등학생을 위한 전환계획(2010), 정신지체-지역사회통합을 위한 접근(2009).